佐高信評伝選6

俗と濁のエネルギー

❶古賀政男の悲歌人生
❷土門拳のリアリズム写真
❸メディアの仕掛け人 徳間康快

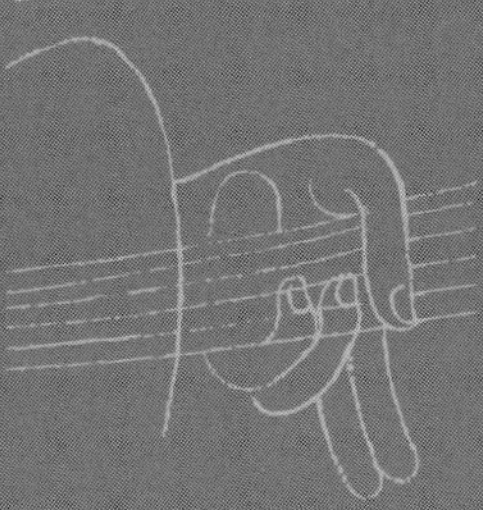

旬報社

佐高信評伝選6　俗と濁のエネルギー

目次

古賀政男（こが・まさお）

一九〇四年福岡県三潴郡田口村（現：大川市）生まれ。

一九二三年明治大学予科に入学、マンドリン倶楽部の創設に参加、二九年同大学商学部を卒業。

三一年コロムビアレコードと専属契約を結び、プロの作曲家として歩みはじめる。

三八年音楽親善使節としてハワイ、アメリカ、アルゼンチンを訪問。五九年日本作曲家協会を設立し、初代会長となる。同年日本レコード大賞を制定し、運営委員長となる。六五年「柔」で日本レコード大賞受賞。

一九七八年逝去。没後、音楽家として初めて国民栄誉賞を贈られる。その作品数は生涯四〇〇〇曲を超える。

古賀政男の悲歌人生

古賀政男の悲歌人生

目次

第1章　白秋ありて古賀ありて

柳川の白秋と大川の古賀

日本海から吹きつける雪まじりの風を受けて、ふるさとの酒田《さかた》で引いたカゼがなかなかにぬけない。とりわけ鼻にのこるそれを気にしながら福岡空港に降り立ったのは二〇〇五年の一月九日だった。「成人の日」とやらの一日前だが、生涯大人になりきれなかった古賀政男の生家を訪ねるにはふさわしい日かもしれない。地下鉄空港線の姪浜《めいのはま》線に乗り、博多《はかた》、祇園《ぎおん》、中洲川端《なかすかわばた》等を過ぎて、天神で西鉄電車の大牟田《おおむた》行に乗り換える。薬院《やくいん》、二日市《ふつかいち》、久留米《くるめ》、花畑《はなばたけ》、大善寺《だいぜんじ》、そして柳川《やながわ》と、何やら風情のある駅名がつづくのはたのしい。上から強制的に進められる市町村合併で、こうした名前がどれほどまた消えてゆくことか。福岡空港に着いた時は曇り空だったが、筑後《ちくご》川を渡るころにはすっかり冬晴れにかわっていた。

車中で読んでいた鈴木邦男著『公安警察の手口』（ちくま新書）などという殺伐とした本をバッグに戻し、北原白秋（一八八五―一九四二）の故郷として知られる柳川に降りる。隣りの市の大川《おおかわ》生まれの古賀政男（一九〇四―七八）は、白秋の故郷をまた自分の故郷とした。

○柳川や白秋ありて古賀ありて

森繁久彌《もりしげひさや》はこんな句をつくって古賀に贈った。「白秋先生と並んで詠みこんでいただくのは恐縮のかぎりであるが」と言いつつも、古賀は嬉《うれ》しかったらしい。自伝の『歌はわが友わが心』（日本図書センター）をこう続けている。

「詩情ただよう水郷柳川に近いとはいえ、大川の風景らしいものといえば、雲仙嶽《うんぜんだけ》の雄姿が遠望できるだけで、藺草《いぐさ》の水田のはてしない広がりと、点在する草深い農家がすべてであった。牧歌的というにはあまりに単調、退屈きわまりない眺めである。村を支配する静寂は、ときどきかん高い汽笛に破られた。柳川まで軽便鉄道が通っていたからであった」

一九〇四（明治三十七）年十一月十八日生まれの古賀に対し、白秋はおよそ二十歳年上の一八八五（明治十八）年一月二十五日生まれである。古賀は白秋門下の萩原朔太郎には親しくしてもらったが、白秋とは遂に一度も会うことがなかった。

『邪宗門』『思ひ出』『水墨集』など、出版された（白秋の）詩集は、かたっぱしからむさぼり読んだ」という古賀にとって、それは「かえすがえすも残念なこと」だった。

柳川カッパで
三池もぐら
大牟田雀はススだらけ
菜の花盛りは
よかバッテン
瀬高キツネが
すぐバカス

白秋生家に並ぶ白秋記念館にはこんな俗謡を書いた色紙も掲げられていた。

人妻を恋して牢屋《ろうや》につながれたこともある白秋は、人格的なモデルとは言えなかったが、古賀にとっては仰ぎ見る消えない星だった。

望郷と落胆

山門はわが産土《うぶすな》
雲あがる　南風《はえ》のまほら
飛ばまし　いまいちど
帰らなむ　いざ鵲《かささぎ》

北原白秋の「帰去来の詩」である。同郷の詩人、白秋が筑紫平野を飛ぶカササギに託して歌ったこの望郷歌に触れ、古賀政男も何度か、年老いた母のもとに帰りたいという衝動に駆られたことがあった。

古賀が貧乏学生だったころ、白秋はすでに「詩壇に輝く、堂々たる騎士」だった。そして古賀の歌が世間に認められるようになり、これで白秋先生に会えると思っているうちに白秋は亡くなってしまった。一九四二（昭和十七）年十一月二日、享年五十七。古賀があとわずかで三十八歳になる秋だった。

「まるで、永遠の恋人を失ったようなせつない気持ちだった」という。

古賀は白秋の詩にどうしても曲をつけたかったが、それはかなわぬ夢に終わった。しかし、晩年に白秋が自分の詩について、

「古賀君に作曲してもらいたかった」

と語っていたと聞いて、感激したと古賀は自伝に記している。

望郷の念の強い古賀だったが、「故郷は変わりゆき、白秋が歌った美しき柳川も、ほとんど面影をとどめ

ていない」と嘆いてもいる。ノスタルジアが並々ならぬものであるが故に、その落胆も大きかっただろう。

私は十八年ほど前に一度この地を訪れている。そして水郷の水の汚なさに驚き、郷里の『広報さかた』にこんな一文を寄せた。

〈先日、福岡に行った際も、帰りにひとりで、白秋のふるさと柳川を訪ねたが、有名な川下りをして、その水の汚さに閉口した。川幅も狭いし、チマチマした感じで、息がつまりそうだった。

やはり、どこへ旅しても、故郷の山や川と比較してしまうのである。最上《もがみ》川の川下りはこんなもんじゃないとか、鳥取の砂丘は、何だ、これだけのものか、とか……。

逆に、酒田と似たところがあると、感激は倍加する。たとえば、長崎がそうだった。海に面して坂が多い。神戸も同じく起伏に富んだ港町である。

その季節ではないが、好きな誓子《せいし》の句「海に出て木枯帰るところなし」を口ずさむときも、私はあの激浪の日本海を思い浮かべる。高校時代よく自転車で日和山《ひよりやま》公園の下の港に行った。そして飽かずに海を眺めつづけた。あの日にもう戻ることはない。そんなことを考えて、深夜、風呂《ふろ》に入っていたら、突然、〽ああ十月の二十日きょう、という歌の文句が口をついて出た。多分、東高の歌ではない。卒業した一中の歌だろうと思って、翌日、旧友に電話すると、記憶にないという。結局、光ヶ丘小学校の創立記念日の歌であることがわかった〉

変わらざる故郷の姿は古賀メロディーの中にのみあるといった日が来つつあるのかもしれない。

永遠に口ずさまれる歌

二〇〇四年は古賀政男生誕百年の記念の年だった。福岡県大川市の生家跡を訪ねると、古賀が生まれた十一月十八日に五木ひろしが記念植樹をしたとある。植えられた木はアカシア。生家跡に並ぶ古賀政男記念館を訪れるのは定年後の夫婦といった感じの人が多い。決してハイブロウのインテリの匂いを漂わせる人たちではない。インテリとは、言ってみれば知性によって出世の階段を登り、故郷を捨てた人である。彼らには古賀メロディーは似合わない。

生誕百年を記念して古賀政男顕彰会が編んだ『古賀メロディーの思い出エッセイ集』がある。全国から寄せられたそのエッセイ集に、東京都東村山市に住む六十四歳の男性が「『東京ラプソディー』散策ふたり」を書いている。

福岡から出て来た義妹が、古賀作曲の『東京ラプソディー』に出てくる〝銀座の柳〟や〝ニコライ堂〟を見てみたいと言い、案内するのである。

もちろん、古賀が作曲した一九三六（昭和十一）年当時の柳並木や路面電車は銀座からなくなっている。しかし、面影は消ゆれどもである。それを感じとってくれた義妹からは次のような便りが届いたという。

「古賀政男の魂の奥底から、血と涙との中を通って出てきたメロディーが人々の心を打つ。悲しみに口ずさんで慰められ、苦しみに歌って励まされる。その時に応じて機に触れて、時と所を問わず、生きた現実の吐息が伝わる。だから永遠に口ずさまれる歌曲なのですね。銀座並木から柳が消え、ビルが林立する風景になっても、歌は、古賀メロディーは生きていくのですね」

一九七八（昭和五十三）年七月二十五日、古賀が七十三歳で亡くなった時、告別式では大木惇夫作詞、古賀政男作曲の『雲のふるさと』が流された。北原白秋門下の大木のこの詩に古賀は格別の愛着をもっていた。

常夏の　椰子の木蔭に　戎衣《いくさぎ》を解きて憩いつ　かえり見る　雲のはるけさ　ますらおの　われというとも故しらず　涙落つるを

戦時下の昭和十九年につくられたこの歌は伊藤久男が歌っている。戦意高揚映画の「あの旗を撃て」の挿入歌だった。

すめらぎに　捧げたる身の　死にてよと　汝は言わずや　まぼろしに　見ゆるふるさと　われ強し　汝のあればぞ　弾のなか　ゆかんと思へ

「戎衣」とか「すめらぎ」とか、あるいは「弾のなか」とか、まさに戦時の歌である。しかし、「故しらず涙落つるを」には戦争に酔いきれない人々の哀傷がのぞく。

たしかに戦争に興奮するのも庶民だが、彼らはそれを利用する者たちの狡猾《こうかつ》さも漠然と感じとっていたのではないだろうか。

姦通という修羅

川西政明の『文士と姦通』（集英社新書）という本がある。その巻頭は北原白秋の「二度にわたる姦通《かんつう》事件」である。一九一二（明治四十五）年七月六日、北原白秋は有夫の松下俊子と姦通したとして逮捕され、獄につながれた。姦通罪がなくなり、不倫の恋が珍しくなくなった現在では想像できないかもしれないが、すでに詩壇の寵児《ちょうじ》となっていた白秋を襲ったこの事件は世間の噂雀《うわさすずめ》の好餌《こうじ》となった。前に紹介した白秋の弟子の大木惇夫は、『天馬のなげき――北原白秋伝』で、俊子の手記「思い出の椿は赤し」を引いて、獄中の俊子の胸のうちをこう書いている。

夫のある身で白秋を愛したのは事実だが、いまでいうドメスティック・バイオレンスの夫は愛人をもち、妻妾《さいしょう》同居まで強制した。それなのに、どうして自分だけが罰せられなければならないのか。

俊子の夫は新聞記者であり、すでに「『邪宗門』等で言葉の錬金術師とまで言われていた白秋にからんでやれといった気持ちがあったのだろう。

白秋によれば、俊子は「豊満な、非常に眼の動く仏蘭西《ふらんす》型の貌《かお》だちで、背のすらりとして下腹部できゅっと締って腰の出っ張った、どう見ても日本の女では無かった」という。

ここ過ぎて曲節《メロディア》の悩みのむれに、
ここ過ぎて官能の愉楽のそのに、
ここ過ぎて神経のにがき魔睡に。

白秋は『邪宗門』の扉銘にこう記しているが、「官能解放の表現」を唱えてはいても、白秋自身が解放されていたとは思えない。

むしろ、俊子の方が解放されていたのだろう。お坊ちゃんだった白秋は、一転して冷たい眼を向けるようになった世間にうろたえ、こんな歌をつくる。

血のごとく山椿咲く冬の暮れ
狂人とおのれなりはてにけり

ようやく一緒になることができても、俊子は質素な詩人の妻で満足できる女性ではなかった。そして、まもなく破局を迎える。

そんな白秋のもとに現れたのが、やはり有夫の江口章子である。章子は検事の夫から性病をうつされ、子どもを生めない身体にされていた。

「裕福な家庭に生まれ育ちながら家が没落したこと、不幸な結婚生活を送ったこと、柳河に住んだことなど白秋と章子の境遇は似ていた。ふたりは急速に親しさを増していった」

と川西は『文士と姦通』に書いている。

そして二人は結婚し、千葉県東葛飾《ひがしかつしか》郡真間で、貧乏ながらも寄ってくる雀に米粒を与えるような生活をしていたが、白秋の弟たちと章子が合わなくなり、章子が姦通事件を起こす。相手は雑誌記者だった。

川西も指摘するように、「雨」や「からたちの花」などの白秋の童謡は、こうした修羅を経て生まれたのだろう。私はそれよりも、白秋を敬慕しつづけた古賀の「影を慕いて」と白秋の修羅の関わりに注目したい。

白秋二度目の破鏡

からまつの林を過ぎて、
からまつをしみじみと見き。
からまつはさびしかりけり。

たびゆくはさびしかりけり。

古賀政男があこがれた同郷の詩人、北原白秋の「落葉松」である。

「喜んでくれ。今度の妻は病身だが、幸に心は私と一緒に高い高い空のあなたを望んでゐてくれる。而《そう》して私を信じ、私を愛し、ひたすら私を頼ってゐる。この妻は私と一緒にどんな苦難にでも堪へてくれるだらう。たとへ私が貧しくとも、曩の日の妻のやうに義理人情を忘れて、あはれな浮世の虚栄に憧れ騒ぐ事もあるまい」

白秋は、のちに義弟となる山本鼎《かなえ》に宛てた手紙にこう書いて「今度こそ」と思った。しかし、この二度目の妻の章子は派手なところがあり、白秋の実弟の鉄雄や山本鼎と衝突して、姦通事件を起こす。一時的には平穏な日々を送ったが、あくまでも寂寥《せきりょう》を友としなければならない白秋だった。古賀も一度結婚に破れた後は独り身の生活をつづけたが、白秋の二度の破鏡を目の当たりにして結婚に臆病《おくびょう》になったのかもしれない。

江口章子については原田種夫の『さすらいの歌』（新潮社）という絶唱がある。オビには「『恋愛家』といわれるほど華やかに生き、最後は狂乱のうちに座敷牢《ざしきろう》で悶死《もんし》した美貌《びぼう》の女流歌人の劇的生涯！」とある。

一九七二（昭和四十七）年に出たこの本に私は衝撃を受けた。狂った後もなお白秋の幻を追いつづけたという章子の境涯こそ、古賀の「影を慕いて」の素材となったのではないか。私はそう推測したくなるのである。

愛するがゆえかもしれないが、離婚の直後に章子に宛てた白秋の手紙は激しく、愛憎は裏表に貼りついていることを余すところなく私たちに伝える。

「私はあなたがあまりに可愛想だから、もう言ふまいと思ったけれど、この最後の手紙を書きます。あなたは今地獄のどん底にゐる。いかにあなたが化粧をして夏着を装ったとて、それは夜叉《やしゃ》の装ひです。

曾《かつ》てのあなたは私の唯一の守護神のやうに見えたが、今は私の眼には悪鬼羅刹《らせつ》のやうに見えます。それ丈《だけ》私はあなたの為めに慈悲の心を深めてゐます。不憫《ふびん》です。私の鬱々としてゐるのは、私自身の事を思ふより苦しみはあなたにかかってゐる。だから苦しい。でなければ自分の事位《くらい》は何でも無いのです。この五、六年間私たちは正しい高い路を一心に歩いて来ました。私に過《あやまち》があった時あなたの前にバタリと折れて平伏したのは、あなたの見幕に恐れたのでは無かった筈です。私が信じあなたも信じて口にしてゐた私たちの唯一の正しい愛の前に正しい神仏の前にひれ伏したのです」

以下は略すが、愛に「正しさ」など求めていいのだろうか。間に立った谷崎潤一郎の和解工作も成功しなかったのは、白秋が愛に深さではなく「正しさ」を求めたからではなかったか。

魔気に満ちた人

古賀政男が憧憬《どうけい》した北原白秋の二度目の妻、章子について、これまでの記述だけでは一方的過ぎるだろう。原田種夫の『さすらいの歌』に、一九一八（大正七）年四月号の『新潮』に載った章子の「妻の観たる白秋」が引かれている。萩原朔太郎、室生犀星《むろうさいせい》、吉井勇らによる「北原白秋氏の印象」の中の一文だった。もちろん、幸せなりし日の「印象」である。

「北原は、全くえたいの知れない恐ろしい魔法使いのような人です。いかにも南国的な深刻味のある、赤い毒草の花のような魔気に満ちた人です。

あの豊麗な肉体とよく動く表情に富んだ瞳が、相手の人を全く不可思議な魔法の国まで誘わずには置きません。

それはそれは変化の多い矛盾勝ちの人です。其運命が又絶えず極端から極端に恰度《ちょうど》チブス熱の上り下りのように動いて行くように思います。北原の傍《かたわら》にいますと何の寂しさも感じません。それどころかまるで五十人百人の男と向っているようです。北原は恐ろしい癇癪持ちです。一寸《ちょっと》虫の居処が悪いと真赤におこった火をひっ摑んで投げつけたりしますが、自分が火の玉になっている場合ですから、別に火傷もしないようです。

——北原が若し帝国の軍人でしたら一番先に戦死する人でしょう」

最も平穏だったといわれる生活を送っていた時に書かれた文章である。しかし、「真赤におこった火をひっ摑んで投げつけ」られた者にしか書けない白秋論であり、それはさらにこう続く。

「家庭では時々陰鬱な恐ろしい顔をします。それが、別にこれと云う理由なしに、むくむくと起って来るのですから手のつけようがありません。時によると毎日一度も二度も起りますので、其度に私は背骨がぐざぐざに砕かれる程つらく感じます。其病的な陰鬱は怪しい肉体の底から起るのでまるで潮の満干のような具合でしょう。時間が過ぎれば治るのです。

これは北原自身も無意識の中に意識しているものと見えて決して他人にそれを見せるようなことはありません。特に心をゆるされた者のみが共に受けねばならぬ苦痛です。それが私にこんなことを考えさせました。仏説に依るとあの森から野と終日、飛んだり跳ねたりして楽しそうに唄を唄っている小鳥でさえ、一日に三度は前世の業報によって身のうちが焼けて行くような熱に犯されるそうです。これを鳥類の三熱の苦しみと申しますから、北原は詩人に生れた何かの因果によって三鬱の苦しみを受けなければならぬのでしょう。

北原は軽薄な行為など出来る人ではありません。だから婦人を一時の弄び者にするような事は絶対にありません。

北原はほんとうに痛々しい大きな赤ん坊です。たとえ此の世に於ていかなる罪を犯そうと鬼神も仏も総てお免し下さるでしょう。そうして、地獄の裏門から浄土の門へ迎えらるる人だと思われます」

第2章　同郷の弟子・大川栄策

菜の花が咲きよる頃は

「先生は、花が咲いたと言っては泣くような人でした」

古賀政男のふるえるような神経を評して、大川栄策はこう言った。幾千万と知れぬ日本人の魂を揺さぶり、涙とともに口ずさまれた古賀メロディー。大川はその古賀の最晩年の弟子である。

一九六九年にデビューし、一九八三年に「さざんかの宿」というミリオンセラーを出した大川は、

「十四年間の苦労はなんともないが、先生の生前にヒット曲を出したかった」

と痛恨の思いをこめる。

一九四八年の十月、古賀と同じ福岡県の大川市に生まれた大川は、佐賀商高を出るとすぐ、古賀政男に弟子入りすべく上京した。当時、明治大学の学生だった兄とともに、代々木上原《よよぎうえはら》の古賀の家を訪ねたが、簡単に門前払いを食って、古賀には会えない。それでも、二回、三回、四回と大川は通いつづけた。同じように弟子になりたいと押しかける若者が他に何人かいた。

そして六回目に、大川はようやく弟子入りを許される。

「庭掃除でもさせておけば、そのうち田舎に帰るだろうと思ったんじゃないですか」

あまり大きくはない目を細めて、大川は亡き師の胸中を忖度《そんたく》する。

しかし、もちろん大川は帰らなかった。

最初にレッスンを受けた時のことは、いまでもはっきりと憶《おぼ》えている。歌は村田英雄の「柔道一代」。

「じゃ、歌ってごらん」

と言われて歌い始めた大川は、涙がにじんでくるのを抑えることができなかった。うれし涙である。歌い終えた大川に、「神々しく、威厳のある巨人」と見えた師が、

「歌が好きでたまらないみたいだね」

と声をかけた。

「はいっ」

と答えた大川の目から、さらに涙があふれた。

大川栄策こと荒巻逸造が、古賀の歌と最初に出会ったのは小学校三年の時である。「無法松の一生」を、幼いながらに精一杯歌っていた少年逸造に、母親が、その歌は郷土出身の古賀先生がつくった歌だよ、と教えてくれた。

古賀はこの同郷の後輩をかわいがり、出身の大川市と、当時の首相、佐藤栄作から芸名をとって、大川栄策と名づけた。そして、田舎弁まるだしで、この弟子と、

「菜の花が咲きよる頃はきれいばってんねえ」

と郷里のことを話し合った。

ちょっとボンヤリしていると、

「おまえ、なんばそげんボケーッとしよっとね。もっと元気を出さんかい」

と肩を叩《たた》かれた。大川にとって、古賀は師匠であると同時に父親だったのである。

母を恋うる歌

「政男どの。その後、たっしゃでおくらしのよし、母はうれしくぞんじ上げそうろ。わたくし方、みんな、たっしゃなれど、政男がかってに家をでて、大がくなどにはいってから、まい日福太郎のきげんわるく、よめ女までわたしにつらくあたるやうになり、母はまい日、うきことばかりにてそうろ。福太郎は、せん日、そなたのてがみをみてより、もうあんなわがママものは一さいかまはぬ。どうならうとかっ手だと申しをりそうろ。おなじおや子きゃうだいでも、をさないころよりべつべつにそだったことゆゑむりもない、とはおもひながらも、あんまりのことに、母はくやしなきすることばかりです。けれど母は、けっして政男をせめる気もちはない、大がくに入ったならば、うんとべんキョウにせいだしてりっぱなせいせきをあげられたくそうろ。母はまい日、そのことばかり、神ほとけにいのってをります」

これは明治大学に入った古賀のところに母親がよこした手紙である。

五歳の時に、瀬戸物の行商をしていた父親を亡くした古賀は、朝鮮の仁川で働いていた長兄の福太郎を頼って母親とともに彼の地に渡ったりして、苦しくも貧しい少年時代を送った。それだけに、母への思慕は切なるものがあった。

「クラシックが〝父なる音楽〟とすれば、私の歌は大衆が支持してくださる〝母なる音楽〟です」

と古賀は言ったが、古賀メロディーはまさしく「母を恋うる歌」である。それは母国、すなわちマザーランドの故郷を恋うる歌につながる。

古賀の弟子たちにとって、母という言葉は禁句だった。おふくろのことを思い出して、古賀がすぐに泣き出すからだ。ただし、自分から話すぶんにはいい。

大川栄策も、しばしば母親の話を聞いた。

「ある時、おはぎをつくってもらってね。あれはうまかったもんねぇ」

古賀の自伝『歌はわが友わが心』によれば、古賀の母は一度、自殺未遂をしている。若くして夫を亡くし、多くの子どもを抱えた苦しさからだったろう。

後で詳述するが、古賀自身も、一九二九（昭和四）年の大学卒業を前に、自殺しようと思った。「大学は出たけれど」の大不況時代で、前途に希望をもてなかったからだ。

剃刀をのどに当てたその時のやるせない思いが凝結して、永遠の名曲「影を慕いて」は生まれた。そしてコロムビアに入社し、順調なスタートを切った古賀は、中風を病んでいた郷里の母に手紙を書く。

「母さん、喜んでください。やっとどうやらお母さんを慰めることができるようになりました。いつかお金を送っていただきましたね。五円八十五銭でした。ぼくはあのとき、母さんの心遣いのうれしさに泣きました。きょうは、あのお金を百倍にして五百八十五円お送りします。母さん、いつまでも長生きしてください」

さびしさをムチにして生きる

古賀の自伝では、長兄の福太郎は悪役として定着しているが、それに異論を唱える評伝もある。英雄伝説を徹底的に剝いだ下嶋哲朗の『謎の森に棲む古賀政男』（講談社）である。いまから七年前に出たこの本では、甥《おい》の証言などを引きながら、「福太郎は古賀がいうほど冷酷な人間ではなかった」と擁護している。

そして、エピローグの「伝説の終着駅」には、古賀が亡くなった時、それまで決して批判などしなかった（できなかった）マスコミが、ここぞとばかりに書きまくった記事が紹介されている。

『週刊新潮』が「言えば必ず葬られたという故古賀政男のプライバシー」、『微笑』が「資産一〇〇億の独身貴族！　結婚恐怖症の孤独な男！　古賀政男神話のベールを剝ぐ！」、そして『週刊現代』は「伊東深水氏に注文して描かせた十二枚の〝愛欲暦〟は今どこに」である。

古賀と同じく女よりは男を愛したといわれる淀川《よどがわ》長治は、古賀が亡くなった直後の『微笑』一九七八年八月二十六日号で、古賀のことをこう語っている。

「古賀さんは、苦しみを自分で作って生きてきた人だったんでしょうね。奥さんがいて、子どもがいるふくよかな家庭からは、古賀さんのような曲は生まれませんよ。〝わずらわしさのないきびしい孤独〟が、あの方の曲の源流になっていると思うんです。きっとあの方は気が弱いんですね。気が弱いから、人に気を使う。家庭にはいってもいろいろ気を使う。そのわずらわしさを、あの人は自ら捨てたんじゃないでしょうか。さびしさをムチにして生きている。気の弱い人はみんなそうですよ。わたしの場合もそうですから。気の弱い人はつかれます。だから結局自分の殻の中で生きるようになっていくんですよね」

死の一週間前、古賀は作曲家の長津義司《ながつよしじ》や作詞家の西沢爽《そう》へ、次々と電話をかけた。

「ぼくは寂しいのよ」

と語りかける古賀に、歌手の二葉あき子は、

「先生、ひとりぼっちになったら、出かけていきますすね」

と答えた。すると古賀は、

「ぼくはいつもひとりぼっちだよ。でも二葉ちゃんはこなくていいよ、だっておばあちゃんだもの」

と言ったという。『謎の森に棲む古賀政男』の著書の下嶋は、そんな古賀にあくまでも厳しく、

「柳川は白秋さんと川下り、大川は古賀と陣内木工所（俳優陣内孝則の実家の家具工場）。そんな大川を古賀は、芸術家の出身地とするには、恥ずかしく思えたのではないか」

と断罪した地元のタクシーの運転手の言葉を引く。しかし、自分の弟子に大川栄策と名づけたことでわかるように、私は古賀が大川を故郷として柳川より低く見ていたとは思わない。まさしく地続きの柳川を大川と同じように愛していただけだろう。

ドラマの挿入歌「目ン無い千鳥」

古賀政男の最後の内弟子、大川栄策は一九六九（昭和四十四）年六月に「目ン無い千鳥」でデビューした。当時、大川はちょうど二十歳。TBSから、テレビドラマの「新妻鏡」の主題歌を歌う歌手を推薦してくれと頼まれた古賀が、まったく無名の大川を推したのが初登板のキッカケだった。

しかし、TBSでは、いくらなんでも、まだデビューもしていない人を、と尻込《しりご》みした。ライバル局に視聴率でだいぶ水をあけられていて、それを挽回《ばんかい》すべく、ぶつけようとしている番組の主題歌である。「どうか別の人を」と言ってきたTBSに古賀もねばり、逆に頼みこんで、大川は挿入歌を歌うことになった。

主題歌の「新妻鏡」は兄弟子のアントニオ古賀が歌う。ギターを片手に当時売れていたこの兄弟子とのカップリングで、コロムビアから、大川の初めてのレコードが出た。ところが、古賀の顔を立てて、いわば

お義理で歌わせたこの挿入歌「目ン無い千鳥」の評判がいい。

山本陽子主演のこのドラマが始まってまもなく、TBSには、あの歌は誰が歌っているのかという問い合わせが殺到した。その手紙や葉書を渡された古賀が、ある日、「大川、ちょっと来い」と言って、大川を自分の部屋に呼んだ。「君ね、こんなに手紙が来てるんだよ。これは大変なことだよ」

かなり無理を言って弟子を起用させた師とこれに見事に応《こた》えた弟子は手をとりあわんばかりに喜びあった。

そして幾星霜。その師も亡くなってしばらくして、TBSの番組でその話が出た。

「大川さん、しかし、主題歌でなく挿入歌をと言われた時はくやしかったでしょう」

と煽るアナウンサーに、大川もつい、

「ええ、プロデューサーをぶっとばしたいと思ったくらいですよ」

と答えた。するとアナウンサーは、

「じゃ、いま、ここでぶっとばしてもらいましょうか」

と言って、ある人を招いた。

大川には内緒の、ヤラセである。

苦笑する大川に、当時のプロデューサーで、第二制作局長になっていたその人は、

「いやあ、あの時はすみませんでした」

と不明を詫《わ》びた。

名誉のためにあえて名前は出さないが、この人はあの「おしん」の作者、橋田壽賀子の夫君である。

ちなみに「古賀政男生誕一〇〇年記念」と銘打ってコロムビアから発売されたDVDカラオケ「古賀政男

作品群」で、

〽僕がこころの良人なら

の「新妻鏡」は霧島昇が歌い、

〽目ン無い千鳥の高島田

の「目ン無い千鳥」は大川栄策が歌っている。前者の作詞が佐藤惣之助で後者がサトウハチロー。選ばれた五十曲のうち、他に大川が歌っているのは「木枯紋次郎」と「赤い酒」である。

女のドラマを歌でつづれ

一九七八（昭和五十三）年の夏、大川栄策は肝臓を悪くして、世田谷《せたがや》区深沢の長谷川病院に一ヵ月ほど入院した。歌手になって九年。古賀メロディーのLPなどを出して、知る人ぞ知る存在ではあったが、独自のヒットを放ってはいない。もうすぐ三〇歳という時の病気で、ちょっと滅入っていた。そこへ、恩師の古賀政男から花束が届く。

古賀はすでに七十三歳になっており、脳軟化症にかかっていた。それにもかかわらず、弟子のことを忘れずに見舞いの花束をよこしたのである。

この花を抱いて大川はひとり、病院のベッドで泣いた。

そして、ようやく退院することができて、荷物をまとめて自分のマンションへ帰ったのが、忘れもしない七月二十五日。とても暑い日で、汗をぬぐいながらドアを開けると、電話が鳴っていた。古賀の死を告げる電話である。

内弟子時代、風呂場《ふろば》でよく古賀の背中を流したが、あの「大きな背中の師」が亡くなったと思うと、スーッと身体が沈み込むような脱力感に襲われた。

やはり、古賀門下の一人である美空ひばりは、その時、大阪梅田のコマ劇場で、古賀が作曲した「悲しい酒」を歌っていた。

「歌い終わってから聞いてビックリしました。先に聞いてたら、とても歌えなかったでしょう」

こう言って、ひばりは声を途切らせた。

レコード売り上げが示す古賀メロディーの戦前のベスト5は、

①「誰か故郷を想わざる」
②「酒は涙か溜息か」
③「影を慕いて」
④「人生劇場」
⑤「あゝそれなのに」

であり、戦後のベスト3は、

①「柔」
②「悲しい酒」
③「湯の町エレジー」

である。大川によれば、古賀メロディーにも、「無法松の一生」や「人生劇場」のような男歌と、「影を慕いて」「悲しい酒」といった女歌とがある。

古賀は、大川には女心の機微を歌う女歌の方が向いていることを逸早く見抜いて、

「女のドラマを歌でつづれ」

と言っていた。

「先生からは、とくに芸事のきびしさとサービス精神の大事さを教えられました。お客さんはシビアです。演歌のファンは大人ですから、お義理で拍手なんかしません。拍手がこなかったら歌が下手なんです」

こう語る大川は、歌ひとすじで、他のジャンルで活躍しようなどとは考えてもいない。

古いと言われるかもしれないが、芸道という感じで、自分の信ずるところを押し通したいと思うからだ。目に見えないところで、師匠とそう約束したという思いがあるからでもある。

古賀メロディーよ消えていけ

古賀政男が晩年に最もかわいがった弟子、大川栄策に、古賀メロディーで好きな曲は、と聞くと、

「ウーン」

と言って首をかしげた後、次の三つを挙げてくれた。「影を慕いて」をはじめ、「サーカスの唄」、「緑の地平線」など、古賀メロディー十二曲を集めたLPをデビューまもないころに出し、ほとんど古賀メロディーとともに生きてきた大川にとって、どの曲も思い出がこもっている。三曲というのはむずかしい注文だったろう。あえて大川が挙げた曲は、

〽泣くも笑うも　短い命
ままよ捨身の　旅烏

の「旅がらす」と、

〽雪よ輝《かがや》け青春の

　花は涙の　おくりもの

という「白い椿の歌」、そして古賀が最晩年に作詞作曲した「思い出の記」だった。「思い出の記」は、功成り名遂げて故郷を訪ねてみたら、

〽親はらからは　すでに逝き

　誓いし友の　おもかげも

　いまは虚しき　菜の花よ

で、何もなかった。人生はなんと無常なものかという歌だが、古賀の死後、大川はステージでこの歌を歌おうとして、三度歌えなくなった。師であり、また父親のような存在でもあった古賀のことを思うと、胸が詰まって声が出なくなる。一番はなんとか歌えても、二番になると、同郷の師と過ごした日々のことが走馬灯のように頭をかけめぐって絶句してしまう。今度こそはと思いながら、三度もそうしたことが重なって、以来、大川はこの歌を歌っていない。

それにしても、大川の挙げた三曲は、古賀メロディーの中ではあまり知られていない曲である。古賀は自伝『わが心の歌』（展望社）の中で、

「私にとっては、晴れがましくヒットした曲よりも、世に忘れられた曲のほうがいとしい。山の温泉場などで、世にいれられなかった曲を、青年が口笛を吹いて通ったりすると、『ありがとう』と後ろ姿に手を合わせたくなる」と言っている。

一九八三（昭和五十八）年の十二月三十一日、初の紅白歌合戦で大川は、あの「さざんかの宿」を歌った。

〽くもりガラスを　手で拭いて
　あなた明日が　見えますか

古賀メロディーではないこの曲を歌いながら、大川はこの姿を師に見せたかったという思いでいっぱいだった。古賀が生きていたころ、ＮＨＫが古賀メロディーを特集すると、古賀は必ず歌い手に大川を指名したからである。そのＮＨＫホールで、大川はいま歌っている。万感胸に迫るものがあったろう。

ところで、古賀メロディーについて、古賀自身は、日本人はなんでこんなに哀しい歌が好きなのかと問いかけ、「古賀メロディーよ消えていけ。そしてもっと幸せになれ」と叫んでいる。

第3章　古賀メロディーは消えるか

暗い現実がある限り

〽丘を越えて　行こうよ
　真澄の空は　朗らかに晴れて

島田芳文作詞の古賀メロディー「丘を越えて」はこう始まり、

〽いざ行け　遙か希望の
　丘を越えて

と結ばれる。古賀メロディーには珍しく、明るい歌である。これに勇気づけられた人もいた。『古賀メロディーの思い出エッセイ集』に一文を寄せた愛知県安城《あんじょう》市に住む六十八歳の男性によれば、「この歌はまことにテンポのよい軽快な歌で、浮世の憂さを吹き飛ばす力をもって」おり、「亡き母の生涯の友であった」という。

終戦直後に夫に病死された母は幼い五人の子を抱えて、戦後の混乱期を生き延びなければならなかった。そんな苦しい生活の中で、ある日、母は「みんなで遠足に行こう」と言い出し、おにぎりを持って、市のはずれの丘に出かけた。そして、市街地を一望しながら、家族で「丘を越えて」を歌った。歌い終わると母は息子にこう言った。

「私は丘を越えれば必ず希望が見えてくることを信じて生きてきた。『丘を越えて』に鼓舞され勇気づけられてきたのよ。歌をつくる人というのは偉いね。どれだけの人生を支えているかわからないものね。そうだ。『丘を越えて』の作曲者は古賀政男だ。お前も同じマサオだ。人様を喜ばせる職業に就きなさい」

とは言え、やはり、古賀メロディーには哀しみを歌ったものが多い。だから、古賀も自伝『歌はわが友わが心』の「あとがきにかえて」に「〝古賀メロディー〟よさようなら」と書いたのだろう。「昭和五十二年十月」と記されたそれを引く。

「作曲生活五十年を振り返って、反省がないわけではない。むしろ反省だらけの五十年、決意し通しの五十年だったのではないかと思う。つらいこと、悲しいこと、そのたびにくじけそうになり、いろいろな人に励まされてここまでやってきた。

その中で、いちばんの反省は、私の歌はあまりにも哀しすぎるということだ。

日本人はなんでこんなに哀しい曲が好きなのだろう。暗い哀しい時代の歌は、やはり追い出さなくてはいけないのではないか。いつも哀しい歌ばかり歌っていては不幸なのだ。

私は〝古賀メロディー〟よ消えていけ、と叫びたい。もっとハッピーな歌を歌って、幸せになるべきだと思う。私も〝古賀メロディー〟にしがみつくのではなく、作曲家生活五十周年を迎えたことを契機にハッピーな歌をつくるべく、全力を注いでいく決意でいる」

この決意を私は立派だと思うが、暗い現実がなくならない限り、古賀メロディーは歌いつがれるだろう。一部の人間だけが何不自由なく暮らすようになっても、多くの人が哀しみを奥歯で嚙《か》みしめなければならない生活をつづけている限り、古賀メロディーは消えないのである。

紅しょうがの花びら

古賀政男は数少ない愛読書の一つに松本清張の『砂の器』を挙げている。原作がすばらしいので映画を見ても泣いてしまったというが、「残念ながら音楽の工夫がたりず、その分原作より劣ったような気がした」とか。

清張の小説は暗い。そして、底なし沼のように深い。清張はそれまで、いわゆる純文学の作家が描かなかった人たちの生活と心情をリアルに描いた。

大衆の好む歌として一段も二段も低く見られていた流行歌の作曲家、古賀が、そんな清張の作品に惹《ひ》かれるのは、ある意味で当然だろう。

私は、いまも元気な演歌の大ベテラン、田端義夫の「かえり船」が好きだが、先日、カラオケでそれを歌おうとしたら、画面にすりきれた復員船の映像が出てきたのには驚いた。

舞鶴港に着く船と、それを迎える港の双方で、ちぎれんばかりに手と手が振られる。

清水みのる作詞、倉若晴生《くらわかはるお》作曲の、あまりにピッタリな歌がその光景に重なるが、もちろん、あの当時よりは生活が豊かになったとしても、それはすべての人に言えることなのか。貧富の差はあのころより激しくなっているのではないか。

〽熱い涙も　故国に着けば
　うれし涙と　変るだろ

「かえり船」にはこんな一節もあるが、田端義夫は大正八年一月一日、伊勢は松阪に、男五人女五人の十人兄姉の九番目として生まれている。農業のかたわら、人力車を引いていた父親の徳松は、義夫が三歳の時、屋根から落ちた怪我が元で亡くなった。姉たちは家計を支えるために、次々と芸者に出た。大阪で働いていた長兄を頼って引っ越しをしたが、その長兄も蒸発する。かなり古賀と似た育ち方をしているのである。やはり、哀歌は悲しみからしか生まれない。それを作曲する者も、歌う者も、いやというほどにそれを味わされた。

貧乏のどん底の中で、田端義夫一家が食べていたのは、おかゆかオカラだった。おかずは紅しょうが。しかし、紅しょうがさえ買えない日もあった。義夫と弟は、ただただ腹がへって泣くばかり。大阪時代の六年間だけで、十四、五回は夜逃げをしたという。

その極貧の少年時代から現在までを綴った『オース！　オース！　オース！』（日本放送出版協会）というバタヤン（田端義夫）の自伝で、最も泣かされるのは「紅しょうがの葬式」である。

苦闘が実って義夫がすっかり流行歌手となっていた昭和三十年二月四日。母親が八十二歳で亡くなった。その葬式の日、義夫は紅しょうがをたくさん買って来て、それを花びらのように薄く切り、母親の棺《ひつぎ》にまいた。

「ひつぎは紅しょうがの花びらで埋まり、おっ母さんは紅しょうがの海の中で安らかに眠っていた。どんなにきれいな花よりも、どんなに高価な花よりも、一枚一枚切り刻んだ紅しょうがの花こそが、何事にも代え難いわたしのしてあげられる最後の親孝行でした」

「ゲイシャ・ワルツ」の奇跡

苦労ばかりして亡くなった母に人生のはかなさを思って、バタヤンはその上にとめどなく涙を落とした。

その母親はいつも「赤とんぼ」の歌を口ずさんでいた。そして、この歌はまた、義夫が一番仲のよかった姉しげのが、名古屋へ芸者に行く時、駅までの道すがら、一緒に歌った歌だった。古賀政男は「一人の姉が嫁ぐ夜に」淋《さび》しさのあまり小川の岸で泣いたらしいが、バタヤンの姉たちは次々と芸者に出た。

小学校時代、その姉が送ってくれた霜降りの厚手の学童着しかなく、下着など買ってもらえないので、雨の日や冬は、パンツなしの寒さが肌を刺した。鉛筆も消しゴムも買えず、人目を盗んでゴミ捨て場に行き、まだ使えそうな鉛筆や消しゴムを拾って使ったりもしたという。

もちろん、弁当など持って行けない。昼になると、そっと教室を抜け出した。

義夫が右目を失ったのも貧しさゆえだった。あるときトラホームにかかったが、医者に行くカネはない。母親が水で洗うだけの治療で、一六歳ごろにはほとんど見えなくなった。栄養不足のせいもあるだろう。

しかし、おかげで徴兵検査で丙種となり、戦死せずにすんだ。ただ、中国へ命がけの最前線慰問には行っている。「大利根月夜」などを歌ったが、兵隊たちに一番喜ばれたのは「梅と兵隊」だった。マイクなどなく、ギターを抱えて歌う。ギターを弾きながらのバタヤン・スタイルはこの時から始まった。

〽春まだ浅き　戦線の　古城にかおる　梅の花
せめて一輪　母上に
便りに秘めて　送ろじゃないか

古賀メロディーの軍歌については改めて触れるが、戦争に傷つくのも大衆であり、戦争を煽るのも大衆であるということだけは指摘しておこう。古賀は大衆に密着しすぎた。

ところで、『古賀メロディーの思い出エッセイ集』には、西条八十《やそ》作詞の「ゲイシャ・ワルツ」が、ある人を救った話が出てくる。浜松市の四十二歳の看護師が書いているもので、特別養護老人ホームで、芸者をしていた高齢の人が、いつ呼吸が止まってもおかしくないような状態になった。

最後のお別れに来た職員が、

「Uさんの好きだった曲、聴かせてあげない?」

と提案して、CDをかけた。

すると、誰もが朝までもたないと思っていたその人が回復したのである。

主任看護師が、あの状態から持ち直したケースは今まで一度も知らないと言ったほど、奇跡的な生還だった。

「音楽が人に与える影響は計り知れない。体に馴染《なじ》んだリズムが、消えかかった命のリズムを呼び戻した」と信じるその看護師は、古賀に「ありがとう」と言っている。田端義夫の姉の葬儀にはこの歌は流れたのだろうか。

俗に賭けた西条八十

〽あなたのリードで　島田もゆれる　チークダンスの　なやましさ

神楽坂《かぐらざか》はん子が歌った「ゲイシャ・ワルツ」である。西条八十作詞、古賀政男作曲。

〽あなたのくれた　帯どめの　だるまの模様が　チョイト気にかかる

は同じ西条、古賀コンビの「トンコ節」。

この二つについて笑えない話がある。

西条八十が名づけ親の作家、吉川潮の『流行歌《はやりうた》――西條八十物語』（新潮社）から、それを引こう。

「先生方には、家族そろって愛唱できる健全で親しみ易い歌をつくって頂きたいのです」

あるとき、作曲家の古関裕而《こせきゆうじ》と共に招かれた席で、八十は三越の社長にこう、言われた。

「なるほど。三越デパートのイメージアップとなる歌ということですな」

と八十が応ずる。ところが、宣伝部長が、

「近ごろはひどい歌がありますからな。『ゲイシャ・ワルツ』などは、ちょっと子供には聞かせられない。ああいう低俗な歌を駆逐するような立派な作品をお願いします」

と、言ってしまった。知らないわけである。

「あれは私が作った歌ですよ」

苦笑しながら八十が言うと、宣伝部長は顔色を変え、

「いや、それはたいへん失礼しました。そうでしたか、あの歌は西条先生のお作で」

と取り乱す。

「お作というほどのものではありません。なにせ低俗な歌ですから」

皮肉っぽい口調で八十が返すと、

「いや、とんだ失言でした」

と部長は汗をぬぐった。そして、

「まあ、『ゲイシャ・ワルツ』はともかく、ひどいのは『トンコ節』です。上もゆくゆく下もゆくとはなんですか」

と続けた。八十は、

「……いや、あれも私の作です」

と言わざるをえない。

進退きわまった部下の窮地を社長が救った。

「うちの店では高価な貴金属から台所用品、掃除道具までいろいろ揃えておりますが、どの品も一流の良い品を選んでおります。先生もあらゆる種類の歌詞をお書きになっているのですから、まさに作詞のデパートですな」

この言葉に機嫌を直して、八十は「美しき高原」という題の健全な詞を書いたが、何のおもしろ味もない歌だったという。

『砂金』の詩人が流行《はや》り歌を書いたことで八十は「堕落した」とか、「商業主義に魂を売り渡した」とか言われた。しかし、八十は俗のエネルギーを信じていた。

坂田三吉の生涯を歌にした「王将」も八十の作詞だが、吉川潮によれば、八十は早大教授時代、「学者たるものが、低俗な流行歌をつくるなどとはもってのほか」と非難されたことを思い出し、将棋の駒に賭けた三吉を、流行歌づくりに賭けた自分自身に投影したのだという。雅や聖では現実は動かない。俗がそれを動かすということを、八十も、そして古賀も知っていた。

演歌を笑うものは演歌に泣く

〽花摘む野辺に日は落ちて　みんなで肩を組みながら

わが師で哲学者の久野収《くのおさむ》の唇から、この古賀メロディーが流れ出て、私はびっくりした。三十年以上前のことである。私がまだ経済誌の編集者をしていて、書庫の整理の手伝いに伊豆《いず》高原の久野宅を訪ねた時だった。

ハイカラでシャープな久野が「誰か故郷を想わざる」などを口ずさむのか、と仰天した。私は演歌が好きで、そのことをいささか恥ずかしく思っていただけに、うれしくなるとともに、久野は自分の中に入り込んでいる俗と闘っているのだなと納得した。

俗と自分は無縁だと澄ましているのではなく、俗をくぐりつつ、俗に染まらない努力をしているとも言えるかもしれない。

天下の碩学《せきがく》、林達夫との対話『思想のドラマトゥルギー』（平凡社）で久野は、かつては演歌に眼もくれなかった「ヨーロッパ派の大インテリ」までが、通ぶって、ぬけぬけと〝藤圭子が好きや〟と言う風潮を笑う五木寛之の「演歌は聞く方も歌う方も、やはりまともではないというか、少し身をかがめるところがあって初めて演歌だ」という説も紹介しているが、大衆とか民衆と呼ばれる人々を動かす俗に触れる必要性を久野は説く。

「雅俗のどっちを取るかというと、僕は何のためらいもなく、断然『俗』を取る」

こう宣言する思想史家の林達夫は、また、こんな指摘もしている。

「本当の大作家というものは、古風に言えば清濁あわせ呑《の》むという奴で、いわゆる大衆芸能の何かにうつつを抜かさなかった人は東西古今一人もいない。森鷗外だって、夏目漱石だって、さっきの二人（永井荷風と谷崎潤一郎——引用者）だって、志賀直哉だって、みんな若い時に寄席へ通ったりしている。映画もない時代だからね」

そして、メロドラマのようなものをあまり馬鹿にしないことが大事だ、と折りあるごとにくどいほど学生に話す、と林は続ける。

「〝この頃は、ドライとかクールばやりで、特に高級インテリは嵩《かさ》にかかって非難したり、それにそっぽを向くかもしれないが、構えや先入観や主張をはずして、あれを読んでおくとよい。人間の精神のバランスを崩して、あとでひょんなことにならぬとも限らないから。だから、そういうものを観るのは一種の精神健康法でもあるんだ〟とね」

ここでのメロドラマはそのまま演歌に当てはまるだろう。演歌を笑う者は演歌に泣くのである。

先輩の林の発言を受けて久野はこう語る。

「民衆の方は、メロドラマを実人生とは違う、絵空事だと知っていて距離をおいて見ている。そうでなければ、あんなに繰り返し同じシチュエイションのものをあきもせず見ていられるはずがない。ところが、そこが分《わか》らない大インテリは、かえって民衆よりも弱くなって、アイデンティティ（同一化——引用者）してしまうわけですよ。何しろメロドラマのもつ毒に対して免疫性がないですから」

歌が国境を越えるとき

戦後になってからだが、あるとき、在日韓国人組織の代表と思われる人が古賀を訪ねてきた。そして、こう言った。

「古賀さん、絶対に他言はしませんから、ほんとうの名前を教えてください。そして今後ぜひわれわれの力になってください」

古賀が幼少時代を韓国の仁川などで過ごしたことから、同胞の一人と思われ、ひそかにそう信じられていたらしい。

自伝『歌はわが友わが心』でこの話を紹介した後で、古賀は「朝鮮の人々のなかには、私を同胞と信じ、私の歌に心を慰めて、ひそかに誇りに思った人もいたにちがいない」と続け、「たとえ国は敗れても、また私が築いた過去の基盤がうたかたのように消え去っても、私の歌は国境を越え、人々の心のなかに生き続けていることを改めて確認させられたのだ。これは、私の歌だからということではなかった。本来、歌とはそういうものなのだ。私はそのとき、命のあるかぎり作曲を続けようと決意した」と書いている。

国を越えて民衆の歌はある。「日本流」「韓流」を越えて、「民流」があるのである。それは地下水のように両国の民衆の中を流れる。

姜信子《きょうのぶこ》の『日韓音楽ノート』（岩波新書）には、朝鮮が日本の保護国となった一九〇五年の翌年、パンソリをはじめとする民俗芸能が歌い演じられる協律社に若い男女や学生が連日集まるのを見て、知識人たちが次のような集中砲火を浴びせた、と書かれている。

「低級芸能！」「淫風《いんぷう》！」「放蕩《ほうとう》の温床！」「無思想！」「国民倫理の破壊！」「亡国の徒！」

たしかに、民俗芸能は一瞬の愉楽によって怒りとかを忘れさせる作用もする。演歌にも同じことは言えるだろう。しかし、それを頭から否定して、問題は解決するのか。

『日韓音楽ノート』の第五章は「古賀メロディと失郷民たちの歌」である。

「古賀政男もまた、近代の失郷民のひとりである」と規定する姜信子は「日本の失郷民が、古賀メロディ（もしくは古賀調のメロディ）にのって、朝鮮半島めざして行進してゆく。押しだされるようにして、韓国の失郷民が他郷へと旅立ってゆく。彼らもまた、歌を口ずさんでいた。そのなかには、韓国語でしみじみと哀切に歌われる『酒は涙か溜息か』のメロディもあった」と記している。

ただ、姜が指摘するように、古賀の自伝には、韓国時代の思い出は書かれていても、一九一九年、日本の圧政下に起った三・一独立運動など、社会的事件へのまなざしは完全に欠落している。パンソリを歌う民衆までを巻き込んだこの運動が徹底的に弾圧された後、韓国で「希望歌」、別名「絶望歌」という次のような歌が広く歌われた。

〽この風塵のような世に生まれ
　おまえの希望は何なのか

さて、古賀メロディーは絶望だけを歌っているのか、絶望をくぐっての希望を歌っているのか。

第4章　昭和の歌姫・佐藤千夜子

千夜子と古賀の出会い

仙台で朝の講演を終え、仙山線で山形に向ったのは二〇〇五年の二月五日だった。愛子《あやし》駅を過ぎるあたりから雪になった。表日本の仙台とでは雪の深さがまったく違う。北山形で降り、タクシーで佐藤千夜子の故郷、天童《てんどう》をめざしたが、雪除《よ》けがされているとはいえ、雪道は危険で、スピードは出せない。それでもまもなく、千夜子の生家が併設されている天童民芸館に着いた。しかし、休館の掲示がある。

冬の間は訪れる人もないのだろう。困ったなと思いながら、あきらめきれずに連絡先に電話をした。事情を話すと、開けてくれるという。

不意の訪問なので暖房もない。屋内なのに外にいるような寒さである。千夜子の名はＮＨＫの朝の連続ドラマ「いちばん星」で全国に知れわたったが、晩年は不遇だった。それを想い、突然来た自分が悪いと、開けてくれたことに感謝しながら、足をこすりあわせる。

最初に目についたのは、ステージの横に大事そうに飾られている衣裳《いしょう》だった。古賀政男が亡くなった時、いわば形見分けとして遺族がわざわざ持って来てくれたものだという。古賀がＮＨＫのビッグショーに出た際に着た洋服らしい。

古賀の自伝『歌はわが友わが心』は最初、潮出版社から一九七七年秋に出ているが、その年、千夜子はブラウン管で〝復活〟した。

翌年の夏に亡くなる古賀は自伝にこう書いている。

「奇しくも、NHKの朝の連続ドラマで『いちばん星』が放映され、若き日の私まで登場したが、私の初めてのレコードを生んでくれた恩人だけに感慨深いものがある」

「いちばん星」の原作となったのは日大山形高校教諭の結城亮一が書いた『あゝ東京行進曲』（河出文庫）だった。そこには、千夜子と古賀の出会いが次のように描かれている。

当時、レコード歌手第一号として人気の高かった千夜子の家の表札はよく盗まれていた。それで、表札に手をかけながら首をかしげている古賀たちも、手伝いの女性に怪しまれた。騒ぎを聞きつけて出て来た千夜子に古賀たちが事情を話す。

「やっぱり佐藤先生のお宅でしたね。ぼくたち先生におねがいがあって参ったんですが、表札を見ると、何かウスッペラで変なので、ここが本当に佐藤先生のお宅なんだろうかと、疑問に思ってウロウロしているうち……」

「それはともかく、いったい何の御用でしょう」

と千夜子が返すと、

「失礼しました。実はぼくたちは、こういう者なんですが……」

と言って、それぞれの名刺を出した。

「明治大学マンドリン倶楽部」とあって、

「マネージャー　大沼幸七」

「部長　古賀政男」

と肩書がついている。

古賀は「波浮の港」や「東京行進曲」で流行歌手となっていた千夜子をゲストに呼ぼうとしたのだった。

千夜子が惚れ込んだ歌

明治大学マンドリン倶楽部の部長だった古賀がマネージャーと共に千夜子の自宅を訪ねて〃表札ドロボー〃とまちがえられたのは、しばしば盗まれるので、表札が折り箱のフタになっていたからだった。おかしいなと思って手をかけたのである。

それはともかく、古賀は緊張して千夜子にこう言った。

「ぼくたち、この秋に演奏会を開くんですが、先生に出ていただきたいと考えて、そのお願いに参ったのです」

山形訛《なま》りの残る声で、千夜子が、

「あたしに?」

と問い返す。

「ことわられるのを覚悟で来たんです。先生がぼくたち学生バンドなんかでお歌いになる筈《はず》がないということはわかっています。しかし、もしかしたらと……」

必死の面持ちで話す古賀に、千夜子は意外にあっさりと、

「ようござんすとも、歌ってあげましょう」

と答えた。

「えっ！」
古賀とマネージャーは息をのんだ。
「ただし、あたしのスケジュールが空いていればの話ですよ」
と千夜子は釘《くぎ》を刺したが、幸い、空いていた。結城は「千夜子には、かれら学生のような純粋なものに強く惹《ひ》かれるところがあったが、それは、彼女自身が純粋だったからだろう」と書いている。千夜子が讃美歌から出発したクリスチャンだったことも「純粋なものに強く惹かれる」ゆえんかもしれない。
民芸館の隣の天童教会共同墓地に千夜子は埋葬されているが、そこには「昭和の歌姫ここに眠る」と説明書きがついている。
千夜子がゲスト出演して日本青年館を超満員にした明大マンドリン倶楽部の演奏会が行われたのは一九二八（昭和三）年十一月二十五日。古賀は二十四歳で、千夜子は七つ年上の三十一歳だった。
そこで千夜子は古賀政男作詞作曲の「影を慕いて」を知る。
〽まぼろしの
　影を慕いて　雨の日に
　月にやるせぬ　我が想い
　つつめば燃ゆる　胸の火に
　身は焦がれつつ　しのび泣く
私は天童民芸館で寒さにふるえながら千夜子の歌うこれをテープで聞いたが、その後で聞いた「ゴンドラの唄」の方が千夜子の本領を発揮しているように思えた。

しかし、このとき千夜子は、まったく無名の学生だった古賀のこの歌に惚れ込み、レコードにしようと考える。古賀には夢のような話だったが、千夜子は真剣で、ビクターに話をする。しかし、返事はノーだった。それでも千夜子はあきらめず、吹き込み料なしでと申し出るのである。

厭世の歌

〽わびしさよ　せめて傷心《いたみ》の　なぐさめに
ギターをとりて　爪びけば
どこまで時雨《しぐれ》　ゆく秋ぞ
振音《トレモロ》寂し　身は悲し

古賀が作詞作曲したこの「影を慕いて」は、大学の卒業を前に前途に希望を見出せず、ふっと自殺を考えて未遂に終わった後に生まれた。仙台近郊の青根《あおね》というひなびた温泉宿でのことだった。

「剃刀《かみそり》をのどにあてる。鋭い痛みが走り、血が噴き出す。だが、死ねない。死ぬには、もっと深く、のど笛をかき切るようにしなくてはならない。私には、まだ生への未練があった。死ねない、死にたくはない、まだ死んではいけないのだ」

自伝でこう語っている古賀によれば、この歌は「愛の破局、未来への絶望」等、そのころの古賀の心象をすべて織り込んで謳い上げたものだった。

「この絶望、厭世《えんせい》の歌」が佐藤千夜子によって、古賀の人生に「一条の活路」を開く歌となる。結城亮一著『あゝ東京行進曲』によると、千夜子をゲストとした演奏会の会場は日本青年館だが、古賀の自伝では

「赤坂の三会堂という小さなホール」となっている。「おかげで黒字となり、佐藤さんにも多少のお礼ができた」と古賀は書いているのだが。

いずれにせよ、「影を慕いて」に古賀はそれほど自信がなかった。新宿のなじみのカフェの女給には、「だめだめ、古賀さん、こんな古くさい感じの曲は、現代にはとても向かないわ」と酷評されていたからである。

「モンパリ」や「私の青空」や「アラビアの唄」が流行《はや》っているころだった。

ところが、千夜子に見せると、しばらくハミングするなり、こう言った。

「古賀さん、これはいい曲ね。私が会社に話をしてレコードに入れてあげましょう。でもレコードは両面だから、もう一曲用意しなさいよ」

あわてて古賀は詞をさがす。そして、『民謡』という雑誌に載っていた浜田広介の「日本橋から」に目をつけ、これに曲をつけた。

ちなみに、童話作家として知られる浜田広介は千夜子と同じ山形の出身である。

そして、紆余曲折《うよきょくせつ》があって千夜子の歌う「影を慕いて」が一九三〇（昭和五）年の暮にビクターから発売されるが、残念ながらあまり売れなかった。しかし、二年後に藤山一郎の歌で再レコード化されて大ヒット曲となった。

「日本橋から」については完全に著作権の侵害である。素人の古賀は断ることも知らなかった。浜田に下宿に乗り込まれたが、古賀が学生であることを知るや、浜田は、

「じゃ、いいや、しっかりやれよ」

と激励して帰ったという。

山形訛りで、「スンズク」

佐藤千夜子の故郷、天童は将棋の町である。「将棋と千夜子の町」とも言えるだろう。駅舎にある将棋資料館にこんな表彰状が飾られている。宛て名は「天童市殿」で、出したのは「社団法人日本将棋連盟会長」の二上達也。平成六年九月八日付のそれを次に引こう。

「伝統ある将棋の駒を母体に市政誕生から名勝負の舞台、人間将棋さらに将棋資料館の建立など普及振興に独得の貢献を果されました。今日の棋道隆盛は偏えにその賜物と存じます。棋史に残る特筆すべき功績に敬意を表し、ここに第一回大山康晴賞を贈り永く足跡を讃えます」

この天童が生んだ歌姫は「波浮の港」や「東京行進曲」によって一躍スターとなった。「東京行進曲」はのちに古賀とコンビを組む西条八十の作詞だが、作曲は古賀ではない。千夜子を見出した中山晋平である。

〽昔恋しい　銀座の柳

と始まるこの歌で八十は二番は丸の内、三番は浅草、そして、四番で新宿を描いた。

〽長い髪して　マルクス・ボーイ
　今日も抱える　「赤い恋」
　変る新宿　あの武蔵野の
　月もデパートの　屋根に出る

ところが、この四番に「待った」がかかる。前年の一九二八（昭和三）年に共産党員の一斉検挙があり、過敏になっている政府は「赤い恋」に文句をつけてレコードを発売禁止にするかもしれない。ビクターの文芸部長、岡庄五に頼み込まれて、八十は最初の二連をこう直した。

〽シネマ見ましょか　お茶飲みましょか
　いっそ小田急で　逃げましょか

これを元来はクラシックのソプラノ歌手だった千夜子が歌って大ヒットするわけだが、吹き込みの際、「新宿」が引っかかって、何度もやり直しとなった。山形訛りのとれない千夜子が歌うと「シンジュク」ではなく「スンズク」となってしまうのである。

「あたし、どうして山形なんかに生まれたのかしら」

と嘆く彼女に、中山晋平は言った。

「いや、それでいいんだよ。ぼくはあんたの良さをそこに見つけて買ってるわけなんだから」

結城亮一著『あゝ東京行進曲』では、この歌に小田原急行鉄道の者がビクターに抗議に来たという逸話が紹介されている。

「小田急とは何だ！　しかも、まるで駈《か》け落ち電車のような言い方ではないか」

これには、ずいぶん宣伝になったのではないかと逆襲して引き取ってもらったが、八十は新宿紀伊國屋の粋人、田辺茂一に、

「実はネ、あの文句は、あるハプニングがあってね、そのとき万事窮すで私達はベッドの下にもぐりこんだ。そのベッドの下で、彼女がぼくの耳に囁《ささや》いたんだ。いっそ小田急で逃げましょうか……」

と述懐したという。

クラシックへ戻りたい

斎藤憐は「昭和不良伝」シリーズの『ジャズで踊ってリキュルで更けて』（岩波書店）という西条八十伝に、「昭和十一年は、古賀政男の一人勝ちだ」と書いている。

暗い演歌方面では、佐藤惣之助作詞の「男の純情」や「人生の並木路」、明るい感じではサトウハチロー作詞の「ああそれなのに」「二人は若い」「うちの女房にゃ髭がある」、そして「東京ラプソディー」。

「東京ラプソディー」は西条八十作詞、中山晋平作曲の「東京行進曲」に対抗してつくられたものだった。作詞は八十の弟子の門田ゆたか。

「東京行進曲」は佐藤千夜子が歌って大ヒットしたが、千夜子はどうしてもクラシックが歌いたかった。それで、本場のイタリアへ行き、勉強し直そうと考える。

「なに、オペラだって！」

千夜子の希望を聞いた中山晋平は驚いた。

「今さら何を言うのかね。ぼくたちは新しい民謡、真の大衆歌謡をつくり、歌うことに命をかけてきたのじゃなかったのかね。あんたは、もうすっかり大衆向けの声になってしまってるんだ。今さらクラシックへ戻ることなど、出来るわけがないじゃないか」

結城亮一は『あゝ東京行進曲』で晋平にこう続けさせ、

「あたしは、もともとがクラシックだったのよ。それを無理矢理、大衆向けの声に作りかえられてしまったんじゃない」

と千夜子が反駁《はんばく》すると、

「無理矢理だって！」

と晋平はちょびひげを逆立てさせている。

「そりゃ、あの頃あたしはお金がほしかったわ、だから中山さんの誘いに応じたわ、だけど本来は……」

「待ちたまえ、きみはクラシックから出発したかもしれないけど、素質としては民謡向きなんだ。それは絶対まちがいないんだ。それを発見したのはぼくなんだ。オペラと歌謡とは、発声が全くちがうじゃないかね」

こう諭す晋平に、千夜子は、藤原義江《よしえ》も二村定一《ふたむらていいち》も両方やっている、と反論する。

「うん、つまりね、藤原君にしろ二村君にしろ浅草出身の連中はね、みんな、本心は、ただ大衆の中にひたむきに躍りこんでゆきたいという気持があるんだ。だからオペラをやるにしても、外国語でわけのわからない歌じゃなく、日本語で歌い、大衆受けのするものをやって、それで成功してきたわけだ。本格派の帝劇オペラが分解し、下町の浅草オペラが花咲いた理由がわからんかね」

晋平に諄々《じゅんじゅん》と説かれても千夜子はあきらめなかった。そして、イタリアに旅立つ。しかし、それは自らの特質を殺し、自分が捨てた大衆から復讐《ふくしゅう》されて、忘れ去られていく道だった。

古賀への無心の手紙

窮した千夜子は、イタリアのミラノから、古賀政男に無心の手紙を書くことになる。差出人CHIYAKO―SATOのその手紙の封を古賀は急いで切った。

「古賀さんお元気？　イタリアにやってくる日本人から、あなたの御活躍をきいて喜んでおります。どんどんいいお仕事をなすって下さいね。

ところで、私は、今ではもうすっかりこちらの生活に慣れて、オペラの勉強に熱中しております。スカラ座オーケストラの伴奏でレコード吹き込みもやりました。ファシスタから賞も貰《もら》いました。そして間もなく、念願のリサイタルを開くことになっています。

私は、このリサイタルを、何とか成功させたいと今必死なんです。それで、あなたにちょっとお願《ねが》いがあるのです。

リサイタルを開くためには、あれこれと準備のためのお金が必要なのですが、私のイタリー滞在が長びいているため、お金を使い果たし、困っているのです。帰国しだいお返ししますので、二千円ばかり至急御用立て願いたいのです。恥かしいお願いですが、なにぶんともよろしくお願いいたします。千夜子」

リサイタルというのは借金のための口実だったが、古賀はすぐに送金した。しかし、帰国してからも何の連絡もない。あまり知られていない場所で歌っているという話も伝わってきた。

そして戦後、古賀は千夜子の訪問を受ける。応接間に通すと、千夜子はいきなり指輪を抜いて、こう言った。

「これでお金を貸してちょうだい」

恩人の落ちぶれた姿に言いようのない寂しさを感じながら、古賀は家にあったお金をそっくり渡して、

「そんなことをするものではありません。あなたには立派な才能もあるし、いまからだって結婚するなり、学校の先生になる方法もあるでしょう」

とアドバイスした。

「いいえ、私はいつまでも歌に生きるのよ。そうするほかに私の人生はないわ」

これが彼女の答だった。その覚悟は立派だが、この歌姫は歌を聴く人のことを忘れてしまったのではないか。クラシック畑の人間は千夜子のように歌謡曲で活躍する人を〝流行歌手〟と呼んで蔑《さげす》んでいた。しかし、聴き手がいてこその歌ではないのか。音楽学校出の千夜子はそう開き直ることができなかった。

亡くなる二年ほど前に会った時、千夜子は古賀に、

「古賀さん、私はもう死ぬの。だから死ぬ前にね、もう一度だけリサイタルをやりたいの」

と言ったという。最後まで歌うことに執念を燃やす彼女に古賀は胸うたれた。

千夜子は晩年、外国人のメイドなどをしていた。それで中山晋平が死んだ時も、自分の落魄《らくはく》を弔問客にさらしたくないと、葬儀に出席しなかった。

天童民芸館には、高瀬春奈と、五大路子が演じた「いちばん星」のスチール写真と共に、その華やかさとはあまりにも違う乳ガンによる千夜子の死をレポートした『女性自身』の「シリーズ人間」が展示してある。

行進しないマーチ

〽ひと目見たとき　好きになったのよ　何が何だか　わからないのよ　日暮れになると
　涙が出るのよ　知らず知らずに　泣けてくるのよ　ねえ　ねえ　愛して頂戴ね
西条八十作詞、中山晋平作曲の「愛して頂戴」である。しかし、中山晋平作曲とは書かれていない。晋平はこの詞を受け取って曲をつけたが、恥ずかしくて「松竹音楽部」作曲とした。

これを歌わされる方はもっと恥ずかしい。佐藤千夜子は抵抗した。それを『ジャズで踊ってリキュルで更けて』の西条八十伝の著者、斎藤憐が戯曲にした。「東京行進曲」という題のその劇で千夜子を演じたのは宝塚出身の鳳蘭《おおとりらん》である。

千夜子が八十と晋平、そして、ビクターの文芸部長の岡庄五に次のようにゴネる。

千夜子　（歌って）〈ひと目見たとき好きになったのよ〉。これがボードレールを愛する先生のお書きになった詞ですか？

八十　はあ。

千夜子　（歌って）〈日暮れになると、涙が出るのよ〉。これが早稲田大学の教授のお書きになる詞ですか？

八十　いや、私はまだ助教授です。この間も授業でヴェルレーヌを講じておりましたら、生徒たちがクスクス笑うんです。見れば、（高田）馬場下をチンドン屋が「女給の唄」をやって通るんです。

千夜子　岡さん、詞ばかりじゃありません。この下品な曲はなんです。（歌って）〈ねえ、ねえ、愛して頂戴ね〉。この松竹音楽部・作曲って、誰なんですか？

岡　いや、それはね。つまり、中山先生が……。

千夜子　中山先生！

晋平　（思わず立ち上がって）はぃ！

千夜子　先生は自分の名前を出すと恥ずかしいような歌をどうしてお作りになるんです？

もちろん、これはある程度の事実を下敷きにした斎藤憐の創作だろう。しかし、千夜子が翌一九三〇（昭和五）年にイタリアに行く背景にはこんなドラマもあった。

同じコンビの「東京行進曲」が大ヒットしたのは、やはり一九二九（昭和四）年だが、これについては「民衆の趣味の堕落」を促すこんな曲を当局は禁止すべきだと指弾した記者もいた。

それに対して八十は、「堕落というなら、私より、それを好んで口にする大衆を責めればいい」と反論したが、斎藤憐が紹介しているように、中野重治の次の批判には八十も反論できなかったはずである。中野はこう言った。「『東京行進曲』は行進しないマーチだ。行進するマーチはもっと下から出てくる。もっと愉快に、もっと朗らかに、もっと底力で」

ジャングルの中で歌われた歌

佐藤千夜子と関わり深かった中山晋平は北原白秋、野口雨情《うじょう》、そして西条八十の三人の詞に曲をつけている。『新青年』の一九三三（昭和八）年八月号に晋平は「三度目の旦那《だんな》」と題してその比較を書いているが、それを引こう。

「一番最初の旦那（北原氏――引用者）は名人肌で気むずかしやで、頭の下がる人ではありましたが、気骨の折れる勤め悪《にく》い人でした。その次の旦那（野口氏――引用者）は土嗅《くさ》い人ではありましたが実《じつ》があって、私には随分やさしくしてくれました。然《しか》しこの旦那もお酒をたんと飲まないようになってから、以前のように打ち解けない、言葉づかいなんかも妙に他人行儀で、どことなく気の置ける人になりました。第三番目の旦那――西条さんは私から見ると若き燕《つばめ》とまでは行かなくても、中年の燕ぐらいにはあたる人で、持ち前の浮気っぽいところに絶えず苦労はさせられますが、あれで締るところはキュッと締った、中々頼母《たのも》しい人です」

吉川潮の『流行歌』という「西条八十物語」によれば、晋平が亡くなった時、葬儀の席で八十は晋平に、

「中山さん、長い間、私のようなわがままな男をよくも見捨てず付き合ってくれました。あなたは最高の伴侶《はんりょ》であり友でしたよ」

と語りかけたという。

晋平と八十のゴールデンコンビはその後、古賀政男と八十のゴールデンコンビとなってゆくが、歌い手の千夜子は「わがままな男」たちを捨ててイタリアへ旅立つ。しかし、それは歌姫でなくなる道だった。千夜子の最期の悲惨さについてはすでに書いたが、それを暗示するように、千夜子はある夜、病室で森繁久彌の「銀座の雀」を聴いた。

ラジオから流れるその歌は、まさに自分の境涯を歌っているようだった。

〽たとえどんな人間だって　心のふるさとがあるのさ……　春から夏　夏から秋　木枯しだって知っているみぞれの辛さも知っている　おいらは銀座の雀なのさ　赤いネオンに酔いながら　明日の望みは風まかせ　今日の生命に生きるのさ　それでおいらはうれしいのさ

「東京行進曲」についてはこんな話がある。一九四三（昭和十八）年、苦戦続きの大日本帝国陸軍は台湾の先住民族に対し特別志願兵を募った。それに応じた高砂族の一人に中村輝夫こと李光輝がいた。山地で狩猟生活を営んできた彼は敗戦を知らずにモロタイ島のジャングルの中で日本の歌を歌って生き延びる。

そして一九七五（昭和五十）年に帰還するのである。彼は三十年間身につけていた日の丸を天皇陛下にお

返ししたいと言って日本政府をあわてさせたが、ジャングルの中で歌っていた歌はと問われて歌い出したのが「東京行進曲」だった。千夜子の歌った「行進曲」はこんな形でも生きていた。

第5章　大和魂のゆくえ

山本富士子の独立宣言

女優と言っても美人とは限らない感じになってきたが、山本富士子は掛け値なしの美人である。その山本が一九六三（昭和三十八）年三月二十六日にフリー宣言をして映画界から締め出された。当時の大映社長、永田雅一の怒りを買い、五社協定なるものを発動されて出演できなくなったのである。その直前に山本は東宝専務の菊田一夫と、翌年の東宝劇団出演とりやめについて記者会見をしている。

竹中労《ろう》著『芸能人別帳』（ちくま文庫）から、それを引こう。

菊田　東宝の重役として、ぼくも詳しく話すことはできないが、映画興行界にあるフンイ気があって、それが山本さんの出演をこわしてしまったとだけいっておきます。

――具体的に説明してくれないと、ちっともわかりませんね。

菊田　たとえば、ある社を不義理してやめた俳優は、他社も使わないという〝暗黙の話しあい〟があるとすれば……こういうことも起こり得るので。

――率直にいってある社とは大映で、暗黙の話しあいというのはつまり、〝五社協定〟のことではないのですか？

菊田　……いや、山本さんが大映を退社した事情が不義理であったかどうか、知りません。すべて、菊田の責任です。山本さん、ゆるしてください。

山本 （涙をおさえて）こんどのことで、俳優というものがどんなにちっぽけで、何もできないかが、よくわかりました。こんな芸能界など、いっそ引退しようかと思いました。でも、ここでやめたら私の負けでフリーになった意味がなくなってしまいます。

第5章冒頭に、突如、山本富士子の登場となったのは、他でもない、彼女が古賀の養子の山本丈晴《たけはる》の妻だからである。

「富士子は、かつて〝日本一の美女〟などと言われたが、息子の嫁として身近に観察してからは〝日本一の嫁〟ではないかと思っている。まして、私にとって孫の茂晴が生まれたいまは〝日本一の母〟と言ってもいいだろう」

古賀はこう自伝に書いているが、このやまとなでしこは一本芯《しん》の通ったやまとなでしこだった。前記の竹中の「美女点検」で山本は宣言している。

「一時は、もう生涯映画に出られなくてもよいとさえ決心しました。ただ、人間として、女優としての〝意地〟さえつらぬけばと思いました。最近、東宝の専属にというお話がありました。そうすれば、映画にも出られるらしいんです。それは魅力がありますけど、せっかく苦労して手に入れた自由《フリー》ですから、とうぶんどこからも縛られたくないのです」

すでにこのころ、山本丈晴の妻となっていたが、古賀の威光も映画界までは届かなかったのであろうか。

「大和魂《やまとだましい》のゆくえ」を山本の話から書き始めたのは、やまとなでしこにももちろんそれはあるからであり、それは従順だけを意味しないことを強調したかったからである。

「大和魂」の名の下に

「苦しくても縛られずにいることが、俳優として生きていく上に、ほんとうはいちばんトクなんじゃないかって、このごろ思うんです。私一人だってまがりなりに意志を通せたんですから、みんながそう思いさえすれば簡単にそうなるんじゃないかしら……」

『週刊女性』の一九六六年十月二十九日&十一月五日合併号掲載の竹中労の「美女点検」で山本富士子はこう言っている。

みごとなやまとなでしこの独立宣言というべきだろう。大和魂は、あるいは女性にこそ受け継がれているのかもしれない。言うまでもなく、彼女は古賀政男音楽文化振興財団理事長、山本丈晴の夫人である。

古賀について厳しい下嶋哲朗の評伝『謎の森に棲む古賀政男』の第五章は「大和魂の時代」と題されている。古賀がどの程度それに関わったかは明らかではないが、古賀の弟の治朗が設立した戦争中の団体に「皇道世界政治研究所」なるものがあった。明治大学柔道部出身の治朗は「責任提唱者」とした次の五人などと相談して、これをつくった。その五人とは、明大及び大東文化学院総長の鵜沢総明《うざわふさあき》、陸軍大臣の林銑十郎《せんじゅうろう》、陸軍中将の中島今朝吾《けさご》、外務省情報部長の白鳥敏夫、そして出版業の藤沢親雄《ちかお》である。

この研究所は「神・天皇を中心中軸としてあおぎたてまつり、大東亜共栄圏、八紘《はっこう》一宇思想の完成を絶対目標」としていた。

兄の古賀も、少なからず、その影響を受ける。一九三八（昭和十三年）十一月にアメリカに渡った古賀は翌年十月に帰国するや、日本精神を叫ぶようになる。「日本の唄《うた》」と題して古賀は言う。

「昨年、私はアメリカ大陸を音楽行脚して来たが、そこで何を学んだか？と問はれても、私も何も学ぶものはなかったと答へる他はない。といふのは、私はアメリカからの帰途、船中で相生太夫の義太夫のレコードを聞いて、豁然《かつぜん》として、私はこれだ！と心の中で叫んだのである。殊に、あのサワリの妙味、あれこそほんたうの日本の唄であり、日本人の唄なのだ。日本人の心の唄なのだ。こんなに立派なものがあるのに、わざわざアメリカなどに勉強をしに行く必要がどこにあっただらう？　日本人は、もっと日本を見つめる必要はないだらうか？日本の大衆が共感するものは、日本の中にある。外国に学びに行く前に、日本の中にあるものを、もっと学ぶ必要はないだらうか？　と、私はしみじみ思った」

学歴コンプレックスに悩む古賀が、クラシック界などから批判されると、「大衆がぼくの味方だ」と切り返した。しかし、この宣言は、大衆に支持されてきた古賀が、いつのまにか大衆を導く人になろうという決意の表明だった、と下嶋哲朗は指摘する。

私の関心は、そのとき、古賀が「大和魂」の名の下に、戦後に山本富士子がやろうとした独立をつぶすような動きをしなかったかどうかにある。

右翼思想を語る古賀

一九四〇（昭和十五）年四月、三度目の渡米をした古賀の弟の治朗は、同地のファシストたちとも交流して、八月に帰国する。

この弟といろいろいざこざもあった古賀だが、そのころはその右翼思想に感染して、ずいぶんとボルテージが高くなっていた。

その年、ある雑誌で行った歌手の東海林《しょうじ》太郎との対談で、次のように気炎を上げる。

「大和魂がこのまま世界にのびるかというと、それは入れられない。大和魂に全世界をみつめる度量がなければ、ぜんぜん入れられないのであります。それはたんに戦争好きな国であってだめだ」

八紘一宇は賛成だが、いまのような侵略一本槍《やり》ではだめだというのである。かなり危険な発言だった。しかし、このとき、古賀の後には治朗のつくった右翼的人脈がついていた。軍部直結のそのネットワークがあるからこそ、古賀はこのような発言ができたのだろうと、下嶋哲朗は指摘する。

驚いた東海林太郎が黙っていると、古賀は、

「クラシックは結局ものまねですね」

とクラシック批判をやり、

「日本のよいものは犠牲的精神、子は親のために兄弟のために働く。延《ひ》いては天皇陛下のために働く。この犠牲的精神こそ人類の誇るべき宗教だ。この尊い宗教を日本人はぜんぶもっている。これを（アメリカの）新聞記者をあつめて吹く。いまにこの大和ダマシヒは世界に君臨する」

と続ける。最後には、

「日本は神の国だ！」

とも叫んでいるが、これは古賀メロディーを支持した大衆の望んだものだったのか。

東海林が、それはそれは、まさに国民外交ですな、と相槌《あいづち》を打つと、古賀は昂揚《こうよう》して、

「向ふでよく『あんな弱いシナをいぢめるのはおまえたち悪いじゃないか』とくる。それはシナ人が分か

らないのだ。戦争はしているけれども、その良民には日本から米を運んで食べさせているじゃないか。お前たちは本当にシナの人民の生活を知らないのだ。（シナ人は――引用者）とにかく何も知らない無知蒙昧《もうまい》な人間だ。日本とは教育の程度がちがふ。手を握って行かうといふのにさうしないから一つ擲《なぐ》らなければならぬ。決してシナをにくんで戦争しているのじゃない。人類の崇高なものは犠牲的な精神だ」

〝シナ人〟が食えなくなっているのは、日本の軍部が起こした戦争によって耕作できないからであり、彼らが無知蒙昧だからではない。軍国主義に酔わないころの古賀メロディーを歌う〝シナ〟の民衆の立場に立てば、そのことはすぐにわかるはずなのに、ヤマトダマシヒに侵されて大衆を離れた古賀には彼《か》の国の「良民」の姿は見えなかった。

まさに「擲らなければならぬ」のは古賀自身をこそだったのに、当時の古賀にはそれを聞く耳はなかった。問題は戦後の再出発に際して、そのことが肝に銘じられていたかである。

古賀による古賀の否定

頭に血がのぼった古賀の発言はつづく。一九四〇（昭和十五）年七月号の『新大衆』である。出席者は、伊藤久雄、霧島昇、藤山一郎、奈良光枝といったコロムビアの売れっ子歌手だった。「戦時下の流行歌手の覚悟」という題で、司会者に促されて、古賀がまず、「いかなる心がまえのもとに時局に処すべきか」と語る。

「〝あちら〟のジャズはおそろしく野放途なんですね。けしていい傾向ではありません。ここで問題になるのは魂です。信念ですね」

もちろん、現在から当時を断罪することはできない。しかし、あまりにも浮き足だった発言である。ハーモニカの宮田東峰まで古賀を煽《あお》っているが、その雰囲気をそのまま伝える意味で、旧仮名遣いのまま、左に引こう。

宮田　さうだ、魂だ。いわゆる日本人魂だ。
古賀　ぼくはその魂をもって、外国を行脚したんです。外国に勉強にいったんではない、祖国日本にたいする認識をふかめたかった。だから流行歌手にしても、日本人としての魂を鍛練せよ。この時局下においてはそれがかんじんだ。
宮田　同感だ。きみら流行歌手諸君は、この認識を把握することが必要だね。
奈良　ええ、わたしもおよばずながら、その覚悟で進みたいと思います。
古賀　いたずらにセンチな歌は否定されるべきです。大衆の低俗なセンチメンタリズムに追従した曲は邪道です。内務省あたりで、一番問題にしているのはこの点だと思う。

「いたずらにセンチな歌は否定されるべき」を古賀の口から聞きたくはなかった。「大衆の低俗なセンチメンタリズムに追従した曲は邪道」だとしても、それを内務省あたりに統制してもらう必要はないだろう。そんなことをしたら、歌は歌でなくなってしまう。古賀は自分のふるさとである大衆を否定して、軍歌をつくるようになった。

耳をおおいたくなるような古賀の発言を、しかし、ここではっきりと記録しておかなければならない。

「日本人は多種多様な生活様式をもっているから、まずそれを一元化して一つの指導精神をあたへなければならない」

国民歌についてこう主張した古賀は、次に有事下における作曲家や作詞家の態度に言及する。

「いまのメロディの検閲にしても、ドシドシ行ってくれたほうがかへってよいとおもふ。ぼくなどは少なくとも歓迎しますね。一定の方向が指示されるわけだから、非常に作曲しいい」

創造性を殺す検閲を「歓迎」する古賀は遂にこのようにまで言ってしまう。

「新体制下における流行歌手は先刻もいったように、日本人としての認識をふかめ、音楽的大和魂をもって向上をめざすんだね」

古賀が「音楽的大和魂」によってつくった軍歌は次のようなものだった。

国民総意の歌

真珠湾を攻撃してアメリカとの戦争の火蓋《ひぶた》も切ることになる一九四一（昭和十六）年に読売新聞社が主催して「国民総意の歌」が公募される。陸海軍、外務省、文部省、企画院、情報局、大政翼賛会、そして日本放送協会の後援で六千曲余の応募があった。

しかし、審査員だった古賀は「逼迫《ひっぱく》する時局にふさわしいものは一曲もない」と、すべての作品を落とし、自ら、西条八十とのコンビでつくった「そうだ　その意気」を発表する。

〽なんにも言えず　靖国の
　宮のきざはし　ひれ伏せば

熱い涙が　こみあげる
そうだ　感謝の　その気持ち
そろう揃う気持ちが　国護る

大和魂にとりつかれた古賀のつくったこの曲を歌うは李香蘭《りこうらん》こと山口淑子《よしこ》。下嶋哲朗の『謎の森に棲む古賀政男』によれば、そのころ、古賀と彼女には結婚の噂があったという。

翌年の五月十五日、後楽園球場でこの歌の発表会が催され、集まった二万人を前に古賀は指揮棒を振った。

そのころ、英語は敵性語とされ、レコードは音盤と言い換えられる。レコード会社も、ポリドールは大東亜、コロムビアは日蓄工業、キングは富士音盤、ビクターは日本音響へと社名を変えさせられた。

野球のストライクも「よし」などとなった時代である。古賀はそんな馬鹿馬鹿しい雰囲気の中で、大真面目に愛国心を鼓吹していた。

それによって、古賀の歌を愛する人たちが次々といのちを失うことになったのである。古賀は呼び出してはならないものを、自らの手で呼び出してしまった。愛国心というバケモノは一度呼び出してしまえば、容易に壺《つぼ》には戻せない。

この時期の古賀の狂乱について、学歴コンプレックスを挙げる者もいる。専門の音楽教育を受けなかったが故に、終生、それをぬぐえなかったというのだが、たしかに、クラシックだけでなく、ジャズへの攻撃なども、手当たり次第という感じさえする。

私は『石原莞爾《かんじ》　その虚飾』（講談社文庫）で、石原の唱えた五族協和思想の虚妄を厳しく指弾したが、その亜流のような次の古賀の一文を読むのは悲しい。古賀が『日本学芸新聞』にこれを書いたのは真珠湾攻撃の十日余り前だった。

「これから日本の音楽家は日本内地のみとの狭い考えをすてなければならない。すでにわれらの同胞には半島（朝鮮――引用者）あり、台湾あり、また満州、支那あり、南洋あり、広く五族も六族も飽和してかつこれをリードするべく使命を課せられている。（中略）

日本はいま東亜共栄圏の確保を目ざして、世界に君臨せんとするときにあたって、日本精神の発揚がとなえられている。われわれ音楽家のすべてがこれに邁進《まいしん》するになんの躊躇《ちゅうちょ》もない。ただ曲をつけるとき日本の言葉を理解しておかねばならない。だいたい日本語はその発音においてさえ、世界独特であって（後略）」

古賀のつくった軍歌

「古賀メロディーはコスモポリタンである。つぎのような世界のリズムを取り入れている。ルンバ、タンゴ、ワルッ、速度のあるマーチ、スクウェアーダンスなど。だが、その一方では、まちがいなく東洋歌曲の軽快さも持ち合わせている。言い換えれば、彼は、伝統的な日本人の心情を近代音楽で粉飾している」

ロサンゼルスを訪れた古賀について、一九三八（昭和十三）年十二月六日付の『ロサンゼルス・タイムズ』はその音楽的特徴をこう紹介した。

しかし私たちは、その後、古賀が「敵性音楽」として世界のリズムを斥《しりぞ》け、大和魂一色に染まっていったことを知っている。

すでに訪米前に古賀は日活映画『国家総動員』の主題歌「忠烈大和魂」と「軍国の母」の作曲をしていた。作詞はいずれも島田磬也《きんや》である。

古賀はテイチク社長の南口《なんこう》重太郎から軍国調のものをつくれと指示されたと言っている。自伝『わが心の歌』にも「じょうだんではない。そんな歌を大衆が歌うものかと思ったが仕方がなかった。仕事であるから『軍国の母』などをつくってみたが、やはりパッとしなかった。この制限のワクをどうしてこえるか、私は難しい壁にぶつかってしまった」と書いている。

しかし、これまで紹介した勇ましい発言はこの回想を裏切るものである。ここで、古賀のつくった主な軍国歌謡、いわゆる軍歌を挙げておこう。「出征ぶし」と「動員令」はいずれも作詞が島田磬也。「殉血爆弾二将校」「恨みは深し通州城」「山内中尉の母」「勇敢なる航空兵」「軍国ざくら」「血染の戦闘帽」が佐藤惣之助。他に「上海凱旋歌」「上海血戦譜」「戦士の道」「白衣の勇士に贈る」などがある。テイチクを離れてからも、西条八十の作詞で「総進軍の鐘は鳴る」「打倒米英」「陥したぞシンガポール」「一億体当りの歌」などをつくっている。

当時の雰囲気を伝える意味で私は講演などで「軍国の母」の三番を紹介する。

〽生きて還《かえ》ると思うなよ　白木の柩《はこ》が　届いたら　でかした我が子　天晴《あっぱ》れと　お前の母は　褒めてやる

召集令状の届いたわが子に母親はまず「おめでとうございます」と言わなければならなかった。特攻に行く前に別れのあいさつに来た息子に短刀を渡した母親も少なくはない。

たしかに古賀メロディーは戦意を昂揚《こうよう》させるにはふさわしくないかもしれない。しかし、古賀が自伝で述べるごとく、戦時中に〝軟弱な音楽家〟の烙印《らくいん》を押されたとしても、それと逆のレッテルを得ようと努めたことも事実である。戦後に古賀は「いまや軍歌は、酒呑《の》みの歌になった。私はそれでよかったとも思う。二度と大っぴらに軍歌を歌うような世の中がきてはいけないと思うからだ」と述懐しているが、大和魂のラッパを吹いたことへの反省はない。

第6章　ライバル江口夜詩

海軍軍楽隊出身だった夜詩

古賀政男の終生のライバルとしての江口夜詩《よし》の存在を教えてくれたのは、キングレコードの名物プロデューサーだった長田暁二だった。

古賀より一年早い一九〇三（明治三十六）年七月一日、岐阜県大垣市上石津町《かみいしづ》（旧・時村《ときむら》）に生まれた江口源吾は、後に早逝した妻、喜枝にちなんで夜詩と名のる。夫が作曲家として成功することを誰よりも願っていた喜枝は二人目の子どもを生んだ後、敗血症で突然亡くなったが、長男の江口浩司は倍賞千恵子が歌った「下町の太陽」や「忘れな草をあなたに」の作曲者である。

夜詩は十六歳の時に海軍軍楽隊に入り、一九二一（大正十）年には、当時皇太子だった昭和天皇のヨーロッパ親善旅行にも随行軍楽隊の一人として参加している。帰国後は東京音楽学校（現・東京芸大）に海軍省委託生として通うこと六年。その間、処女作「千代田城を仰ぎて」をつくり、一九二八（昭和三）年の昭和天皇即位大典演奏会では吹奏楽大序曲「挙国の歓喜」を発表した。

三年後に海軍を退役し、亡き妻を偲《しの》んで、「忘られぬ花」を作曲する。これが大ヒットとなるのである。古賀がほぼ同年の江口を意識するのもこの曲によってだった。古賀は自伝にこう書いている。

「当時の歌謡界には、私と同年輩の作曲家はいなかった。しかしある日、レコード会社の譜を聴いていた私は『忘られぬ花』という曲に出逢い、鮮烈な驚きを感じた。作曲者は夜詩。私は容易ならぬ強敵の出現に思わず身構えた」

すでに、ある地歩を築いていた古賀を「身構え」させた江口の名曲は、妻の死の衝撃からクラシックをあきらめ、流行歌の作曲家として出発しても、なかなか芽の出なかった江口がめぐりあうべくしてめぐりあい、作曲されたものだった。

亡き妻のおもかげを追いながら、あふれでるままに五線譜に写しとったそのメロディーは瞬く間に全国を席捲《せっけん》する。

作曲しながら江口は流れる涙を止めることができなかったが、それを歌うカフェの女給たちもまた涙を止めることができなかった。

「自分自身がピアノの鍵盤《けんばん》を濡《ぬ》らすほど涙しながらつくった曲は、やはり大衆の心を打つのだ」

江口はこう述懐し、流行歌の道を歩む決意を固める。

古賀と江口は「メロディーの古賀」に「リズムの江口」といわれたが、海軍軍楽隊出身ということもあって、軍歌は江口の方が合っていた。江口のつくった代表的軍歌が「月月火水木金金」である。つまり、土曜日曜の休日がないということの歌は、まさに非常時を象徴するものだった。

愛国心を鼓吹した古賀よりも、もっと戦意を昂揚させる歌を、このライバルはつくったのである。

古賀の焦りと離婚劇

古賀と江口は、ある種のシーソーゲームを展開する。古賀が浮けば、江口が沈み、古賀が沈んだ時に江口が浮上するといった関係を何度かつづけるのである。

戦後に春日八郎の歌で「赤いランプの終列車」という大ヒットをとばす江口は、その初期には芸大生だった覆面歌手のミス・コロムビア（のちの松原操）や、やはり芸大生の松平晃を擁していた。

その江口が西条八十の作詞でミス・コロムビアに歌わせてヒットしたのが「十九の春」である。当時、江口とともにコロムビアにいた古賀は、会社が自分より江口を大事にしていると思い始めていた。焦ると、ますますヒットをとばせない。一九三三（昭和八）年頃のそのスランプ状態を、古賀は「私の履歴書」にこう書いている。

「私の場合は、〝古賀メロディー〟などといったはやし文句でもてはやされたために、かえって二重三重の責任を、大衆に対してもマスコミに対しても持たされるはめになっていた。一つヒットを出すと、次はどんなヒットが出るか周囲は期待する。次から次へとヒットを出すことが私のノルマのようになって、絶えず緊張し苦心し、文字通り心身をすり減らしていた」

この年に古賀は離婚も経験している。仲人《なこうど》の山田耕筰《こうさく》は離婚においても仲介役となった。一年も経たずに破局を迎えた中村千代子との離婚について、古賀は『婦人公論』等に千代子批判の記事を載せた。千代子の方が先に非難ののろしをあげたからといわれたが、千代子にそんな力はなかった。マスコミも、古賀に逆らって千代子に発言させるはずがない。『謎の森に棲む古賀政男』によれば、わずかに、一九三四（昭和九）年六月七日付の『北国新聞』に千代子のこんな告白が載っているという。

「結婚して十ヵ月の間……私なんだか気が引けていいずらひ。露骨になにもかも申し上げたら、古賀さんは社会に立てない人です。離婚のとき、山田（耕筰）さんに申し上げたら、そんな変態か、と驚いていられました。結婚前にもっと交際しておけばよかったと思ひます」

古賀が性的に異常だったとか、あるいは男性愛好者だったとかいうことに私は興味はない。ただ妻だったひとにとっては、それは「興味がない」ではすまされない。千代子はまた、その告白の中で、こんなことも言っている。

「古賀さんはコロムビアという大立者があるからよいように宣伝できますが、私は母と二人きり、宣伝しようにも資力がありません。ずいぶん私たちのことが誤解されて伝えられています。わかれたときも山田耕筰さんが中に立って、お互ひを傷つけない約束で別れたのですが、ああして『モダン日本』と『婦人公論』に私の悪口を精一杯書きました」

古賀の焦りからの結婚と離婚に、やはりライバルの影は射していた。

死にガネを使わない男

コロムビアは「忘られぬ花」でヒットをとばした江口夜詩をスカウトし、古賀と同じく専属作曲家の一員に加える。この「よき宿敵《ライバル》」の出現に古賀は燃えるのだが、江口の入社後、輝きを失っていた古関裕而とコロムビアは再契約しないと言い出す。

これに古賀は怒った。

「芸術家にスランプはつきものであり、それを理由に契約を左右されたら、安心して作曲などできない」

こう言って抗議して古関は再契約された。しかし、この時、古賀は「作曲家に対する会社側の本音」を見た思いがした。江口のスカウトも、明らかに古賀の尻《しり》を叩《たた》く意図があるからである。

公私ともに参ってしまった古賀は伊豆に別荘を借りて転地療養を始めた。そこで「村会議員のような容貌《ようぼう》

の中年男」と知り合う。近くの旅館に行って湯につかっていたら、

「こんなところで、失礼や思いまんねんけど、あんたはん、古賀先生やおまへんやろか」

と声をかけられた。

「ええ、古賀ですけど……」

と答えると、その男は、

「わては、実は奈良でオモチャみたいなレコード会社をやっております、南口《なんこう》というもんでんねん」

と名乗り、いきなり、古賀のそばにザブンと飛び込んできて、そのまま湯の中にもぐり、そして顔をあげてぶるんぶるんと振った。

まるでアザラシのようだったが、そのアザラシが古賀の横にピタッとくっついて、古賀を口説き始めたのである。

「わてはな、ひとつ東京へ進出せなあかんと考えておるところや。先生のような方に来ていただければ〝ハキ溜に鶴〟と思いまんねんけど、いかがでっしゃろか」

これが帝国蓄音器、すなわちテイチクレコードをつくった南口重太郎だった。

キングレコードの名物プロデューサーとして知られた長田暁二は、南口を「死にガネを使わない男」と形容する。言い得て妙だと思うが、古賀も書いているように、多分、この出会いは偶然ではないだろう。南口が仕組んだものか。

「人間は裸のときは、わりあい素直になる。まして関西弁まる出しの話しかたは、警戒心をときほぐす効果がある。もしそうだとすると、柔和な容貌とは逆に、なかなかの古狸だな、と私は思った」

古賀はこう回想しているが、南口のこの体当たりの誘いに、古賀は動かされる。コロムビアは、療養中の古賀を見舞いもしないのである。その冷たさと、単なるヒット曲製造者としてしか自分を見ていないことに気づいて、古賀は腹を立てていた。

そうなると、コロムビアが外資系会社で利益は日本に落ちないことも気に入らなくなってくる。古賀は南口の誘いに乗ることに決めて、コロムビアにその旨を申し入れた。しかし、コロムビアはまだ契約期間が残っているという。

正木真という変名の謎

古賀がコロムビアをやめてテイチクに移るについては、いろいろゴタゴタがあった。それを解決に導いたのは弁護士の城戸芳彦である。城戸には、のちにコロムビアに戻る際も、今度は主にテイチク社長の南口重太郎とハードな折衝をしてもらうことになる。

ただ、この移籍が、古賀が自伝で述べているようなものではないという説もある。菊池清磨は『評伝・古賀政男』（アテネ書房）で、それについてこう書いている。

「おそらくこの古賀と南口との接触は、昭和八年の晩秋から暮れにかけてであろう。ところが、古賀は、実はそれ以前から、正木真という変名を使用して、テイチクで自作品を吹込んでいたということがSPレコード愛好研究家の間でささやかれている。殊に森本敏克『SPレコードのアーティスト』には、正木真は古賀政男、と記されている。もし、それが事実ならば、どういう事情から、古賀政男がテイチクと接触をもったのか、興味が湧くところである」

「とにかく、古賀政男と思われる正木真の作品は、南口重太郎の出現以前に、テイチクから発売されていた。八月新譜で《枯尾花》(千草としを・作詞／正木真・作曲)《月のハワイ》(石松秋二・作詞／正木真・作曲)を作曲していたらしいのだ。また十一月には《港の娘》(千草トシオ・作詞／正木真・作曲)《娘新調》(千草トシオ・作詞／正木真・作曲)、翌昭和九年一月新譜で《雲のゆくえ(トロット)》(石松秋二・作詞／正木真・作曲)が発売されている」

菊池も指摘しているように、古賀がどういう経緯で正木真という変名を使い、テイチクからレコードを出したのかは謎である。それを知る手がかりもない。

しかし、南口はたしかに「なかなかの古狸」だが、それに対抗した古賀も「なかなかの古狸」だった。とすれば、やはり、出会いは偶然ではなかったのだろう。湯の中の遭遇話もいささかならず出来すぎている。

ともあれ、古賀はテイチクに移った。コロムビアに残った江口との間でヒット曲合戦はいよいよ熾烈《しれつ》になる。

中でも壮絶だったのは、古賀のつくった「湯の町エレジー」と、江口のつくった「憧れのハワイ航路」のトップ争いである。それはおよそ一年にわたって続いた。

歌うは近江《おうみ》俊郎と岡晴夫。ちなみに、「憧《あこが》れのハワイ航路」を作詞した石本美由紀は、のちに古賀の作曲した「悲しい酒」の詞をつくることになる。

古賀が一九七八(昭和五十三)年七月二十五日に亡くなると、後半生は病と闘いつづけた江口もその年の暮、十二月八日に後を追った。

古賀も最期まで江口を意識したが、江口も自分の持ち味のところで古賀が「丘を越えて」をつくったことに、「やられた」という感じを抱いていた。ライバル同士にしか、わからぬものがあるということだろうか。

誰が戦争犯罪人か

〽朝だ　夜明けだ　潮の息吹き

高橋俊策作詞、江口夜詩作曲の「月月火水木金金」はこう始まる。そして、

〽海の男の艦隊勤務
　月月火水木金金

と結ばれる。

代表的軍歌である。しかし、古賀政男もそのライバル江口夜詩も、軍歌ということでは、少し後輩の古関裕而に後れをとった。古関作曲の軍歌は、

〽勝って来るぞと　勇ましく

の「露営の歌」に始まり、

〽ああ　あの顔で　あの声で　手柄たのむと妻や子が

の「暁に祈る」、そして、

〽若い血潮の予科練の
　七つ釦《ぼたん》は桜に錨

の「若鷲《わかわし》の歌」と続くからである。

「露営《ろえい》の歌」の作詞は藪内《やぶうち》喜一郎、「暁に祈る」は後に古賀作曲の「湯の町エレジー」の作詞をした野村俊

夫、そして、「若鷲の歌」は西条八十だった。

八十の『唄の自叙伝』（小山書店）によれば、自分は「比島決戦の歌」に、

〽いざ来い
ニミッツ　マッカーサー
出て来りゃ　地獄へ逆落し

とまで書いたので、戦後、上陸したアメリカ軍によって絞首刑にされるのではないか、と思っていた。そんな噂もあったからである。

その恐れは古賀も抱いていた。あるいは、江口も抱いていただろう。しかし、古賀よりも江口よりも、軍歌で目立ったのは古関裕而だった。古関は福島県出身で商業学校を卒業し、独学で作曲を学んだ。やや吃音《きつおん》だったが、そのもどかしさをメロディーで爆発させたのだろうか。

ちなみに、ちょっと変わった歌が古関メロディーにある。佐藤惣之助作詞の「六甲颪《おろし》」。

〽六甲颪に　颯爽と

のこの阪神タイガース讃歌《さんか》は、一九三六（昭和十一）年につくられた。夏の甲子園でおなじみの「栄冠は君に輝く」も古関メロディーである。

戦後も、「長崎の鐘」「君の名は」「高原列車は行く」「熊祭りの夜《イヨマンテ》」などのヒットをとばした。「勝って来るぞと」を作曲した同じ人間が原爆許すまじの平和の願いをこめて「長崎の鐘」をつくったのである。そこに古関のザンゲがあったのかもしれないが、古関の蔭に隠れた形の古賀や江口のザンゲはあったのか。

GHQ（占領軍総司令部）は、大衆歌謡などというものは庶民の生活感覚そのままにつくられたもので思想的に問題とするに価しないとして、戦争責任を問う姿勢を見せなかった。しかし、問題外とされたことを喜んで、自らの責任を免れさせていいのか。

古賀の仲人《なこうど》だった大御所の山田耕筰は敗戦直後に山根銀二に戦争責任を追及され、「果たして誰が戦争犯罪人か」と開き直った。

大衆歌謡の戦争責任

「歌謡曲の世界にも戦争讃美者がいた。軍部や官憲の鼻息をうかがって、かつての仲間の追放に協力した卑劣なオポチュニストもいた。私は戦争にはほとんど協力しなかったが、すべては悪夢だったのだ。あの生きることの困難な時代を、せめて無事にながらえたことを喜ばねばならないと思った」

古賀政男は自伝『歌はわが友わが心』にこう記す。戦争に協力しなかったとは言えないから、「ほとんど」をつけ、「あの生きることの困難な時代を」と逃げる。

「たかが流行歌」と侮蔑《ぶべつ》の言葉を投げつけられたら、古賀は怒るだろう。しかし、自らを卑下して古賀は責任を逃れたのだった。「されど流行歌」と自らの責任を認めて再出発の糧とすることにはならなかったのである。

古賀が疎開していた山梨県の河口村に、日本に進駐したアメリカ軍がやって来る。

「先生、たいへんです。アメリカ兵が来て、先生を捜しているんです。いまのうちに早く逃げてください」

村役場の事務員が血相を変えて、古賀の疎開先にとびこんで来た。ちょうど、アメリカ軍が戦争犯罪人を逮捕して巣鴨《すがも》プリズンに収容していたころだった。「だが、私には逃げる理由はなかった。多少軍歌はつくっても、私は軍からにらまれていた方だったからだ」と古賀は書く。

しかし、夜道にジープのヘッドライトが近づいてきた時は不安になった。ところが、どやどやと降りてきたアメリカ軍の将校たちは、

「オー、ミスター・コガ」

と叫んで、握手を求める。

彼らは、占領前に日本語教育を受け、日本映画も見せられたりして、古賀のファンになっていたのだった。それで、東京からわざわざ会いに来たのである。

ジープにおみやげの缶詰などをたくさん積んできた彼らは、翌朝、

「ミスター・コガ、私たちの日本語が上達したのは、あなたのおかげです。心からお礼を申し上げたい」

と言って、帰って行った。

古賀はこの逸話を免罪符としたいのだろうか。しかし、古賀が前に紹介した座談会などで、日本の民衆をあおりにあおった責任は免れない。

私には、古賀も江口夜詩も、「多少」ではなく軍歌をつくった後輩の古関裕而よりはマシだと勝手に自らを納得させて、戦争責任を薄めさせてしまったように思えてならないのである。

江口の故郷、岐阜県大垣市上石津町の小公園に江口の作曲した「憧れのハワイ航路」の歌詞の一節を彫った歌碑が建っている。江口の亡くなった翌年の一九七九（昭和五十四）年にこれは建てられた。敗戦で打ちひしがれていた日本人に希望を与えたこの曲の歌詞をということだったが、むしろ、「月月火水木金金」を

彫って、こんな歌が歌われる時代を招来させないよう誓うべきではなかったか。

第7章　船村徹への愛憎

「明治生まれの人間」への批判

「明治生まれの人間が戦争を計画して、大正生まれのわれわれがそれを一銭五厘の旗の下でやらされた」と怒るのは、スーパー・ダイエーの創業者、中内功《いさお》である。

身体中、弾丸のあとだらけで、雨の日には腕と大腿部《だいたいぶ》の傷がうずく中内は徹底した反戦平和論者であり、「生産者主権」ではない「消費者主権」の社会を目指して、松下電器や花王石鹼《せっけん》（現・花王）などの大メーカーに果敢に挑戦した。その向こう見ずともいえる「流通革命」を、作家の城山三郎は中内をモデルとした『価格破壊』に活写している。

一九二二（大正十一）年生まれの中内に対して、城山は五歳下の一九二七（昭和二）年生まれ。城山の同い年生まれに藤沢周平がいるが、城山や藤沢も、「明治生まれの人間」が計画した戦争に人生を狂わされたと思っているだろう。

歌の世界で言えば、古賀政男、江口夜詩、古関裕而、そして西条八十らが「明治生まれの人間」であり、ここで取り上げる船村徹は一九三二（昭和七）年生まれである。多分、城山や藤沢の感覚に近い。同郷の藤沢について私は『司馬遼太郎と藤沢周平』（光文社知恵の森文庫）を書いたが、温和な中に鋭さを秘める藤沢が、同じ山形生まれの歌人、斎藤茂吉の戦争責任を厳しく追及していたのが忘れられない。

藤沢は「高村光太郎と斎藤茂吉」と題した講演で、戦後すぐに光太郎が住んだ粗末な小屋を見た時の驚きを語る。

「おそらく冬になったら吹雪の晩なんか中に雪が入ったんじゃないかと思います。そこに光太郎という人は七年間も住んだわけです。七年というのは疎開としてはあまりにも長いのですが、これはこの生活を光太郎が自己流謫《じこるたく》ととらえたからなのです。原因は戦争協力でした。戦争中に軍に協力したことを非常に後悔しまして、反省の生活に入った、その場所がこの小屋だったのです」

光太郎は戦争を讃《たた》え、国民をそれに駆りたてる詩を書いた過去を清算するために、この小屋にこもり、自分がいかに無知で愚かだったかを告白する『暗愚小伝』をまとめた。

光太郎より一つ上の茂吉も疎開したが、上下二部屋ずつある家で、光太郎の小屋とは比べものにならなかった。

「光太郎と茂吉の決定的な違いは、茂吉も戦争協力をしているのに、茂吉には光太郎のような自責の念がまったくなかったということです。茂吉の戦争協力というのは、実にたくさんの戦争讃美、戦争昂揚《こうよう》の歌、いわゆる戦争協力の歌を詠んだことで、その中には東条首相讃歌などというくだらない歌もありました。これらの戦争協力の歌を抜粋しまして『萬軍』という歌集にまとめましたが、こういう歌は観念的でスローガンみたいなことを述べているだけで、茂吉のものとしてはできがよくありません。戦争に関しては、いい歌も詠んでいるのですが、一方でつまらない歌を平気で詠んで、しかもそのことを全然恥じていないのです」

藤沢の茂吉指弾はこのように容赦がない。

古賀と船村の因縁

「博郎、よく聞け。お前は軍人になるな。死ぬのはおれだけでいい。わかったね」

栃木県塩谷《しおや》郡船生《ふにゅう》村（現・塩谷町船生）に生まれた福田博郎（のちの船村徹）は、立派な軍人として誇りに思っていたひとまわり上の兄、健一にこう言われる。この兄は一九四四（昭和十九）年二月に戦死した。

船村には生涯忘れられない〝戦友〟ともいうべき人間がいる。音楽学校で知り合った作詞家の高野公男である。二つ年上の高野は胸を病み、二十代半ばで亡くなった。

二十歳のころに二人は日本のレコード界を将来背負うことを誓い合ったが、高野は船村にこう言ったという。

「東京、東京と言ってるが、東京に出てきた人間はいつかきっとふるさとを思い出す。おれは茨城弁で作詞する。おまえは栃木弁でそれを曲にしろ。そうすれば古賀政男も西条八十もきっと抜ける」

私はこれを『歌は心でうたうもの』（日本経済新聞社）という船村の「私の履歴書」に拠って書いているが、古賀政男との因縁をホテルのバーで語ってくれた船村の栃木訛《なま》りもそのメロディーのようにあたたかかった。

「古賀も西条も抜ける」という船村と高野の思いを、私は二人とは違った道を行きたいという決意と受けとめる。

銀座の流しなども経験した船村は、ある縁でキングレコードの文芸部長、清水滝治に紹介された。しかし、簡単には道は開けない。出入り差し止めを食らうような事件も起こしたりしているうち、春日八郎の歌う「別れの一本杉」がレコード化された。

〽泣けた　泣けた　こらえきれずに　泣けたっけ

の作詞は高野で、作曲が船村である。

このヒットでキングの専属になる話が進んだが、ある先輩作曲家の妬《ねた》みで御破算になってしまう。

そんな二人を競争相手のコロムビアのディレクターが注目していた。古賀政男の担当だった林諄である。

古賀も、若い船村と高野のコンビで放った「あの娘が泣いてる波止場」がヒットしたのを知って、

「あの二人、怖いよ」

と言っていたらしい。

ところが船村がコロムビアの専属になったある日、会社の廊下で会った古賀にディレクターが船村を紹介すると、古賀は、

「あっ、そう、それで何やる人なの」

と白ばっくれた。

若かった船村は反発する。

「何言ってんだ、このクソ爺《じじ》い」

と逆に闘志を燃やしたのである。

「いまに見ていろ」

と二十八歳も上の古賀に対抗心を剝《む》き出しにした。

しかし、後輩とはいえ、売れるか売れないかでは横一線である。歩きだしたばかりの船村に、そこまで警戒心を露《あら》わにした古賀も、やはり只者ではないと言わなければならない。

古賀の弟子を好きになった船村

船村がコロムビアの専属になった一九五六（昭和三一）年当時、同社には作曲家として古賀政男、万城目正《まんじょうめただし》、服部良一、古関裕而、上原げんとがおり、作詞家として西条八十、サトウハチロー、野村俊夫、藤浦洸《こう》がいた。まさに綺羅星《きらぼし》の如き面々である。

そこに船村は高野公男とともに入ったのだが、まもなく高野は亡くなった。苦難の時代を励まし合って生きてきた友に死なれて、船村は空白感に苛《さいな》まれる。それをまぎらわすために連日ドンチャン騒ぎを繰り広げながら、船村は「古賀政男でもない、古関裕而でもない作品を書こう」と思っていた。そんな中で、古賀との関係をまたギクシャクさせる事件を起こす。

ある日、船村は企画課長の林諄から、

「新人の歌を聴いてよ」

と言われ、能沢佳子《のざわよしこ》を紹介される。

能沢の父親は「月の法善寺横町」の作曲家、飯田景応《けいおう》だったが、飯田が別の女性のもとへ走ったため、能沢は「作曲家や作詞家とだけは付き合うな」と言い聞かされながら育った。

そして、歌手志望を西条八十に相談する。作曲家の生態を熟知している八十は、唯一大丈夫な古賀に彼女を預けた。女性より男性が好きな古賀なら安心だと思ったのである。

能沢の歌を聴いた船村は林に、

「あの歌手は売れませんよ。それより三年後には私の子どもを産みますよ」

と告げた。

「おい、へんな冗談言うなよ」

と林は怒る。

ところが、船村にとって彼女は運命のひとだった。「私の履歴書」に船村はこう書いている。

「人生には巡り会いというものがある。人間はときとして相呼び合うこともある。能沢との出会いがまさにそうだった。妻子がある身でありながら自分と能沢はいずれ結ばれるという不敵な予感があった。ほどなく私の心を能沢が占めるようになった」

しかし、彼女の年季の入った警戒心は解けない。ディレクターの斎藤昇の助言に従って、彼女のために「枯葉のルンバ」という曲もつくったが、彼女は頑《かたく》なだった。

クラブに誘えば「九時門限」を理由にさっさと帰ってしまう。全国をまわる「コロムビア・アワー」という公開ラジオ番組で一緒に行った旅先で食事に誘って断られたこともあった。

船村は焦ったが、船村が能沢に熱心だという話は社の噂になる。当然、彼女を預かる古賀の耳にも入った。古賀にすれば、とんでもないことである。生意気な後輩と思っている船村が、こともあろうに、自分の弟子に手を出そうとしている。不届き千万、と古賀は思った。

しかも妻子がいるどころか、他にも何人か女性がいるという話である。船村に対する古賀の怒りは増したが、船村の憶《おも》いは止めようがなかった。

ひばりママと船村との暗闘

古賀の弟子の能沢佳子との仲が進展せず、悶々《もんもん》としている船村に、大変な緊張を強いる不世出の歌手、美空ひばりとの新たなる格闘の機会がめぐってきた。

ひばりには加藤喜美枝というステージ・ママが付いており、彼女がいろいろと口を出してくる。たとえば、船村がひばりのきれいな裏声を生かすためにつくった「哀愁波止場」について、ひばりは気に入っているのに、

「なんでこんな風邪ひいたような声ださせるの。お嬢（ひばり）がだめになっちゃうじゃないの」

と文句をつける。

「こんなもの発売したら承知しないからね」

と怒るママに抵抗して、船村が無理に「臨時発売」させたこの曲が発売と同時にヒットし、創設されたばかりの日本レコード大賞最優秀歌唱賞を受賞した。

その前に船村は「美空ひばりデビュー十周年記念リサイタル」でもママと衝突していた。この時ママは古賀、万城目、上原、そして米山正夫の四氏に船村を加えた五人に記念曲を依頼した。最年少の船村は張り切って「ある波止場の物語」を出す。

ところがママは週刊誌で、

「どの曲も気に入らない。特に船村の曲は長すぎてラジオで流せない」

と放言した。それを床屋で読んだ船村は、カットもそこそこに床屋をとびだした。

当然、他の作曲家も怒る。急先鋒《きゅうせんぽう》は古賀だった。リサイタル当日は記念曲をそれぞれが指揮することになっていたのだが、古賀は、

「私はでないわよ」

と言う。しかし、蓋《ふた》を開けてみると、当日の指揮台に立たなかったのは船村だけだった。ここで船村はまた、古賀を〝クソ爺い〟と思うことになる。

このリサイタルで能沢佳子は五月《さつき》みどりとともにひばりに花束を贈呈する役目だったが、船村だけがなぜ来ないのか、と思っていた。憤懣《ふんまん》やるかたない船村は、それを能沢に聞いてもらいたくて、呼び出しをかける。バーなどでは断られると思って、喫茶店を指定した。今度もダメかなと期待せずに待っていたら、彼女は付き人なしの一人で来た。

たぎる心を抑え切れず、船村は、

「喫茶店は落ちつかないから、バーへ行こう」

と誘った。勢いに押されたように彼女もついてくる。

そこで船村はボルテージ高く記念リサイタルの一件を話した。

「どうして私なんかにそんなことを」

という感じだった彼女の態度がその日を機会に溶け始め、遂には、

「私がそばにいることで力になれるのなら」

という手紙をもらうまでになった。船村と現夫人とが結ばれる逸話だが、言ってみれば、ひばりのママが近づけたということにもなる。これもまた古賀のシャクの種だった。

村田英雄「王将」大ヒットの陰で

船村徹は村田英雄を、売れないころから知っていた。その村田を、三波春夫に対抗して売り出そうとしたのがコロムビアのディレクター、斎藤昇だった。斎藤は船村と相談し、浪曲出身の村田に、ロカビリー全盛の時流に逆らうような歌を歌わせようとする。

作詞は西条八十に頼んだ。テーマは将棋の坂田三吉物語である。しかし、一つ厄介な問題があった。村田が古賀政男門下であることである。ここで船村はまた、古賀ともめる原因をつくる。

それはともかく、西条八十の詞で坂田三吉をと聞いて、船村は斎藤に言った。

「それはいいな。派手な空振りに終わるかもしれん。だが、ひょっとして、水道橋駅のホームまで届く大ホームランになるかもな」

読売新聞文化部記者の平野英俊は船村の言葉を『この歌この歌手』（現代教養文庫）にこう書きとめているが、水道橋駅のホームまでとは、言うまでもなく、後楽園球場のフェンスを越えてということである。

〽吹けば飛ぶよな　将棋の駒に

という歌詞を受け取って、船村はそれをそのままポケットに入れ、郷里の栃木に帰る。母親が迎えてくれ、息子に手料理をごちそうしようと、旧式のかまどでご飯を炊いた。

その姿を見ていたら胸が熱くなって、思わず、船村は歌詞をこう変えていた。

〽吹けば飛ぶよな演歌の節に
　賭けた命を笑わば笑え

八十にもそんな気持ちがあったようだが、そう変えたら、自然にメロディーが湧いて出た。レコーディングを前に、船村はまた栃木に帰る。

郷里の友人が宇都宮にできたばかりの競輪場に船村を誘った。レースを見ていると、最期の一周にジャンと鐘が叩《たた》かれる。

「これだ」と思って船村はイントロにジャンを入れた。しかし、八十は、

「こんなレコード、誰が買うんでしょうね」

と言ったし、社内の試聴会でも評判はよくなかった。

ところが、逃避行という意味合いもあってヨーロッパでの生活を始めた船村がある日、日本航空のコペンハーゲン支店で一週間遅れの日本の新聞を読んでいたら、「王将」が三十万枚を超すヒットになった、と書いてある。

そしてまもなく、斎藤から、

「村田君が歌舞伎座でワンマンショーを開く。船さんがいないとまずいから帰って来てよ。レコードは百万枚いくと思うよ」

と国際電話が入った。

歌舞伎座では、村田はアンコールを含めて五回も「王将」を歌う破目になる。

それでメデタシ、メデタシかというと、そうはいかない。自分に断りもなくと古賀はカンカンだった。船村の曲を村田に歌わせると、はっきりとは古賀に言ってなかったのである。古賀はコロムビアの幹部に、

「私と船村とどっちが大事なのよ」

とまで言った。

船村の弟子のシャンソン歌手

船村徹のヨーロッパ滞在は二年に及んだが、EMIに招かれてロンドンに行った時、オーディションに三、四組のグループが来ていた。終わってからEMIの人に、

「どれか気に入ったグループはいましたか」

と聞かれたが、ピンとくるグループはなかった。ただ、ひときわ薄汚い格好をしたグループがいて気になった。のちの「ザ・ビートルズ」である。

コペンハーゲンを拠点にヨーロッパを点々とし、しばらくパリに滞在していたら、パテ・マルコニーが船村に新人教育を頼んできた。イタリア人とギリシャ人の男性で、イタリア人の方はモノにならなかったが、ギリシャ人の方は貧しい生活を送りながらも音楽に真摯に取り組み、好感がもてた。船村より二歳下で、アレキサンドリア生まれのジョルジュ・ムスタキである。

ムスタキに船村は美空ひばりの「哀愁波止場」と「三味線《しゃみせん》マドロス」を歌わせる。歌詞はフランス語で、タイトルも「哀愁」は「私の影とただひとり」に、「三味線」は「海から帰ってきた人」に変えた。パリのスタジオでそれをレコーディングし、日本に送ったが、残念ながら売れなかった。ムスタキが反戦と恋を歌う歌手として注目されるようになるのは、それから七、八年後である。

そして一九八九（平成元）年秋、大阪のフェスティバルホールで歌ったムスタキを、作詞家のもず唱平が訪ねることになる。その経緯を照れ屋の船村は『歌は心でうたうもの』の担当者、野瀬泰申に筆を預けてい

る。

船村はもずに、演歌という言葉に抵抗を感じると言い、情歌でいいんじゃないのと告げ、その意味をこう説いた。

「演歌を書こうと思って書いているわけじゃないんだよ。生まれた国とか土地とかおれの個性とかは反映するだろうけど、これが演歌だなんて思って書いちゃいない。だから（自分が作った曲の中にはタンゴ調とかシャンソンとか童謡みたいなものとか）変な作品もあるだろう？　型にはめ込むのは良くないよね。いい歌は文化の違いを越えて評価されるもんだよ。日本の歌は普通日本語で発表されるから外国で評価される機会が少ないけど、日本人だけに向けて作っているわけじゃない。どんな歌を書いているかといえば、人の情、人の縁をテーマに表現してるんだよ」

それにもずが、日本が英語文化圏だったら古賀政男も中山晋平も万城目正も世界的に評価されたかもしれませんね、と応じると、船村はにっこり笑って、

「おれにはフランスのシャンソン歌手に弟子がいるんだ。ムスタキって知ってるか？　昔はムスタキか飯炊きかわからなかったけど、いまではスターになっている。そのムスタキがおれのメロディーを聴いて、歌わせてくれって言ったんだよ。フランス語で歌ったよ」

と答えた。

古賀のジェラシー

ジョルジュ・ムスタキが大阪に来て公演し、作詞家のもず唱平が楽屋に訪ねて、船村徹との縁を尋ねた時

の模様を、日本経済新聞文化部編集委員の野瀬泰申が伝える。

「船村先生の曲を歌ったというのは本当か？　原曲は『三味線マドロス』というんだが、三味線を知っているか」

もずがムスタキにこう聞くと、ムスタキは、

「三味線を持っている」

と言った。

「船村先生の曲は日本固有のポップス、つまり演歌と言われているが、先生本人は万人に訴える曲づくりを心がけており、いい曲なら外国でも愛されるはずだと言っている。その意味であなたが船村作品をレパートリーに加えていることに関心があるのだが」

と、もずが続けて尋ねると、

「ムッシュ・フナムラから、日本人が歌っている歌だが君が歌ってもおかしくないよと言われて曲を聴いてみました。いい音楽でした。民族音楽に聴こえなかった。押しつけられて歌ったのでもなく、レパートリーに加えたいまも日本の演歌を歌っているつもりはまったくありません」

とムスタキは答えた。ちなみに、石本美由紀作詞の「哀愁波止場」はこう始まる。

〽夜の波止場　にゃ　誰ァれもいない
古賀門下で芽の出なかった村田英雄を船村が蘇生させた話はすでに書いたが、それまで船村は村田とよく飲み、ケンカもした。

「君、何だか歌が下手だね」

船村が批評すると、村田も怒る。

「いや、そんなことはないでしょう。古賀先生はちゃんと認めて下さっています。どうして下手下手って言うんですか」

「だって下手だと思うからだよ」

「男村田は歌が下手じゃありません」

「下手だ」

「帰ります」

こんなヤリトリで別れても、村田とはまた飲んだのだが、船村が古賀を苦手と思えば思うほど、古賀もまた意地になって船村を自分の翼下に置こうとした。

ある年、船村の誕生日に古賀が、

「今年は私がお祝いをやってあげるわよ」

と言う。プレゼントはピンクのリボンのついたワインだった。

しばらく我慢の席が続いて、もういいだろうと船村が腰を上げると、古賀は、

「何さ、どこ行くのよ」

と細めの眼を吊《つ》り上げる。怒ると、ますますおネエ言葉になるのだが、追及は厳しかった。

「どうなの、そこに女の子いるの」

「いえ」

「うそおっしゃい」

大先輩の古賀に船村は平身低頭なのだが、この〝代々木の親分〟のジェラシーは尋常ではなかった。尋常ならざる〝大将〟から、あの古賀メロディーは生まれた。

第8章　藤山一郎とのコンビ

「酒は涙か溜息か」誕生秘話

藤山一郎の名を知る人も少なくなっている。まして、その本名が増永丈夫《たけお》であることを知っている人はなおさらに少ない。

都内目黒区にある藤山の家には「藤山」のそばに「増永」と記した表札が掛けてある。

日本外交史が専門の慶大名誉教授、池井優は、『藤山一郎とその時代』（新潮社）を書くために幾度かこの家に通った。

藤山の娘の市川たい子は、いま、この家を守っているが、

「池井さんは母のところへ何度もいらっしゃって下さいました」

と語る。母とは藤山夫人のいくである。

一九三五（昭和十）年生まれの池井は祖母の時代から「藤山ファン」だったという。藤山と同じく日本橋生まれのチャキチャキの江戸っ子の祖母は、よく、

「藤山一郎の歌を聞いてごらん。江戸っ子だから歯切れがいい。言葉がはっきりわかるだろう。それに音楽学校で基礎を勉強しているから、声がちゃんとお腹から出てるじゃないか」

と言っていたとか。

藤山は慶応ボーイだった。慶応から上野にあった東京音楽学校（現・東京芸大）に進んで〝上野最大の傑

作〟と言われるようになる。

満州事変を契機に日本が中国への侵略を開始した一九三一（昭和六）年夏、いまだ世に知られざる作曲家と作詞家と、そして歌手によって哀愁のメロディーが送り出される。

〽酒は涙か　溜息か
心のうさの　捨てどころ
の「酒は涙か溜息《ためいき》か」である。作詞の高橋掬太郎《きくたろう》は当時、函館《はこだて》の新聞社で社会部長をやっていた。ふとした縁で「小樽小唄《おたるこうた》」や「函館行進曲」の詞を書いたため、コロムビアのディレクターから、

「何かありませんか」

と求められ、作曲を古賀政男にと指定して「酒は涙か溜息か」と「私此頃憂鬱《ゆううつ》よ」を渡した。その前に出した「キャンプ小唄」の作曲家として古賀が知られていたからである。

ギターの特長を生かしたこのメロディーに古賀は自信がなかった。明大マンドリン倶楽部の後輩の評判もよくなかったが、藤山はクルーン唱法という、つぶやくような歌い方によって、この歌に独特のいのちを吹き込む。

藤山はのちにこう語った。

「ヒットしたらしいと聞かされても、何かまだ自分のもののような気はしなかったのです。それがしばらくするうちに、あちこちの喫茶店から聞えてくるようになったのです。あのレコードをかけている喫茶店に入って、すみっこのテーブルに向いながら、今歌っているのはぼくなんだよと、なんとか上手に知らせる術《すべ》はないかなと考えたものでした。この間のシュヴァリエの映画『流行児』の中で、シュヴァリエが卓をたた

いて人に自分の存在を知らせる、あの気持ちに同感を持てる気持ちでしたね」

幼なじみ・岡本太郎の藤山評

「酒は涙か溜息か」の作詞家、高橋掬太郎は函館で新聞社の社会部長をやっていたが、

「あれは部長の失恋の詩でしょう」

などと冷やかされた。

この古賀メロディーを藤山一郎こと増永丈夫は声をおさえて歌った。悲しい歌を、逆にあまり感情を入れずに歌ったのである。

藤山の持ち声について、芸大の同級生の安部幸明は、『藤山一郎　歌唱の精神』（春秋社）の著者、菊池清麿にこう語っている。

「増永君は、持ち声がりっぱでね、テノールの音質をもった非常に甘いバリトンでしたよ。美しい響きと音程、ピッチの正確さ、表現力において卓越したものがあった。流行歌はマイクを使って歌うが、増永君だけは、マイクなしで声がとおる人ですよ。だからこそ、軽音楽の分野にいっても長く歌えたのでしょう」

藤山の慶応幼稚舎からの幼なともだちに、画家の岡本太郎がいる。「芸術はバクハツだ」の、あのＴＡＲＯである。藤山と岡本は慶応時代、ビリ争いをした。藤山によれば、自分が五十一番で岡本より成績はよかったということだが、岡本に言わせると、

「まじめに学校に通っていた増永より学校にまったく行かなかった俺のほうが実際は上だよ」

ということになる。

菊池の前掲書は、一九八二（昭和五十七）年七月十五日にNHKで放送された「この人このショー」での二人の〝やんちゃ対談〟を紹介している。

藤山　君は、僕の音楽に対して「お前のは芸当だ。それは綱渡りみたいなもんで、落ちればダメ、うまく渡っていけば〝うまい〟。うまいかまずいがはっきり分かるのが芸当、俺のは芸術だからその価値は誰にも分からないんだ。分かったら芸術じゃーないんだ」と言ったな。

岡本　もう少しましな言い方をしたと思うが、つまり、芸能は人に好かれなければならない。好かれようとしなければならない。しかし、俺は人に好かれたくない。自分自身も好きになれないようなものを創るのが芸術なんだ。〝こんなものは〟と思われるものを創るのが生きがいなんだ。

藤山　けれども、あなたの作品は、日本全国はおろか世界の方々が眺めているのだから、やっぱり、大衆性はあるんだろう。

岡本　だから、嫌われる方が好かれるんだ。逆にね。

藤山　逆も真なりか。

岡本　そうだね。

この〝芸当〟と〝芸術〟論を読んでいると、岡本のところに藤山を、藤山のところに古賀政男を入れてみたくなる。古賀は生涯、「大衆性」から離れられなかった。それに対して藤山は、こうした岡本の眼も意識したのか、いつまでも芸術志向を捨てなかった。そこに名コンビといわれた古賀と藤山の確執《ギクシャク》の原因があったのである。

古賀・藤山コンビのスタート

藤山一郎が増永丈夫であることは絶対に知られてはならなかった。知られては、入学した芸大を追放される可能性大だからである。

慶応普通部時代、すでに藤山は芸大助教授で「叱《しか》られて」の作曲家、弘田龍太郎や、北原白秋作詞の「城ヶ島の雨」の作曲家、梁田貞《やなだただし》などの指導を受けていた。そして進んだ芸大で「故なくして学生の校外での演奏を禁ず」という校則にぶつかる。

しかし、倒産した家計を助けるため、藤山は稼がなければならない。自分の学資の捻出《ねんしゅつ》はもちろんである。そんな藤山に地方小唄（ご当地ソング）のレコード吹き込みの話を持ってきたのは、慶応の先輩でもあるコロムビアのディレクター、加藤武二だった。それらは花房俊夫とか、藤村二郎とかの〝芸名〟でやっていたが、少し本格的にやることになって、いろいろ頭をひねり、「藤村操」でいこうと思った。かつて、「人生不可解」と華厳の滝に投身自殺した秀才の名前である。

「な、なに？　藤村操だって？」

と加藤は呆《あき》れ、

「きみのイメージでは、どう考えても、藤村操の名はピッタリしないな。そんな文学青年みたいな名前は、感心しないよ」

と続けた。

却下されて藤山はまた、本名を隠すための芸名を考える。

「それならいっそ、藤山にしよう。富士山は日本一の山だ、名前は一郎——よし、これに決めよう！」

加藤に告げると、

「ふーん、藤山一郎ねえ……、うん、まあいいだろう」

と同意してくれた。『藤山一郎自伝』（光人社NF文庫）の第二章は「試練のとき」で、その第二節が「アルバイト」である。それによれば、「矢つぎ早のアルバイトで大いに荒稼ぎを」していたそのころ、加藤が藤山に言った。

「増永君、古賀君のことは知っているだろうね。どうだね、一度会ってみないか。いまあの人は斬新《ざんしん》な歌い手を探しているんだ。きっと、きみの仕事にも結びつくよ」

そして、加藤は藤山を古賀に紹介する。古賀は当時、「影を慕いて」を人気歌手の佐藤千夜子に歌わせ、新進作曲家として売り出し中だった。ちなみに、藤山の芸大の先輩の千夜子はすでに中退させられている。

「増永君、一緒に仕事をしよう」

藤山より七歳上の古賀はこう言い、藤山の歌を聴いたりした後で、

「ぜひ、ぼくの作品を歌ってくれたまえ」

と「キャンプ小唄」の譜面を渡した。この新作のため、古賀は「軽快で明るい声の歌手」を探していたのである。その吹き込みで、藤山は古賀の率いる明大マンドリン倶楽部の面々と音楽仲間になる。

「古賀さんは私の声を気に入ってくれて、それから息の長い古賀・藤山コンビがスタートした」と藤山は『自伝』に書いている。

停学処分

コロムビアのディレクター、加藤武二に藤山一郎を紹介されて、古賀政男は、「もしかして、去年、ハイ・バリトンの甘い声で慶応の歌を吹き込んでいた上野の学生ではないか」と思った。

藤山こと増永丈夫が上野にある東京音楽学校の学生で、「慶応幼稚舎の歌」と「慶応普通部の歌」をレコードに吹き込んだ経験があると聞かされて、ピンと来たのである。

〽山の朝霧　茜の雲が

と始まる「キャンプ小唄」はまさにその藤山にぴったりだった。

正規の音楽教育を受けた藤山と、独学の自分の違いを思いつつも、古賀はこの青年との出会いを喜んだ。自伝に古賀は藤山のことを「会ってみると、二十歳ぐらいの非常にスマートな青年で、きびきびした態度が印象的だった」と書いている。

「キャンプ小唄」に続いて、古賀、藤山コンビは「酒は涙か溜息か」を世に送る。藤山はこのレコードが売れないことを祈った。売れると、自分の声であることが露見し、校則違反を責められることになるからである。

しかし、ある日、生徒主事から呼び出しがかかる。バレたのだった。

一九三一（昭和六）年の暮、明治大学マンドリン倶楽部の定期演奏会に出た時には、覆面歌手を通して舞台の袖《そで》で歌い、終わると、

「ピンちゃん、こっちだ」

と古賀の合図で楽屋口から脱出したりしたのだが、甘くて張りのある声は隠しようがなかった。

「いま、カフェー、ダンス・ホールなどでしきりに流行している『酒は涙か溜息か』など風俗きわまる流行歌を唱っている藤山一郎とは君のことらしいが、本当かね」

生徒主事に詰問され、それを認めざるをえなかったが、追及する声のあまりの激越さに、藤山も、

「先生方も、自宅でお弟子をとったり、外で流行歌の作曲もなさるでしょう。生徒だけ学外での演奏を禁じるのは、おかしいのではないでしょうか」

と反論してしまった。

「民衆歌手になると考えるならば、人民の税金によってつくられた国費で生徒を養成する官立学校などに入らぬほうがいい」と主張する評論家がいた時代である。学校当局は態度を硬化させた。しかし、弘田龍太郎、大塚淳、梁田貞など、藤山の才能を惜しむ教授たちは退学処分という極刑に反対する。

連日連夜の討議でも処分は決まらず、外遊中だった校長、乗杉嘉寿《のりすぎよしとし》の帰国を待って、ということになった。

乗杉は藤山を退学処分にはせず、一ヵ月の停学処分で決着をつける。しかもその一ヵ月は冬休み期間だった。

それにしても、税金を取りながら「民衆歌手」になるなら官立学校に入るなとは、まったく矛盾している。

流行歌とクラシックの二刀流

停学処分を受け、謹慎している藤山を、ある日、ビクターの顧問、安藤兵部が訪ねて来た。人気歌手のスカウトに辣腕《らつわん》をふるった安藤は仙台平の袴《はかま》姿。名刺を差し出し、こう切り出した。

「このたびの一件は充分に伺っております。レコードの吹き込みができなくて、さぞお困りでしょう。つきましては、毎月百円の援助金を御卒業までわが社がお届けしましょう。その援助金であなたの前途有望な将来を束縛しようとは思いません。ただ上野を御卒業の暁には、ビクター専属になることをお考えになっていただければ幸いですが。わがビクターには、あなたの先輩であるバリトンの徳山璉《たまき》氏、アルトの四家文子女史もおります。ビクターならば、クラシックと流行歌の両立が可能です。徳山、四家両氏も流行歌を唄いながら、芸術歌曲も立派《りっぱ》に歌っています。この件に関しては、どうぞ、ごゆっくりお考え下さい。とりあえず、卒業までの学費のことはおまかせ下さい……」

卒業後は当然、コロムビアに入ってくれるだろうと同社は安心していた。そこにライバルのビクターがクサビを打ち込んだのである。ねらいは古賀政男と藤山の分断だった。

藤山は資金援助に恩義も感じたが、何よりも「クラシックと流行歌の両立」に心を動かされ、ビクター入社を決める。

驚いたのは古賀だった。

「ピンちゃん、ひどいじゃないか。あれほどコロムビアで仕事しようと約束したのに」

怒る古賀に藤山は、

「契約のことは親にも話せないことだってありますからね」

とクールに答えた。

古賀は絶句したが、その後、コロムビアが入社に際して月給制を拒み、印税制を譲らなかったと聞いて諦《あきら》める。

古賀と藤山の、いわば最初の亀裂について菊池清麿は『藤山一郎　歌唱の精神』に「古賀は藤山の金銭感覚のドライさを感じた。しかし、古賀は藤山の本当の胸の内を理解してはいなかった。あくまでも、藤山は、芸術を追求するバリトン増永丈夫とそれを広めるテナー藤山一郎の二刀流。古賀とは歩むべき道が違う」と書いている。

藤山は生涯、この二刀流を捨てなかった。ところが古賀はそれが気に入らなかった。いや、残念ながら、古賀にはもう一つのクラシックの世界が理解できなかったのである。

藤山は卒業した年の一九三三（昭和八）年秋、日比谷《ひびや》公会堂で「藤山一郎と増永丈夫の会」を開いた。恩師クラウス・プリングスハイムの応援を得てだった。プリングスハイムは初めて藤山の声を聴いた時、驚いた。

「日本人でこんなに美しくドイツ歌曲を歌える者がいるのか。素晴らしいハイ・バリトンだ。声は甘く、よく響く。大向こうで唸《うな》ることなく〝響き〟で歌うということを知っているとは。それに、高音から低音までムラなく均質にコントロールされ、詩の意味をよく理解して歌っている」

ゴールデンコンビの復活

「二・二六事件」が起こるなど、日に日に軍国主義の気配が強まっていく一九三六（昭和一一）年、藤山一郎のビクターとの専属契約が満了した。

三年前、思いもかけぬ形で藤山をビクターにさらわれ、落胆していた古賀政男はその後、コロムビアとの関係がよくなくなってテイチクに移っていた。

満を持して古賀は藤山とのゴールデンコンビの復活を企図し、何としてでも藤山をテイチクに入社させようと、明大マンドリン倶楽部時代からの仲間、茂木了次を派遣する。

午前九時、目黒の藤山邸を訪れた茂木に、母親はもう出かけたという。応接間に通されて、単刀直入に切り出すと、

「あの、そのお話なら私ではわかりませんけれど……。そのお話ならあれの義兄に交渉していただくことになっているのでございます」

そう言われて茂木はすぐに、藤山の義兄、加納義男のいる朝日新聞社へ車をとばした。

社の食堂で向かい合った茂木は、

「他でもありませんが、藤山一郎さんの専属問題についておうかがいしたいのですが、ビクターとのご契約が満期になられたそうですが、テイチクの方へご契約下さるわけにはいきませんでしょうか」

と尋ねる。加納の答は煮え切らなかった。

「テイチクのご希望はわかりましたが、実はキングからも、東海林太郎をポリドールに抜かれたので来てくれないかと先口がかかっておりましてね……」

実は藤山はテイチクにいいイメージを持っていなかった。社長の南口《なんこう》重太郎が語呂《ごろ》合わせで大の楠公《なんこう》（楠木正成）ファン。レーベルマークまで大楠公の銅像で野暮の極みだった。レコード会社としても二流で、入ったら自分の格も落ちるような感じがした。しかし、

「なあ、藤山君、どうだね、もう一度、ぼくとコンビを組もうじゃあないか！　そして、ヒットを飛ばそうじゃないか！」

と古賀に熱心に誘われ、古賀と組めばミリオンセラーへの期待も持てると、テイチク入社を決意する。

「あの人となら、お互いに気心も分かっている。気持の分からない人と仕事をするより、どんなにいいか知れない！」

と思って、古賀にその旨を伝えると、古賀は、君と一緒なら鬼に金棒だ、と喜んだ。契約金は一万円。

「時の首相広田弘毅《こうき》の月給が八〇〇円の時代の一万円である。いかにテイチクが金に糸目をつけず藤山を引っ張ったかが判るというものだ。ボストンバッグに一杯のイノシシ（当時一〇円札をこう呼んだ）を詰めて、義兄と再三交渉した茂木は一万円もの現金を持ち歩くのに手足が震えたという。いまなら一億円以上にもなろうか」

池井優は『藤山一郎とその時代』にこう書いている。一億円余のトレードマネーでゴールデンコンビは復活した。

藤山サウンドと古賀サウンドの角逐

池井優著『藤山一郎とその時代』には、古賀政男が藤山一郎とのコンビ復活を望み、藤山がテイチク入社を決意すると、

「そうか。承知してくれるか。……君が一緒にやってくれるなら鬼に金棒だよ！」

と喜び、当時めずらしかった外国製の電気冷蔵庫を藤山にプレゼントした、とある。

しかし、表面には見えない二人の思惑が、その底では音を立てんばかりにぶつかっていた。菊池清麿は『藤山一郎　歌唱の精神』に、「古賀・藤山コンビでスクラムを組んでいくとがっちり握手をした」という

〝定説〟をくつがえすような『古川ロッパ昭和日記』（晶文社）の記述を引く。

「ホテ・グリへ藤山一郎と行き、古賀政男との握手の会をしてやることを約す」

「古賀政男と藤山一郎を、仲直りさせる会を僕が開いた。古賀・藤山話し合ひの末握手する」

前者が一九三九（昭和十四）年十二月三十日、後者が翌年一月十一日のロッパの日記である。

「鬼に金棒」という諺《ことわざ》にこだわれば、古賀は藤山に〝金棒〟であってほしかった。金棒以上の存在になることを望まなかったのである。ところが、藤山は金棒ではなかった。別の意味の鬼であり、二人の間の音楽観の相違は容易に埋められなかった。

藤山は『歌い続けて』（音楽鑑賞教育振興会）に次のように書く。

「歌手としての私の原点は唱歌にあったと思う。私にとって『唱歌』とは文字通りの意味で、歌を唱《うた》うことであった。それも私の場合は、堂々と朗々と、惜しみなく声をだして全身でシングすることを指している」

音楽的には自己流というか我流の古賀と、定石を踏まえ、理論的な研鑽も積んだ藤山との角逐は、誰かが調整しなければ激化するのが当然だった。たとえば、古賀が不得手だった編曲について、藤山はこう言っている。

「私は音楽学校卒業後、ビクター専属の時代にはうんと作・編曲もやったし、後に自分の楽団をもってからはもちろん、現在でも自分の歌う曲はほとんど自分でアレンジする。それがいちばん納得がいくし、自分自身が藤山サウンドに包まれて歌うのはいちばん嬉《うれ》しいことだからである。当然相当な手間ひまもかかる。特にコピーマシンのない頃はつらかった。編曲をするということは、各楽器の性能、音色や音域、重音の効果やマイナスをよく知っていないとできぬことはもちろんだが、奏法上のテクニックも全部マスターしていないと、無理な指づかいの譜を渡して失笑を買うことになる」

菊池清磨によれば、藤山は編曲者と作曲者を同等に見ていたという。いや、むしろ、編曲者の方が音楽的素養を必要とすると思っていた。そこに二人が溶け合えない原因があった。自信家の古賀が、藤山が「藤山サウンドに包まれて歌う」ことを許すはずがなかったし、藤山も古賀サウンドにひたりきることはできなかったからである。

二人の間を取りもった古川ロッパ

「まさに古賀さんは怨歌《えんか》、艶歌《えんか》、演歌……の作曲者であった。そのメロディーにかざりをつけ、アクセサリーを施すならば洋式デザインのものは具合が悪いのである。そこに和洋折衷というか、西洋楽典ではタブーのような音の使い方が出てくる。それが古賀さんのお得意の世界なのである。そしてすでにその下地は連綿として日本人の心の中にあったものである」

藤山一郎は『歌い続けて』にこう書いているが、これはゴールデン・コンビといわれた古賀政男からの〝独立宣言〟とも読める。もちろん、藤山は「古賀メロディー、その旋律の多様さには全くびっくりする。よくまあ、あれだけ日本人の心を揺さぶる多彩なメロディーを生み出されたものだと感心する」と、古賀を高く評価していた。独学だったからこそ、独特のメロディーを生み出しえたということも十分にわかっていた。しかし、古賀メロディーの世界に入っていけばいくほど、自分との違いも自覚せざるをえなかったのである。

菊池清麿は『藤山一郎　歌唱の精神』に「二人の確執がまた始まる」と書いて、再び古川ロッパの日記を引く。一九四〇（昭和十五）年七月のものである。

「ハネ十時十分前。ホテ・グリで武藤・古賀・京極で食事、古賀が全然藤山を容《ゆる》せず、九月藤山特出なら作曲しないと言う。武藤もこれには弱って、何とか仲直りさせたいと話しつつ帰る」

「十一時半に出て、中泉眼科へより、十二時ホテ・グリへ、藤山一郎と会う。古賀氏は誤解しているのだ、何《ど》うしてもそれを解いて、九月の仕事は一緒にさせて呉《くれ》という意向」

「九時半起き、食事していると、藤山の母親来る。古賀との経緯でいろいろ相談に来たもの。梅島と花柳の例などひき、芸人の我がまゝはいけないと話す」

「四時に築地の蘭亭。古賀・藤山の手打ち、へんな会合だ。武藤・松村に僕、結局古賀も折れ、藤山も謝ったので、九月の仕事は共に出来ることゝなった」

菊池は「九月の仕事」とは『歌えば天国』のことだろう、と推測する。これはロッパが脚本を書き、古賀が音楽監督を務めた。

古賀にすれば、『春よいずこ』という映画のように藤山が主役で前面に出るのは困るという気持ちだった。尋常ならざる嫉妬心《しっとしん》をもつ古賀は、あくまでも自分が主で、藤山を従にしたかった。

藤山も古賀の才能は十分に認めているのだが、しかし、古賀から手足のように使われるのは我慢ならなかった。

ロッパは藤山の母親に「芸人の我がまゝはいけない」と諭したというが、「我がまゝ」度においては、藤山より古賀の方が格段に上だったのではないか。第7章「船村徹への愛憎」に引いた事例を見れば、それは明らかだろう。ある意味では、古賀の「我がまゝ」の最大の被害者が藤山かもしれない。

「東京ラプソディー」のヒット

時計の針を一九三六（昭和十一）年春に戻して、「テイチク陽春のソワレ・フロリッサント」（テイチク大演奏会）のことを書く。

ゴールデンコンビ復活で、古賀の伴奏による藤山の独唱が呼び物だった。〝古賀組〟の一員ともいうべき宮本旅人がその情景をこう写している。

「プログラムが進んでいよいよその番組になると、満堂の聴衆は息を殺《ころ》して、やがて展開される劇的シーンを待っていた。

やがて開幕のベルが鳴って幕があがると、純白の背広もさっそうと、藤山一郎は舞台の右手から現われ、黒の燕尾《えんび》服もしっくりと古賀政男は左手から現れ、舞台の正面に歩み寄ると、二人は向い合って固く握手を交わした。

ああ実にこれこそ、別れ別れていた芸術上の恋人同士が、六年振りに大衆の前で握手する機会だったのだ。

政男も感慨無量、藤山も感慨無量――、それを見ている観衆の目にも熱い涙が輝いていた。

握手が終ると藤山は一歩進み出て正面に立ち、政男は一歩退いて椅子に腰をおろし、愛用のギターをとりあげた。

ああ、この時藤山一郎が歌い始めた歌こそ――。あのうずくようなもの悲しい前奏に始まる『酒は涙か』であった」（『古賀政男芸術大観』）。

宮本のペンは読む者が気恥ずかしくなるほど昂揚している。しかし、ファンが待ち焦がれていたものだったことは確かだったのだろう。

「唄う藤山の目にも、ギターを弾く政男の目にも聞きいる聴衆の目にも、あふるるものは涙であった。おしつまるような沈黙があるばかりだった。

歌が終ると、われるような拍手、アンコールの声は鳴りもやまなかった」

宮本の描写もオクターブ高いままに終る。

本書の読者は、「六年振りに大衆の前で握手」した「芸術上の恋人同士」に、その後深刻な葛藤《かっとう》が訪れたことをすでに知っている。

しかし、この時の熱狂は嘘ではなかった。古賀は藤山を迎えて、中山晋平の「東京行進曲」をしのぐ曲を、つくろうとする。そして生まれたのが、

〽花咲き花散る宵も
　銀座の柳の下で

と始まる「東京ラプソディー」だった。そのころ見たジョージ・ラフト主演の映画の、モダンでテンポも軽いテーマ曲がヒントとなった。作詞は西条八十門下の新鋭・門田ゆたか。

このヒットで古賀は九百円のボーナスをもらい、亡き母のために仏壇を買った。生前、東京に呼ぶことができなかった罪ほろぼしにと考えたのだが、とても立派なものだった。母親思いという点では藤山も古賀に負けなかった。

歌は軍人の号令以上に人を動かす

古賀政男と藤山一郎には「母思い」という共通点があった。それも平均をはるかに越えている。中国との戦争が始まってまもない一九三七（昭和十二）年八月十五日、鹿児島県鹿屋航空基地から南昌爆撃に飛び立った海軍中尉、山内達雄はそのまま還らぬひととなった。しばらくして、東京帝国大学出のエリートだった山内の母ヤスから、海軍省人事局へ次のような手紙が届く。

「……あの子光輝ある帝国海軍航空士官として御奉公仕候ことを得決死もって護国の鬼と化し、ゆるぎなき祖国の御為に身命を捧げまつるを得候こと尊く感謝に堪えず候（中略）

……あゝ老いゆく母月の明るきを眺めては泣かんとするか花の香ばしきをめでては悩まんとするやあらず首《こうべ》をあげて空ゆく飛行機を見よ、あれよあの機達雄永えに生きてあるよ、私なお男児三人有之《これあり》、育て見守りつつ御国の御為に励ましめんと致候、達雄最後といえども帝国軍人としての面目はけがさぬ性格に有之候ゆえ御心安く思召し下さいませ……」

あっぱれ〝軍国の母〟のこの手紙は「あれよ、あの機、永遠に生く」の大見出しで新聞に掲載され、それを読んだ古賀は感激して、すぐに佐藤惣之助に電話をかけ、作詞を依頼する。

〽君のためとて潔く
　よくぞ戦死をしてくれた

「山内中尉の母」というこの歌を歌ったのは藤山だった。

なぜ、藤山に歌わせたのか。その問いに古賀はこう答えている。

「藤山は大変にお母さん孝行だから、この中尉の母の心もよくわかるだろうと思ったのです。もうひとつの理由は、こうしたニュース歌謡は、大衆の感動の新しいうちにレコードを出した方がいい。藤山君のように、楽譜を見ればすぐに吹き込みがOKという歌手を起用しなければいけないと思ったこともあります」（池井優『藤山一郎とその時代』）。

歌った藤山は九州の演奏旅行に出た折りに長崎に山内の母を訪ねる。海軍大臣等の数々の花輪に飾られた遺影の前で、藤山はその歌を歌った。聴き終わった母は藤山に、

「なんという、あなた様の芸術はすばらしいものでございましょう。全くお国の宝でございます。なにとぞその立派なお宝を大切になさいますよう。ある場合は軍人の号令以上に人を動かすのは音楽でございます。せがれが軍人としてご奉公申し上げたのも、あなた様が音楽でご奉公なさいますのも、お国に尽す道はひとつでございます。何とぞ、ご精進下さいますよう」

と頭を下げた。そして、

「あなた様のただ今の歌のレコードは毎日聞いております。あれを聞いておりますと、達雄と話しているような気が致します」

と続けた。確かに歌は「ある場合は軍人の号令以上に人を動か」してしまう。

木村迪夫の「祖母のうた」

「山内中尉の母」を私は礼讃しない。強烈な感動を呼ぶこの「軍国の母」の毒消しに、山形の農民詩人、木村迪夫《みちお》の詩「祖母のうた」を引こう。

しゅっせぐんずん（出征軍人――引用者、以下カッコ内同様）は
いくさのかどに
ははつまよんで
わしのいねあど
このこたいせつに
もしもせんそうにでたとのしらせ
きいたとて
なくな

なだて（どうして）なきましょ
わしもあなたのははじゃもの
みくにのおんためすすみゆけ
のこるこのこはいとわねど
のこるははつま
みのほまれ

まけてしぬのはなさけなや

だれもありがたさあもない
いだいからだではたらいて
このうづ（家）たてねでおられよか

しろきいはいのまえにでて
もみじのようなてをあわせ
おっちゃんかたきはアメリカと
ほんに
アメリカてきじゃもの

ふたりのこどもをくににあげ
のこりしかぞくはなきぐらし
よそのわかしゅう（若衆）みるにつけ
うづのわかしゅういまごろは
さいのかわらでこいしつみ

おもいだしてはしゃすん（写真）をながめ
なぜかしゃすんはものいわぬ

いわぬはずじゃよ
やいじゃ（焼きつけた）もの

じゅうさんかしらで
ごにんのこどもおかれ
なきなきくらすは
なつのせみ

なんのいんがか
いくさのたたり
みせものうづ（家）になりました

方言で書かれた詩は読みにくいかもしれないが、あえて〝翻訳〟はしない。その方が迫ってくると思うからである。

木村の祖母は、木村の父と叔父《おじ》、つまり、二人の息子を次々といくさによって奪われた。叔父の方が早かったが、続いて長男である父の死を知った祖母は「三日三晩泣きとおした」という。「男児三人有之」の山内中尉の母も戦死したのが山内中尉だけでなかったら、立派な手紙は書けなかったのではないか。

日の丸は還らぬ息子の血で赤い

木村迪夫の祖母は二人の息子を戦死させ、十三歳の子を頭に五人の子どもを残された。働き手を失い、好奇の眼にさらされる〝見せもの家〟になったのである。

最初は「山内中尉の母」に優るとも劣らない「軍国の母」だった祖母も、次男に続いて長男にも戦死されると、その愛国心を変化させた。

「ばばはん、まま（飯）くてけろ」

と木村の母親である嫁が呼びかけても泣き続け、食わないと死んでしまうと言うと、

「死んだほえ（死んだほうがいい）、死んだほえ」

と食膳《しょくぜん》に向かうことを拒否した。そして、

「天子さまのいたずらじゃーー」

「むごいあそびじゃあー」

と叫びながら、以後、神棚に手を合わせることがなくなった。

にほんのひのまる
なだてあかい
かえらぬ
おらがむすこの　ちであかい

「祖母のうた」はさらにこう続く。
日本の日の丸はどうして赤いのかと言えば、還《かえ》らぬ自分の息子の血で赤いのだというわけである。以下、その絶唱を引こう。

おれのうたなの
うただときくな
なくになかれず
うたでなく

おごさま（蚕）
おごさま
なにくておがる（育つ）
うらのはたけの
クワくておがる

おがたおごさま
なさけがあらば

たおれたおらえのうづをば
ごてんにしてよ

蚕よ、情があるならば、息子たちの死によって傾いたわが家を御殿にしてくれ、と悲しい祈りを献《ささ》げる祖母おはんと共に木村は、「泣いたってしかたがないと知りながら、泣きながら生きてきた」という。十一歳の時、戦争で父を失った木村は「祖母と母と女手だけの遺家族として世間の冷たい非情の中で育った」のである。

古賀政男はもちろん、藤山一郎の眼にも、そのころ、「神棚に手を合わせることがなくなった」木村の祖母のような姿は映ることがなかった。もし、その姿が眼に入っていたら、「山内中尉の母」という歌をつくり、歌うことはなかったのではないか。

藤山とともにコロムビアへ

〽やると思えば　どこまでやるさ　それが男の　魂じゃないか

佐藤惣之助作詞、古賀政男作曲のこの「人生劇場」は古賀がテイチクとの決別を考えていた時に生まれた。古賀は詞を受け取って、あまりに自分の心境とぴったりなので驚いたという。

一方、藤山一郎はテイチクとの三年契約の期限切れが近づいていたが、古賀とのコンビを続けるために再契約を考えていた。

そんなある日、藤山は古賀に、

「藤山君、ちょっと相談があるんだが……」

と呼びとめられる。

「何でしょうか?」

改まった様子に藤山も表情を引き締めて尋ねると、古賀は、

「実はね、ぼくは今度、コロムビアで仕事をしようと思っているんだが……、よかったら君もコロムビアに移らないかね?」

と藤山に打ち明けた。

古賀がテイチクのトップと意見が合わなくなっていることは知っていたが、そこまで決心しているのかとびっくりして、

「えっ、コロムビアへですか?」

という驚きが口をついて出た。『藤山一郎自伝』によれば、そのとき藤山は即答に近く、

「わかりました。私は古賀さんと、行動をともにしますよ」

と応じ、古賀は、

「そ、そうか! いや、ありがとう!」

と喜んで、嬉しそうに藤山の手を握ったという。

そして一緒にコロムビアに移ることになるのだが、『古川ロッパ昭和日記』には、藤山が古賀と約束した後、ビクターへの復帰を画策し、ロッパに仲介を依頼したことが書かれている。

池井優が『藤山一郎とその時代』に記しているように、「藤山といえば古賀」「古賀といえば藤山」と世間

が思うほどに二人は親密な間柄ではなかった。「藤山は作曲家としての古賀の才能は認めながらも、正規の作曲法を学んでいない〝メロディー・メーカー〟で、編曲にまで手が及ばない古賀に限界を感じとってもいた」からである。

現在、お笑いブームだが、漫才のコンビが必ずしも仲がいいわけではない。むしろ、舞台が終わったら別々の方向に去っていくコンビの方が、ライバル意識も加味されて、うまくなるともいわれる。あるいは、古賀と藤山の関係もそのようなものなのだろうか。

「メロディーと和音のチグハグさや、形式、格調の異質さが、私の心の中では夾雑物《きょうざつ》のようにいつも逆らっていた」と古賀メロディーを批評した藤山が、戦後に出会った古関裕而に対しては、その作風が大好きだと言い、「陰も画ける、陽も画ける。土台から天井までしっかりした作曲家であり、むろん編曲家としても素晴らしい」(『歌い続けて』)と手放しである。しかし、合うことがいいとは限らない。

国民栄誉賞

国民栄誉賞なるものがある。王貞治を第一号として一九七七(昭和五十二)年に始まったそれの第二号が古賀政男、そして、第九号が藤山一郎である。歌の世界で言えば、その間に美空ひばりが入り、その後に服部良一がノミネートされる。

「昭和の歌謡界を通して、大衆に日本の心を語り続けた」という古賀と「歌を通して六〇年以上も国民に希望と安らぎを与えた」という藤山の頌辞《しょうじ》は似通っている。

服部良一もまた古賀のライバルだったが、「青い山脈」の作曲家の服部は昭和の初め、大阪でジャズ演奏家として活躍していた。そして、ジャズのリズムを生かした曲で東京に進出しようと野望を燃やしていたのだが、あるとき、古賀の「酒は涙か溜息か」を聴いてショックを受ける。「すごい、これほどまで日本人の心を捉《とら》える作曲家がいるとは、うっかり東京へは行けないぞ」と思ったのだった。

菊池清磨の『藤山一郎　歌唱の精神』によれば、そのとき同時に服部は「センチメンタルを誇張せず凝縮した歌唱で表現する藤山一郎という歌手の存在」を知る。そして、古賀と服部の競い合いは、藤山をめぐる三角関係の様相も帯びることになる。

それは戦後の話だが、藤山が亡くなった時、藤山の興行を仕切った吉野功朗というプロモーターが、『夕刊フジ』でこう語っている。当時、吉野は九十歳。胸に三色のポケットチーフをし、眼光の鋭さをサングラスで隠すようにして、独特の雰囲気で弔問の列に加わっている吉野に記者がインタビューしたものだった。

「藤山はダンディでやさしい男、ファンの夢を壊すことは決してしなかった。列車の中でも絶対トイレに行かない。藤山一郎が小便をしたんじゃ格好がつかないというわけだ。そのためには乗車前お茶も水も飲まない。車中で座っている間も、両膝《ひざ》のズボンの折り目をつまみ上げ、居眠りもしなかった。ズボンの膝が出たり、口を開けてヨダレを流しちゃさまにならないというんだ。藤山とはそういう男だったよ」

地元の博徒の親分とトラブって、「一歩でも足を踏み入れたらぶっ殺す」と言われた吉野が「何をぬかす、血を見ても乗り込んでやるわい」とタンカを切って、「ボクの歌を楽しみに待っていてくれるお客さんを裏切るわけにはいかない」という藤山と一緒に、ピストルを持ったボディガードを連れて、米子に降り立ったこともあった。また、博多では公演中に突然停電し、真っ暗な舞台で藤山は自らアコーディオンを演奏し、マイクなしの地声で闇の中の客席に歌いかけた。これにはイライラしていた客も大喜びだったという。藤山は同行した歌手に「こういうことがあるからマイクなしでも歌える訓練を普段からしておくんだよ」（池井優『藤山一郎とその時代』）と諭したとか。藤山一郎とはそんな歌手だった。

やはり曖昧な戦争責任

戦争中、タバコの「ゴールデン・バット」は「金鵄」となり、「チェリー」は「桜」となった。さらには軍部によって、音符のドレミをハニホに、ラシドをイロハに変えさせられたのである。

敵性語を使うなということだったが、厳密に言えば、ドレミはイタリア語であり、イタリアは日独伊の三国同盟を結んでいた国だった。しかし、それをおかしいと言っても、素直に認めるような当局ではない。

「貴様、最近、態度が大きいぞ！」

とか、

「やたらと舞台で客に笑いかけやがって！　戦地では将兵が必死で戦っているのに、やたらに笑うとは不謹慎」

などと逆ネジを食わされただろう、と藤山は『藤山一郎自伝』に書いている。

そのころ、渡辺はま子の「忘れちゃいやよ」が軟弱だとして発売禁止処分を受け、彼女は当局に呼び出されて始末書を取られ、今後こうした歌は歌いませんという誓約書まで書かされた。藤山の「青い背広で」も同じような非難を受けるかもしれない。それを恐れる一方で、藤山は佐藤惣之助作詞、山田耕筰作曲の「燃ゆる大空」や、大槻一郎作詞、蔵野今春作曲の「空の勇士」など、陸軍省協力の歌も歌った。後者の歌詞はこうである。

〽恩賜の煙草を　いただいて　あすは死ぬぞと　決めた夜は　曠夜の風も　なまぐさく　ぐっと睨んだ
　敵空に　星がまたたく　二つ三つ
軍部は藤山の力強い歌い方が気に入ったらしく、藤山が心配していた「青い背広で」などについては咎《とが》めなかった。

藤山は最前線まで慰問に行ったが、チモールでは滞在中に「濠州進撃の歌」という軍歌の作曲もしている。

〽白濠主義に名をかりて　皇威に仇す四十年　不遜の夷狄いまここに　鉄槌断と降りたり　ああ撃たんか
　なその輩　いま天誅の秋至る……

こうした歌をマジメに歌っていた時代があったのである。それも、そんな昔の話ではない。すでに記したように、古賀政男もそんな歌をつくっていた。

戦後、占領下で戦争犯罪人の摘発が進み、重苦しい空気が漂っていたころ、大阪の梅田劇場で公演していた藤山に、曾根崎《そねざき》警察署に置かれていたMP本部からMPがやって来て、

「ミスター・フジヤマはいるか?」

と尋ねた。

「何の用か?」

と答えると、

「あなたに思想問題で話を聞きたい」

と言う。藤山は、困ったことになったな、と思った。たしかに「戦時中、大いに軍歌を歌い、はるばるインドネシアにまで出かけている」からである。「頭山満の子分」とでも思われたかと心配になった、と藤

山は『自伝』に記しているが、あまり関わりのない人物について尋ねられただけで容疑は晴れた。「しかし、やはり、あまりいい気分ではなかった」と結んでいるが、古賀にしても、藤山にしても、それだけなのか、と私は割り切れない気がする。

第9章　歌い継ぐ森進一、五木ひろし、小林幸子

森進一、五木ひろしと山口洋子

古賀政男を書き始めるに当たって、私には密《ひそ》かに頼みとする隠し札があった。銀座のクリニックで偶然出会い、その後対談したりして、恐れ多くも「佐高ファンクラブの正会員」などとリップサービスしてもらっている山口洋子の存在である。一世を風靡《ふうび》した「姫」のママであり、ヒット曲の作詞家であり、直木賞作家でもある山口は五木ひろしを古賀政男のところに連れて行った人であり、森進一の歌唱に魅了されてきた人である。

書くことに詰まったら山口のもとへ駆け込めばいいと考えていた。ところが、山口はいま病魔に捕まっていて、取材はむずかしい。それで本棚から山口の『履歴書』（講談社文庫）を取り出した。

それは「二人の演歌歌手」から始まる。そこにその二人、森進一と五木ひろしが出会った時の光景が次のように書いてある。

ある歌謡番組でのこと。五木のスタッフとして出演することになっていた山口のところへ、前から知っていた森がとんできた。山口が森に五木を紹介する。

「新人の五木ひろし、こっちはいわないでも――解るわよね」

先に売り出していた森が余裕で軽く会釈をしたが、何と五木は突っ立ったまま頭を下げようとしない。面目を失った山口は呆然《ぼうぜん》として、かわるがわる二人の顔を見比べていたという。

そしてあるとき、山口は五木に言った。

「森進一は溝に落ちても水たまりに落ちても一輪のバラなのよ。あなたは花瓶、素晴らしい花瓶だけど花を活《い》けなきゃ映えようがない」

山口は言ってしまうひとなのである。

五木は悔しそうに言い返した。

「花は枯れてしまってお終《しま》いですけど、花瓶は骨董《こっとう》で残ります」

山口は「スタッフとしては心ない指摘であったが、私はいまでもそれが正解であると思っている」と書いている。

私との対談でも山口は、五木が田園調布に家を建てると聞いて、

「あなたは田園調布って顔じゃない。田園か調布かどっちかにしたら」

と言って、ムッとされたと語っていた。

「そういう人になってもらいたくない気持ちで、真剣に言ったんだけど」

と付け加えていたが、ズバズバ言われる五木も大変だったろう。

一九六八（昭和四三）年に、二十代初めの森が古賀メロディー集を出して、瞬く間に六十万枚の驚異的な売り上げを記録する。思いもよらないこのプランを出したのは作曲家の猪俣公章《いのまたこうしょう》だった。

「若い人だが、森君は人間の魂を歌える人だ。昔の歌でもきっと私の作品をわかってくれるに違いない」

こう言って古賀はそれを許可する。

そして二〇〇四年の古賀生誕百年で歌ったのは五木だった。ライバルはそれぞれの形で古賀と関わってい

るのである。

「人生の並木路」を泣いて吹き込む

「今でこそ森進一が古賀メロディを歌うことは不思議でもなんでもないが、当時は〝夜と恍惚《こうこつ》とため息〟の森進一が古賀メロディを歌うとは古賀政男自身も『思ってもいなかったこと』だった」

ユニークな批評家の平岡正明は『大歌謡論』（筑摩書房）にこう書いている。たしかに、森自身も、

「私は当時、渡辺プロダクション（ナベプロ）にいて、ポップス主流でしたから、古賀メロディーなんていう空気でしたね。それを猪俣先生が口説き落としたんだと思います」

と語る。そのレコーディングが大変だった。もちろん、古賀も立ち会う。

森は山梨県の甲府で生まれている。小学校の後輩がサッカーの中田英寿だとか。

森の両親は、森が十歳の時に離婚し、母親は森を頭に三人の子どもを抱えて生きることになる。鹿児島の中学を出て集団就職で大阪に出た森は、その後、十六回も転職するが、母親思いは並々ならぬものがあった。

その森は、

〽泣くな妹よ　妹よ泣くな

の「人生の並木路」を吹き込む時、歌いながら涙をあふれさせ、何度も絶句した。

「すみません。苦労をかけた妹のことを、つい思い出したものですから」

聴いている古賀に頭を下げる。下げられた古賀も真っ白いハンカチを出して目頭をおさえた。

満足に歌えなかったと思った森はやり直しを願ったが、古賀は感情が出ているからこれでいい、と言った。

仲介した森の師匠、猪俣公章は『酒と演歌と男と女』(講談社)に、「立ち会った全員が涙を流した。これほど感動した吹き込みは、あとにも先にも経験したことがない」と書いている。

その妹はいま、森の音楽活動を手伝っているが、たまたま、取材の時に同席していて、こんな秘話を聞かせてくれた。

森のデビュー曲は、独特のセクシーボイスが入る「女のためいき」だが、母親はこれを聴き、恥ずかしさのあまり、フトンの中にもぐり込んだという。

森もはじめて聞く話だった。

〽おふくろさんよ　おふくろさん
　空を見上げりゃ　空にある

川内康範作詞、猪俣公章作曲のこの歌を、森はサビの部分になると、ステージをすり足で前ににじり出て熱唱した。もちろん、目に涙をいっぱいためてである。震えのくるような歌い方だった。

これを聞いて、猪俣の母親が猪俣に行ったという。

「おまえも、いい歌を書くようになったのう。森さんとは反対で、親不孝もんだから作れたんだなあ」

「おふくろさん」はこう続く。

〽雨の降る日は　傘になり
　お前もいつかは　世の中の
　傘になれよと　教えてくれた

古賀メロディーは身体の中の神経

「泣くことによって元気が出る」

「涙があって笑いがある」

独特のあの低音で、森進一はこう語る。都内青山のビクターの一室でである。

森の声は母親にそっくりだというが、この声では歌手になれないと思ったこともあった。しかし、古賀政男の「影を慕いて」など、まさに森のために作曲したのではないかと疑いたくなるほどピッタリである。

森は、古賀と服部良一を比較して、

「古賀先生の曲は身体の中の神経という感じがするんですが、服部先生の曲は身体の外を流れる気がします」

と表現する。たしかに、古賀メロディーは身体の中の神経を震わせる。

「僕の歌には森進一の世界に入り込んで歌う歌が多いが、『襟裳岬《えりもみさき》』と『おふくろさん』は本名の森内一寛に戻って歌える歌なんです」

『この歌この歌手』（現代教養文庫）で、森は読売新聞文化部の小林一朗にこう語っている。実は森は、一九七三年二月に母親に突然死なれ、茫然《ぼうぜん》自失の状態にあった。とは言っても、二十五歳にしてまだ幼い弟と妹を養っていかなければならない。

その立ち直りのキッカケを、森は岡本おさみ作詞、吉田拓郎作曲の「襟裳岬」に賭《か》ける。フォーク調のこの歌にこれまでのファンは反発したし、えりも町民からも、「襟裳の春は何もない春です」とは何事だ、と抗議が来た。

しかし、森は三番の
〽日々の暮らしはいやでも
やってくるけど
静かに笑ってしまおう
という歌詞に暗くて重い気持ちのトンネルから抜け出す糸口を見つけていた。

吉田拓郎は、あるとき、

「男だったら森進一、女なら都はるみの歌をつくってみたいな」

と言ったらしい。

そのえりもには、森は一九九七年の夏、「襟裳岬」の歌碑が建てられたのを機に初めて行った。いまは名誉町民になっている。

では、森と古賀の出てくる山口洋子の天才論を『履歴書』から引こう。

「世に天才と関わると、ろくなことはないといわれている。

例えば世紀の鬼才といわれた画家のパトロンになった画商はほとんど潰《つぶ》れたり倒産したりして、けしてよい末路を全うしない。

天才の持つブラックホールのような吸引力が、周りのエネルギーを全て自分の方へ吸い寄せ残骸《ざんがい》にしてしまうせいなのか。

歌謡界にもそうしたいい伝えは生きていて天才歌手の作品をかき綴《つづ》り、歌い手より以上のネームバリューで世に残ったアーティストは数少ないのである。唯一の例外は古賀政男氏で、美空ひばりにぴたり密着したが、これは古賀氏自身が誰にも優る天才であったせいだ。

そういう意味でいうと、森進一に関わらなくてよかったと、心底思っている」

山口洋子が五木を古賀邸へ

森進一と五木ひろしには、怖いくらいの共通点がある。森が一九四七（昭和二十二）年、五木が翌四八年生まれで、年齢は森が一つ上だが、森が遅生まれ、五木が早生まれで、学年は同じである。ともに女手ひとつで育てられ、強烈な母親思いには他人の入り込む隙がない。中学を出て集団就職した点も同じだ。そして二人は吸い寄せられるように母恋いの古賀メロディーにたどりついた。

先に、山口洋子の辛過ぎる五木評を紹介したが、五木ひろしを五木ひろしたらしめたのは紛れもなく山口だった。五木もそれは率直に認める。

プロ、アマ、ジャンルを問わない勝ち抜きの「全日本歌謡選手権」という番組で、五木は山口と出会う。淡谷のり子や船村徹とともに山口は審査員を務めていた。

そのころの五木（当時の芸名は三谷謙）を山口がこう語る。

「彼が手にしたマイクロフォンがナイフかピストルに見えました。マイクを持って闘う男がいるんだな……。絶対に俺は負けられないぞ、みたいな闘う目が、普通の芸能人とは違った。こちらが恫喝《どうかつ》されるというか、本当に素敵だった。細い目が誰かに似ていると思った。そう、西鉄ライオンズの稲尾和久選手。私はプロ野球のファンだったから、彼と稲尾選手の顔がダブって見えましたね」

坂上直人が構成した『五木ひろし　ファイティングポーズの想い』（NHK出版）からの引用だが、この山口が、「よこはま・たそがれ」のヒットで世に知られるようになった五木を、代々木上原の古賀邸へ連れて行った。

どんな話をという私の問いに、五木は、

「古賀先生は雲の上の人ですから、ごあいさつをしただけです」

と笑いながら答える。

そして一九七三（昭和四十八）年、五木が「夜空」でレコード大賞を受賞し、古賀が記念のトロフィーを渡す時に、小さな声で、

「おめでとう」

と言い、涙を流した。自分の歌の原点にある古賀メロディーをつくり出したその人が、自分のために流してくれる涙を見て、五木も胸が熱くなった。

奇しくも、二〇〇四年は古賀政男生誕百年の年であり、五木ひろしの芸能生活四十周年の年でもあった。それを機に五木は自ら構成、演出して「古賀政男の不朽の名作を歌う」というライブコンサートをやった。

「忘れかけている古賀メロディーをじっくり聴いて、熟年世代には懐かしさ、若い世代には新鮮さを感じてもらいたい」（産経）、「古賀メロディーは歌謡曲のクラシック。いい歌を継承していくのは僕の使命だと思う」（東京）、「先輩歌手の歌を歌い継ぐのも僕の使命。淡々とした中に切なさがあった先輩たちの歌声をどこかで意識しながら、五木ひろしの味を出していきたい」（朝日）

各紙に載った五木の抱負である。

哀しみのなかで精一杯生きる

「古賀政男の不朽の名作を歌う」に際して、五木ひろしは原点に戻り、古賀メロディーの譜面を見直した。するとさまざまな発見があったと言い、たとえばと、ある一節を歌ってくれた。ここは半音しか上げていないのに、おろそかになっていたと言いながらだが、取材する私にとっては、望外の至福の時間である。

「どの作品にも、もちろん、工夫があるのだけれども、悲しい歌には一ヵ所明るさを入れているとか、本当に古賀先生の歌の奥深さには驚きます」

わが心の師を語る五木の表情には満足感が溢《あふ》れていた。簡単には踏破できない高峰だからこそ、師とするに足りるのである。ダテに下積み生活をしちゃいないという思いもある。

歌手生活四十年を振り返って五木はこう言っている。

「ひと口に四十年といっても、いきなり売れたわけではなく、最初の五、六年うまくいかない時期がありました。その分、ほかの歌手と比べると経験豊かな四十年だったと思います。歌手というのは難しい仕事です。苦しい時代も、これ以上ないと思うくらい良い時代も経験しながら今日までやってこれたのは、その年、その年、常に前を向いて、必死に頑張ってきたからにほかなりません。過去にヒット曲があったとしても、過去は過去。自分の大きな財産にはなるが、それで食っていこうとは思わない。だから四十年の年月もあっという間でした」

専属の問題があって、徳間音工（現・徳間ジャパンコミュニケーションズ）にいる五木にコロムビアにいる古賀が曲をつくることはできなかった。しかし、どうしても五木に自分の歌を歌わせたい、と古賀がコロムビアのトップに直談判し、新曲はやはりダメだけれども昔の曲なら、ということになって「浜昼顔」がよみがえった。かつて藤山一郎が歌った曲に、詞だけ新しく寺山修司に頼み、新しい命を吹き込んで、それは世に送り出された。

四十周年のコンサートで五木はそのメロディーをマンドリンで奏で、森光子が遺言のような古賀のメモを朗読した。

「今宵《こよい》もまた、ナツメロ大会をしている、私の歌はいつまで繰り返されるのだろう。私の歌を好きな人はみんな悲しい人達ばかりだ。早くこんな歌が唄われなくなる日が来ると好い。

みんなハッピーになって欲しい。

日本人が明るく楽しく生きてゆける時代が来ると好い。

悲しみなんてもう沢山だ。戦争の傷跡もピカドンの慟哭《どうこく》も早く去れ。私も消えたい、この世から、日本から。誰かがきっとハッピーをもたらすだろう。みんなしあわせになって欲しい」

古賀が亡くなる二日前に病床で書いたこれを読み上げて、森は続けた。

「でも、私、森光子は敢《あ》えてこう言いたいのです。古賀先生、あなたが創った歌は哀しみのなかで精一杯生きようとした人たちが愛した歌ですよ」

文化とはすぐれてローカルなもの

本書の『東京スポーツ』連載時のサブタイトルは「古賀政男の失郷」だったが、連載について書くと、ほとんど例外なく「古賀政男の失脚」と誤植された。「失郷」という言葉になじみがないらしい。しかし、脚を失ったわけではなく、古賀は郷里を失ったのである。「故郷喪失」。古賀メロディーに惹《ひ》かれる人たちも心のふるさとを失った。いや、そういう意味では日本人すべてが郷里を喪失したのだろう。だから演歌は望郷演歌となる。

五木ひろしの歌で私が一番好きなのは「千曲川《ちくまがわ》」である。山口洋子作詞、猪俣公章作曲のこの歌で、前大分県知事の平松守彦は郷里に迎えられた。

〽水の流れに　花びらを
　そっと浮かべて　泣いた人

と始まるこの歌の二番に、

〽呼べどはるかに　都は遠く
　秋の風立つ　すすきの径よ

という一節がある。

一九七五年夏、国土庁長官官房審議官から、望まれて転身するとはいえ、先妻に先立たれ、娘二人を東京に残しての再出発だけに、平松にはある種の寂寥《せきりょう》感と悲壮感があった。

「東京に未練がないといえばウソになる。しかし、大分県副知事の道を選んだことに悔いはない」

着任の記者会見でこういった平松を、その一年後、同県日田《ひた》郡（現・日田市）の若者たちは、平松の愛唱歌「千曲川」で迎えた。

「東京帰りの副知事に会いたい」といわれて出かけたら、彼らは冬の夜の照明の中に、「大分のオヤジと話そう」という垂れ幕を掲げ、五木の歌うそれをカセットテープで流していた。

〽よせるさざ波　くれゆく岸に
　里の灯ともる　信濃の旅路よ

単身赴任の平松に、故郷の夜のこの歌は切ないほど沁《し》みたに違いない。

当時、大山町には「梅栗植えてハワイに行こう！」をキャッチフレーズにした名物農協組合長、矢幡治美がいた。米麦と畜産を奨励する行政に背を向けて、地域に適した産品をつくり、農家の人たちをハワイに連れて行く。

これを成功させた町の若者たちと会って、平松は、「地域づくり運動は行政に背を向けたところから始まり、反逆精神なくして運動は定着しない」ことを痛感させられる。

そして知事となり、世界が注目する一村一品運動を展開するのである。

そんな平松を、ある時、県議会で野党議員が、自分の足もとの影に気づかない〝ひまわり知事〟と批判した。それに対して平松は、静かに、しかし確信をもって、

「私はひまわりではなく、厳冬に咲く豊後《ぶんご》梅です」

と反論した。ニューオーリンズのジャズやアルゼンチンにたどり着いた庶民の歌であるタンゴのように「文化とはすぐれてローカルなもの」と信ずる平松が、足もとを見つめないひまわりであるはずがないのである。

異色官僚・佐橋滋

〽男なら男なら　未練のこすな　昔の夢に

師とも兄とも慕った元通産次官、佐橋滋《さはししげる》死去の知らせを、大分県知事だった平松守彦は出張先のマニラで聞いた。

一九九三年五月三十一日のことである。

「悼む声」を『毎日新聞』から求められて、平松は、

「曲がったことが大嫌い。一度決断すると妥協せず、根回しもしなかったため、よく誤解された」

と言い、帰国したら、

「佐橋さんの十八番の『男なら』を霊前で歌いたい」

と結んだ。

佐橋は糖尿病が悪化して、二年ほど前から、ほとんど寝たきりの状態が続いていた。一九一三年生まれで既に八十歳。だから、平松も覚悟はしていたのである。

しかし、異郷の地で低く口ずさんだ「男なら」は、途中で涙声となり、最後まで歌うことはできなかった。

「男なら」は西岡水朗作詞、草笛圭三作曲だが、佐橋は、

〽男いのちの　純情は
と始まる「男の純情」も好きだった。これは佐藤惣之助作詞、古賀政男作曲である。

佐橋は城山三郎の小説『官僚たちの夏』(新潮文庫)の主人公のモデルとして知られる異色官僚だが、あるとき、佐橋から『平凡の歌本』を見せてもらったら、とくにこの二曲のほとんどの歌詞に強く赤線が引いてあった。

一九三七年に東京帝国大学法学部を卒業して商工省(その後に通産省となり、現在は経済産業省)に入った佐橋

は、わずか八ヵ月で召集され、中国に渡る。そして二等兵時代も一等兵時代も、これ以上ないくらいビンタを食らった。別に理由などない。生意気だと言っては殴られる。百をはるかに越すビンタを食らって、口の中が切れ、みそ汁ひとつすすれなかったこともある。

そんな体験を経て、戦後、佐橋は頑固な非武装平和論者となった。佐橋の立場でそう主張するのには政財界から並々ならぬ反発があったが、佐橋は断固としてそれを変えなかった。私はこの佐橋に、私のことはサタカ君の方が知っている、と言うほどにかわいがられた。そして、次のような山本周五郎観にも大いに共感したのである。

「ぼくは、司馬遼太郎の作品に出てくる人物より、山本周五郎の作品に出てくる人物の方が好きなんです。『樅《もみ》ノ木は残った』とか、克明に一冊一冊、全部読みましたが、英雄豪傑は出てこない。大体はみんな市井の人物で、おそろしく強いとか、おそろしく立派といった人物は出てこない。どこにもいそうでやや優れているかなといった人物が出てくるわけですね。それが大事なんだと思う。現実の世の中というのはそういうものであって、司馬遼太郎が書くような人物はそうはいないんです」

この佐橋と五木ひろしが周五郎の愛読者ということでつながる。

妹のような人との恋

「男の純情」を愛唱した佐橋滋の話を続けたい。キャリアの官僚には珍しく、戦後まもなく商工省（現経産省）に結成された労働組合の初代委員長をやり、大臣官房秘書課長としては、ノンキャリアの登用などにも踏み切った佐橋は、退官後、天下らなかった「異色官僚」である。

三木武夫が大臣で、佐橋が次官だった時には「佐橋大臣、三木次官」などと言われた佐橋には剛直のイメージだけが残っている。しかし、そうではないと、部下だった平松守彦は語る。

誤解を招きかねない表現だが、佐橋は決して男性的な人ではなく、むしろ女性的な人だというのである。それは字を見ればわかると言い、その神経の細やかさを指摘する。

たしかに、私と話していても、普通、男ならほとんど知らない花の名前などもよく覚えていた。男を歌った歌が好きな佐橋だが、人を集めて喜ぶ、いわゆる親分肌の人間ではなく、本質は独りで本を読んでいることを好む人間だったのである。退官後、秘書一人を置いた事務所にこもって読書三昧《ざんまい》の生活を送ったのがそれを示している。

「佐橋さんは孤独に強い人です」

平松は断定的にこう言った。そして、

「佐橋さんは部下に殉ずる人でした」

と続けた。部下を殉じさせる上司は掃いて捨てるほどいるが、残念ながら、その逆の上司はほとんどいない。

〝街道一の親分〟といわれた清水の次郎長は、勝海舟に、

「お前のために命を捨てる子分は何人いるか」

と聞かれ、

「一人もおりません。しかし、わっちは子分のためにいつでも死ねます」

と答えている。佐橋はいわば、この次郎長型の親分だった。

非合理にビンタを食らい続けた軍隊時代を送って、佐橋は徹底した非武装平和論者となったが、思い出したくもない戦地の日々を佐橋が耐えられたのは、ひそかに持って行ったある紙包み故だった。そこには相愛のひとから送られた恋文の束が秘蔵されていた。ほとんど諳んじていたから、改めてひもとく必要はない。

「戦地に行かれた後に出す手紙が如何《いか》に淡々としていても、私の心は熱いのだということは知っていただきたいと思います」

水茎のあとも鮮やかに書かれたその手紙を、佐橋は戦争から帰って四十年経っても持っていた。佐橋のことを書く仕事をしていて、それを見せられ、私はその清純さと激しさに仰天した。

親戚《しんせき》でもあったそのひととの恋は事情があって悲恋に終わる。遂げられなかった恋だったから、佐橋は秘蔵していたのだろうか。

〽泣くな　妹よ

妹よ　泣くな

佐藤惣之助作詞、古賀政男作曲の「人生の並木路」の一節だが、恋文の主は佐橋にとって〝妹のようなひと〟だったのではないか、と私は思っている。

寂しさと哀しさと

私は五木ひろしへの取材の席に、名刺代わりに高橋敏夫との共著『藤沢周平と山本周五郎』(毎日新聞社)を持っていった。偶然だったが、五木は周五郎作品が大好きで、いくつか座長公演をやっている。

その脚本、演出を担当した吉本哲雄が次のように語っているが、それは古賀メロディーにも通ずるものだろう。

「五木さんに白塗りの殿様役は合わない。むしろ下積みの人間で、偉くなってても表にそれを出さない役回りがピッタリ。それは五木さんのキャラクターであり、大きな魅力だと思います。たとえば『雨あがる』の浪人とか、腕のいい職人がちょっとした勘違いで寄場送りになり、その苦境をくぐり抜けて人間らしく生きていく『さぶ』の栄二……。そうした役を演じる五木さんが好きですね」

古賀政男と五木ひろしに共通するアキレス腱《けん》は母である。その母のことを思えば、有名になったからといって威張り散らすことなどできない。五木が父とも慕った徳間音工（当時）社長の徳間康快《とくまやすよし》が五木についてこう言っている。

「人間の育ちは心の持ちようでどうにでもなるのだと思いました。父親のいない、それこそ貧乏の底をついた家庭で、母親一人の手で育ち、誰に口うるさく教えられたこともないであろう彼が、厳格な大学教育を受けてきたような規則正しい生活を身につけているのですから。僕は、そんな彼が本当にかわいい」

では、母親の思いはどうだったのか。

「中学校から高校へ進むときは、私は進学してほしかったのですが、あの子は、高校へは絶対に行かない、歌手になるんだと、いい張っておりました。そこまで思いつめているのなら、あの子の思いどおりにさせてやりたいという気持ちと同時に、あの子が挫折《ざせつ》したときのことを考えると、つらくて眠れないこともありました。本当をいえば、あの子を歌手にさせたいとか、なってほしいとか、私は一度も思ったことはありません。田舎から出て行って歌手になれるなんて、とても考えられませんでしたし、不憫《ふびん》さだけが先に立つのです」

『五木ひろし　ファイティングポーズの想い』によれば、五木は一九七四（昭和四十九）年春、NHKの「ビッグショー」で、突然、歌いながら泣いてしまった。丸山明宏作詞作曲の「ヨイトマケの唄《うた》」に男にまじって働く母の姿を重ね、感極まったのである。あるとき、五木の母親は作詞家の山口洋子に、

「先生、あの子は私の前で、一度も疲れた、しんどいと言うてくれません」

とこぼしたらしいが、こんな場面もあったのである。五木の師の古賀は、弟子と違って人前でも泣いた。

音楽評論家の小西良太郎がこの「歌謡界の帝王」についてこう書いている。

「郷里大川や母親せつさんの話になると、この人はよく泣いた。豪邸の主だが、一人では食事もできぬ寂しがり屋だった」

小西は、古賀が生涯抱いた情念の核として「寂しさ」と「哀しさ」を挙げている。それはそのまま五木に引き継がれた。

小林幸子、九歳で歌手デビュー

「私は今度〝小児科〟もやることになりました」

九歳の小林幸子を横に、古賀政男は記者たちにこう言った。笑いがもれる。

小林は何のことかわからず、キョトンとしていた。

歌が好きな小林の父親は、出征の際に「暁に祈る」と「麦と兵隊」を鉄円盤に録音して残したほどだった。

戦争から還ると、小林をのど自慢大会に連れ出し、賞をもらうのを喜んでいた。

そんな父親に、東京見物に連れて行ってやる、と言われて、小林はTBSの「歌まね読本」に出場する。

美空ひばりの歌などを歌った小林は、グランドチャンピオンとなった。

審査委員長が古賀だった。古賀は楽屋に小林の両親を呼び、

「歌手になる気はありませんか。できれば私にこの子を預けて下さい」

と言った。

〝神様〟のような存在の古賀に声をかけられて、父親はすぐにも承諾しそうだったが、母親は反対する。

何せ、九歳である。

親族会議が開かれたが決まらず、最後は本人の意思だということになった。

「幸子、歌手になりたいか？」

尋ねられた小林は、それほど大変なこととは思わず、答えた。

「うん、なりたい」

翌年春、西沢爽作詞、古賀政男作曲の「ウソツキ鷗《かもめ》」で小林はデビューした。〝ひばりの再来〟〝天才少女歌手〟と騒がれたが、それから「おもいで酒」がヒットするまで、十五年もの試練のときをくぐる。キャバレーまわりもした。古賀が亡くなったのは「おもいで酒」で小林がよみがえる前の年だった。

大川栄策もそうだが、小林も、古賀が生きている時に晴れ姿を見せられなかったことを悔いている。しかし、古賀は弟子たちの力を誰よりも信じていただろう。

小林はスタートがスタートだっただけに、古賀からはいつまでも〝チビ〟と呼ばれた。

その愛称で言われたことが忘れられない。

「チビ」

「ハイ」

「なあ、人間が悲しくて仕方がなくなるとどうすると思う？」

「泣きます」

「泣くよな、それからどうすると思う？」

「上を向いて笑うと思います」

「うん、涙が全部なくなってしまったら、どうすると思う？」

答えられずに小林が黙っていると、古賀は言った。

「しゃがむんだよ」

古賀のその言葉を思い出したかのように、小林は私の前で涙を流した。小林も涙が枯れた時に何度かしゃがんだという。そして、涙を振り切るように笑顔で言った。

「しゃがんだ後は立ち上がるしかないじゃないですか」

歌は語れ

古賀政男に見出されたとはいえ、小林幸子にとってヒット曲もないまま、全国のクラブやキャバレーまわりを続けなければならなかった十代の日々は辛《つら》かった。しかし、一家の暮らしを支えるような形になっていて、人前では泣くに泣けない。だから、空の風呂《ふろ》に入り、お湯だけ出して、その音のところで泣いた。泣く声を湯音によって消したのである。

そんな小林に、古賀はあくまでも優しかった。レッスンが終わると、

「チビ、今日はデパートに行くか」

などと言って連れて行ってくれる。車はリンカーン・コンチネンタル。

東京のひとはハイヒールを履いているし、いい匂いがする、と小林はその点では夢のようだった。

書斎でレッスンをつけてもらうのは美空ひばりや山本富士子など特別のひとだったというが、小林も書斎組だった。しかし、古賀はとりわけ女性を大事にしたようで、大川栄策など、古賀にモノサシで叩《たた》かれたこともあるという。

あるとき、「古賀メロディー大行進」というのが公開され、市丸、小唄勝太郎、ディック・ミネ、近江俊郎、奈良光枝といった面々にまじって古賀も歌った。島倉千代子が妹役で付き添って「人生の並木路」を歌ったのである。

「古賀さんはうまいんですか」

と尋ねると、小林もストレートに言った。

「下手です」

そう言いながら笑っている。九歳からのつきあいの小林には、天下の古賀政男も〝かわいがってくれる伯《お》父《じ》さん〟といった感じなのだろう。

しかし、教えられたことは、自分が年を重ねるごとに身にしみる。

「歌は語れ」

「悲しい時は微笑んで歌え。そうすると聴く方はもっと悲しくなる」

テレビ東京に「演歌の花道」という番組があった。日曜の夜十時、明日からまた働かなければとサラリーマンが自分に鞭打《むちう》つ十時にそれは始まった。冒頭、声優の来宮良子のクサい語りが入る。

うき世舞台の　花道は
表もあれば　裏もある
花と咲く身に　歌あれば
咲かぬ花にも　唄ひとつ

ここまでのフレーズはいつも同じで、その後違うフレーズが入り、「なぜか身にしむこころうた」と結ばれる。

歌の間の「街の灯りも　寒そうよねえ　そう心が寒いのよ」といった独白も来宮が語ったが、顔赤らめずにはいられないセリフばかりなので彼女はスタッフに背を向けてこれを録《と》ったとか。

「演歌の花道」で歌われたのは圧倒的に古賀メロディーが多いだろう。その師が眠る東京は杉並の築地本《つきじほん》願寺和田堀廟所《がんじわだぼりびょうしょ》に、小林は自分の墓も買った。

怨歌は北を目指す

私の中学以来の友人に、就職試験の時に、履歴書に「趣味　演歌」と書いて人事課長と意気投合し、思わず「人生の並木路」を合唱しそうになった男がいる。

歌っていたら、めざす銀行に入れたかどうかはわからない。

ところで五木ひろしは福井、小林幸子は新潟と、いずれも日本海に面した〝裏日本〟の出身である。かく言う私は酒田で、前記の友人も同じである。いつか、演歌は北の日本海が似合うと書いたことがある。それを次に引きたい。

〈車は山陰の海岸を走っていた。前日、鳥取で講演し、いま、米子に向かっているのである。窓から見える海は、どんよりと垂れこめた空と区別がつかないほどに暗い。

それを見ながら、ああ、わが郷里、酒田の海と同じだなと思った。やはり、暗くなくては日本海ではない。「哀しみ本線日本海」などという歌があったと思うが、演歌ならぬ怨歌もまた、表日本の明るい海にはふさわしくないのである。南の島はノーテンキなまでに明るい。

怨歌が北を目ざすように、哀しみも北から生まれる。もちろん、木枯らしも、北、もしくは裏のものである。たとえ、寒い時でも、太平洋岸を渡る風を、私は、木枯らしとは呼ばない。

故あって私が故郷を棄てたのは、二十七歳の夏だった。ほとんど勘当という感じで家を出て、しばらくして、山口誓子の「海に出て木枯帰るところなし」という句を知った。

書家の父が書くかな文字の色紙によってだったと思う。読んだ瞬間、ズーンと背中を電流が走った。あったかい電流ではなく、冷たく重い電流だった。しびれるほどの衝撃を受けた。

まぎれもなく、オレのことを詠んだ句だ。そう思った。

日本海に出た木枯らしが陸に戻ることのないように、私も酒田には戻れない。

夏の日本海より、冬の荒れた日本海が好きで、時折り見に行った。すぐに身体全体がかじかんで、長くは見ていられない。

しかし、吠《ほ》えるように逆巻く波浪を見ていると、不思議に気持ちが落ちついた。

この句は、木枯らしに託して、ある種の決意を語っている。それをムキダシにはしないで、自然の理《ことわり》としてうたっている。木枯らしが海に出て帰らないのは当たり前であり、のこのこと戻るなら、それは木枯らしではない。

サインを求められると、この句を書いて来た。いまでも、しばしば書く。

俳人として誓子が好きかと問われれば、そうも言えないと答えざるをえない。西東三鬼《さいとうさんき》や村上鬼城《むらかみきじょう》の方が好ましいからである。

しかし、この句には全身を揺さぶられた。誓子は日本海で詠んだのではないだろうが、私にはどうしても日本海である〉

これを書いたころ、誓子が木枯らしに生還することのない特攻隊を重ねていたことは知らなかった。

第10章　海峡を渡るメロディー

少年古賀政男はアリランを聴いた

〽海は荒海
　向うは佐渡よ

童謡の「砂山」を歌い始めた小林幸子が、

「海の向こうは佐渡だ」

と呟《つぶや》く。

一九九八（平成十）年九月十五日にフジテレビで放映された「小林幸子の海峡物語」の冒頭の場面である。

新潟生まれの小林は、もちろん、佐渡の向こうが韓国であることを知っている。「感動のエクスプレス」シリーズのこの番組は、小林の師である古賀政男のメロディーの源流を尋ねて、小林が韓国を旅する企画である。

古賀は父の死から二年経った一九一二（大正元）年夏、母や姉、弟とともに朝鮮に渡った。仁川に住む長兄の福太郎を頼って海峡を越えたのである。七歳だった。

福岡県三潴《みずま》郡田口村尋常小学校から仁川公立尋常高等小学校に転校し、その後、ソウルに移って南大門小学校や西大門小学校を経て善隣商業学校に進むことになる。

小林幸子は古賀の通学路だった南大門市場などを歩き、屋台のおばさんなどに声をかける。あるいは、師の匂いを嗅《か》ごうとしていたのだろうか。

私も二〇〇五年の三月二十日、成田空港を発《た》って仁川空港へ降り、ソウルへ向かった。初めての韓国の印象は「色がない」だった。とくに緑に乏しい。七歳の古賀少年にとっては、荒涼たる所に来たという感じがしたのではないだろうか。

古賀は寂しい時には孝昌公園に行き、故郷を憶《おも》って泣いたという。その公園に私も行ってみた。しかし、当時とはあまりにも違っている。入口の掲示板にこう書いてあった。

「この公園は以前、朝鮮第22代王、正祖の長男、文孝世子の墓があったところで、初めは孝昌墓と呼ばれていた。第26代王、高宗（一八七〇）年には、格上げされて孝昌園と呼ばれるようになったが、その後、日本帝国により墓が西三陵に強制的に移され、一九四〇年から公園になった。

現在この公園には、祖国の独立のために命を捧《ささ》げた人々の遺骸《いがい》が葬られている。李奉昌、伊奉吉、白貞基の三人が葬られている三義士墓域、臨時政府要人墓域、金九先生の墓域があり、三義士の墓域の前には、国のために殉死した七人の肖像画が飾られている義烈祠がある」

そのころは孝昌園と呼ばれていたということだと思うが、当時の古賀は「日本帝国により墓が西三陵に強制的に移され」るといったことは知る由もなかった。

ただただ、緑豊かな故郷を偲《しの》んでいたのである。そして、それから九十年近く経ってソウルを訪れた小林幸子はアリランの歌詞にこめられた民族の思いを教えられる。

〽青い青い空には星がたくさん
　私の胸には悲しみがいっぱい

「星の数より悲しみが多い」というこの歌を少年の古賀は望郷の念とともに聴いていた。

善隣商業学校に流れる「丘を越えて」

「楽器の中でも特に弦楽器にいつでも心をひかれてきた。弦楽器は、タッチの仕方一つで微妙な表情が表現できる楽器である。弦楽器こそ、自分の心の揺れや感情の起伏を託するのに最もふさわしいものだと直感的に感じ取っていたのだろう」

古賀は『私の履歴書』でこう回想している。その古賀に大正琴を与えたのは、母の従兄《いとこ》の草刈家の良介だった。古賀より三歳上の良介は、古賀がその明るい金属的な音色に魅せられ、夢中で大正琴を弾いているのを見て、

「それほど好きなら、その琴はあげるよ」

と言った。

嬉しくてたまらず、それをしっかり抱えて帰って来ると、運悪く長兄がいて、

「家も手伝わんで、いったいどこへ行っていた。そんな高価なものをもらってくるとは、どんな了見なんだ。お前には、そんなものを弾いて遊ぶ暇なんかありゃしないんだぞ」

と怒声を浴びせられた。母親がとりなしても、おさまりそうにもない。

それを知って草刈良介が間に入った。

「福太郎兄さんの言うこともわかるけど、人間は休んでこそほんとうに働く力がでるんです……」

それでも福太郎は怒っていたが、良介はねばりづよく説得し、遂に古賀が大正琴を持つことを認めさせた。

ちなみに、良介の妹の春江は古賀と同い年で、古賀は淡くほのかな感情を彼女に抱いていたらしい。

古賀はソウル時代に琴にも触れている。義姉たちが練習しているのをひそかに聴いて、その奏法を身につけ、「六段の調べ」を弾いて彼女たちを驚かせたこともある。

「ある日のこと、私は義姉たちの留守を確かめてから居間に忍び込んで、夢中で琴を袋から取り出して弾いてみた。私の体内をこのとき何か熱いものが貫いたようであった。私は無我夢中であった。私の小さな指が、自分でも不思議なくらい素速く十三の絃《げん》のうえを走り廻《まわ》った。まわりに義姉や家中の人が集まってきて、呆然《ぼうぜん》と私を眺めていたようであった」

自伝『わが心の歌』の一節である。

古賀が一九一七（大正六）年春に入学した善隣商業学校は一九〇七（明治四十）年に大倉喜八郎が創立した学校で、いまもある。古賀が入った当時は「一部は日本人、二部は朝鮮人と分れていた」という。

私は、案内の通訳とともに、突然そこを訪ね、卒業生名簿を見せてもらえないかと頼んだ。不しつけな依頼だったが、教頭が、外出していた校長に尋ねたうえで承諾してくれて、一九九九（平成十一）年に発行された『善隣同門』という大部の同窓生名簿を見ることができた。一九二二（大正十一）年卒業の第十五期のところに物故者として古賀政男の名前がある。その時点で日本人の生存者が二名。古賀の『歌はわが友わが心』には「昭和四十五年の九月、私はこの善隣高等商業学校に時計台を寄贈した。いまでも下校時には、私の作曲した『丘を越えて』がチャイムで流されているそうである」とあるが、残念ながらそれは聴けなかった。

魅惑のマンドリン

古賀が『歌はわが友わが心』などの自伝に屈辱の思いで記すソロバン事件というのがある。善隣商業に入っても、ソロバンや簿記には身を入れない古賀を反省させる意味で、長兄の福太郎が大勢の店員の前で、古賀に店の小僧とソロバンの競争をやらせた。そして、古賀は負ける。

「商業学校に行っていて、あのざまは何だ。お前はいったい何を勉強しているんだ」

散々に叱られ、古賀は怒りと恥ずかしさで汗びっしょりになった。

それでも、音楽への傾倒はやまない。

そのころの最もモダンな楽器はマンドリンだったが、善隣商業三年の時、大阪から小包が届いた。夢にまで見たマンドリンだった。四兄の久次郎が送ってくれたのである。

しかし、弾いていると、長兄は、

「何だ、役者風情の真似ばかりしやがって」

と怒った。古賀は、長兄が怒りのあまり、古賀が学校に行っている間にマンドリンを壊してしまうのではないかと心配した、と自伝に書いている。

「何度もマンドリンの丸くなめらかな膚をさすった。私は喜びにふるえる手でトレモロをかき鳴らし、改めてマンドリンの威力を知った。これまで平凡としか思われなかった曲も、マンドリンで演奏すると、別のムードをたたえた魅惑の曲に変貌《へんぼう》するからであった」

古賀はまた、こうも回想しているが、菊池清麿は『評伝・古賀政男』（アテネ書房）に、古賀のすぐ上の兄、久次郎が突然マンドリンを送ってきたのは「長兄福太郎夫妻の心づくしでもあった」と記している。

音楽で生活できるようになるとは考えられない福太郎がそれに否定的になるのは当然であり、古賀が一方的に福太郎を非難するのを鵜呑みにはできない。父を亡くして一家を支えなければと肩肘《かたひじ》張っている長兄の辛《つら》さも斟酌《しんしゃく》しなければならないのである。

ソウルでは私は仁寺洞通りも歩いた。骨董品を売る店あり、筆屋あり、カンナで削る飴屋《あめや》ありのにぎやかさは古賀がいたころと変わっていないだろう。

人ごみの中を揺られながら行くと、アコーディオン片手に歌っているおじさんがいた。聴くともなく聴いていると、古賀メロディーに似ている。

古賀が卒業した善隣商業は「善隣インターネット高校」と名前を変えていたが、そうした変化とは別に、あるいは、そうした表面的な変化とは無縁に、民衆というか庶民の唄《うた》は変わらずに流れていくのだろう。

一九二二（大正一一）年春、古賀は善隣商業を卒業すると、長兄に、

「お前は大阪の店で商売を覚えるんだ」

と厳命されて、マンドリンを送ってくれた四兄の久次郎の店に奉公することになった。

〽おれは河原の枯れすすき
　同じお前も枯れすすき
の「船頭小唄」が巷《ちまた》には流れていた。

記憶の水先案内人

マンドリンという外国の楽器が、なぜ、日本独特の「演歌」というジャンルに、これほどしっくり合っているのか。

いまから二十余年前、「明治大学マンドリン倶楽部《くらぶ》定期演奏会」で古賀メロディーを聴きながら、そう考えていたのは、現在ロンドンに住む近藤直子だった。そして彼女は、『古賀メロディーの思い出エッセイ集』に、マンドリンは十五世紀頃、アラブでつくられていたマンドーラという楽器が起源であると言われている、と書く。

「つまり、アラビアの楽器で日本の演歌を演奏していたということだ。逆に、尺八や三味線《しゃみせん》でアラビアの曲を奏でたらどうなるのだろう。そう考えてみると、古賀政男という人物が世に送り出した曲の数々は、世界中のありとあらゆる音楽に相まみえる旋律・調べを持っていると言える。現在では、オペラやオーケストラのコンサートでも、古賀メロディーを曲目に選び演奏されていると聞く。今後も、もっと広いジャンルで、あらゆる世代、たくさんの国々で親しまれるべき音楽であるはずだと私は思う」

「三七歳、主婦」と付記されている近藤が前記の演奏会へ行ったのは十五歳の時だった。

「人生の嬉しさや儚《はかな》さを、人が曲から感じ取って涙するなどと言う、高等な心の機微に気付くはずもなく、目の前で展開されるコンサートを楽しんでいた」だけなのだが、そのとき沁《し》みこんだメロディーが、いま、海を渡った異国の地で拡がる。

「遠く離れて暮らす母と私を、古賀政男氏の作品が繋《つな》いでいる」という近藤は「マンドリンの音《ね》に乗って、聴き入る全ての人の心を震わせていた」古賀メロディーについて、次のように回想する。

「ある人は、辛い過去が曲と共に蘇り、涙ぐんでいたかもしれない。またある人は、結婚や出産といった、人生の大転換の時を思い出していたかもしれない。『古賀作品』は日本人の心のふるさとであると同時に、自分だけの歴史の背後に静かに流れるBGMであり、記憶の水先案内人のようでもあり、また重大時は、いつも古賀メロディーがある。そのような力を、今思えば、曲の中に感じていたと思えるのである」

コバルトブルーのライトで彩られ、幻想的な雰囲気に包まれて、そのとき演奏されたのは「影を慕いて」「柔」、そして「悲しい酒」だった。歌がなく、マンドリンの演奏だけだったことも、彼女には新鮮だったという。

「古賀政男の作品の背後には、皆、何らかの事情や思いや感情、歴史が在る。曲の一つ一つに付された歌詞が、いつもとは違って『聞こえてこない』という特別な状況の中では、それぞれの人が抱えている古賀作品と人生の出来事が絡まり合い、自分だけの歌詞を紡ぎ出すことができるからである」

十五歳で古賀メロディーに心を奪われた近藤は、能や琴の演奏会など「日本的行事」が多いロンドンでこそ、古賀作品のコンサートを行うべきではないか、と言っている。

メイド・イン・コリアの歌

〽思い切れない　未練のテープ
　切れてせつない　女の恋こころ

一九五一（昭和二十六）年春、テイチクから発売された「連絡船の唄」である。

独特のバイブレーションで絶唱したのは菅原都々子《つづこ》。のちに彼女は「トト子」と読まれるのがイヤで「ツヅ子」とカナにした。

聴いているだけで悲しくなるようなその声と歌い方で〝おんなバタヤン（田端義夫）〟ともいわれたが、一時期、彼女は古賀政男の養女になっていた。

作曲家の陸奥明《むつあきら》を父に持ち、テイチクで童謡を吹き込んだりした彼女を見込んで、古賀がそうしたのである。

菅原の少女時代のことで、三年ほどでまた実の親の許《もと》へ帰った。そのころ彼女は、誰も教えていないのにスペインのフラメンコを見事に歌って古賀を驚かせたという。

しかし、そもそも「連絡船の唄」は、メイド・イン・ジャパンの歌ではなかった。メイド・イン・コリアの歌だったのである。

菅原はその前年、「アリラン」と「トラジ」という韓国メロディーのカップリング盤をヒットさせていたので、当たる素地はあった。

それでも、「連絡船の唄」は田端義夫の歌う「玄海エレジー」の裏面だった。ところが、裏が表を食ったのである。

現在では、山口県の下関と韓国の釜山を結ぶフェリーが運航されているが、当時は連絡船が通っていた。関釜連絡船である。

「連絡船の唄」はそこでの別れをテーマにした切ない歌だった。

菅原は四年後の一九五五（昭和三十）年にもメイド・イン・コリアの「木浦《もっぽ》の涙」を歌ってヒットさせる。

フジテレビの「感動エクスプレス」シリーズの「小林幸子の海峡物語」については前に触れたが、その番組で小林は、ソウルからセマウル号で木浦へ向かった。全羅南道の木浦は一番日本に近い市である。日本では演歌は北に向かうが、韓国では南下する。つまりは日本海をはさんで向き合う。いわば日本海が心の憂さや涙の捨てどころなのである。

木浦では汽車が着くたびに「木浦の涙」が流される。木浦駅に降りた途端、小林もその歌に迎えられた。

「ヤァ、古賀メロディーだ、これ」

と呟《つぶや》く小林の声がすでに涙でかすれている。

木浦は反日感情の最も激しい町の一つだが、その木浦で一九六八（昭和四十三）年に初の木浦市民葬で送られたひとがいる。「韓国に生きた日本人の母」として知られる田内千鶴子である。朝鮮総督府の役人の娘だった田内は伝導師のユン・チホと結ばれ、夫が朝鮮戦争で行方不明になった後も、孤児院から出発した福祉施設の木浦共生園を守ってきた。小林はそこを訪ね、園児たちの健気な姿に涙をあふれさせていた。

田内はキムチを食べ、すっかり韓国人になっていたのに、病院で亡くなる前、梅干しが食べたいと言って娘をビックリさせている。古賀メロディーはその梅干しのようなものだろうか。

白竜の「アリランのうた」

古賀政男は一九五〇（昭和二五）年夏に「涙のチャング」という曲を発表している。作詞は丘灯至夫。杖鼓《チャング》とは太鼓の意味だが、古賀がこの曲をつくったのは、朝鮮戦争によって、かつて住んだソウルやインチョンが廃墟となり、知友が亡くなるのを憂えたからだった。

〽昨日は南　今日は北
　娘哀しや　アリラン越える

といるこの歌は哀しいアリランのリズムでつくられ、朝鮮から海峡を渡って来た歌手、小畑実によって歌われた。

アリランと言えば、私はロックシンガーの白竜を思い出す。彼の『誰の為でもない』（毎日新聞社）によれば、彼は一時歌えなくなったことがあった。それが沖縄に行き、あくまでも前向きな喜納昌吉に会って、その音楽に揺さぶられ、こだわりが溶ける。

「哀しかったらその分だけ笑えばいいんだよ。いまは哀しくてもいつかはみんなが笑える日が来る。その日が百年経っても来なくとも、百一年目には来ることだってあるかもしれないじゃないか」

こう言われた白竜は「喜納にあって自分になかったもの、それは生命の肯定の一言につきる」と思う。

「生れ落ちて、選びようもないまま貧乏くじをひかざるを得ない人はいるものだ。生きているだけで不必要に痛めつけられる人、現実に負けていかざるを得ない人、差別される人。悲しいことだけど、そうした現実は確かにある。いつだって生きることはシビアでつらいものかもしれない。けれど、そういった苦痛に積極的に身を開いていくこと。それがどういう人生であっても、明るく笑って肯定していく強さ。それが喜納にはあった」

そして、もう一度歌いたい、と白竜は思い、帰りの機内で「アリランのうた」が自然と体から出てきた。

〽アリラン　アーラーリーヨ　アーアーリラン
　アリラン峠を越えて行く

酒を飲んだ　アボジの唄ううた
それは故郷のメロディー
アリランのうた

この白竜について、エッセイストの朴慶南《パクキョンナム》が心に残る話を書いている。乳ガンにかかって余命短い彼女の友人は白竜が大好きだった。それで朴はパーティで会った白竜に突然頼んでしまう。

「彼女にアナタの歌を、どうしても、もう一度聴かせてあげたいんです」

とても無理だと承知しつつ、息せききって頼む朴の話に耳を傾けていた白竜は静かに、

「じゃあ、明日の二時に」

と答えた。

夢のような話が実現したのだった。

白竜は、たった一人の病床に臥す彼女のために「鳳仙花《ほうせんか》」や「アリランのうた」を歌った。涙をいっぱいためて聴いていた彼女は、聴き終えると言った。

「生きているといいことがあるね」

吉屋潤の祖国と在日

〽あなたは冷たい人だけれども、あんなに愛し合った日々を、時には思い出すだろう。

吉屋潤が作詞作曲した「離別《イビョル》」は一九七三年の韓国レコード大賞を受賞した。吉屋の本名は崔宗沫。平《ぴょん》

壊《やん》に生まれ、物心つかないうちに叔父《おじ》の家の養子になった。ソウル歯科医専に学んだが、「緑の地平線」や「東京ラプソディー」などの古賀メロディーに惹《ひ》かれる。アメリカのジャズにもかぶれ、日本に行きたくなって密航同様に玄界灘《げんかいなだ》を渡った。

一九五三（昭和二十八）年には、ドラムスの白木秀雄やピアノの藤井英一とともに白木秀雄クインテットを結成している。吉屋はテナーサックスを担当した。その後、美空ひばりや田端義夫の歌の伴奏をしたりしていたが、韓国の人気歌手、パティ・キム（本名、金恵子）と結婚。しかし、ニューヨークに行って新しいジャズを身につけようとする吉屋と母国で歌手活動を続けようとするキムの溝が深くなって離婚する。森彰英の『演歌の海峡』（少年社）によれば、「離別」は、ある冬の夜、人影のないニューヨークのセントラルパークで、吉屋が凍った月を眺めながら、別れた妻と娘を思ってつくった歌だという。

その吉屋が森彰英に語った言葉は〝海峡を渡るメロディー〟について示唆的である。吉屋は韓国に戻って崔宗沫になった。

「私が五十歳を前にして韓国に戻ったのは日本は音楽的に私を育ててくれたが、祖国ではないからです。やはり私は祖国に帰って、いままでの体験から、微力ながら後進を育てることに協力したかった」

身の上話という意味の『身世打鈴《シンセタリョン》』（石風社）を題名にした在日韓国人、姜琪東《カンキドン》の句集にこんな句がある。

○白木槿《むくげ》恋ふも疎《うと》むもわが祖国
○鳳仙花はじけて遠き父母のくに
○銀漢や韓のはやり歌みな哀し

ちなみに、姜によれば「在日」とは次のようなものである。

「一九一〇年から一九四〇年代にかけて日本帝国主義の植民地支配の結果、日本への移住を余儀なくされたり、太平洋戦争中に労働力として強制連行された朝鮮人の数は百十九万人を超す。日本の敗戦による解放後も米ソによる南北朝鮮の分割占領、朝鮮戦争勃発《ぼっぱつ》などによって日本に在留せざるをえなくなった者およびその子孫を『在日』と呼ぶ」

吉屋潤こと崔宗洙のように自分の意志で海峡を往来できる者は多くはない。大多数は〝半日本人《パンチョッパリ》〟と呼ばれながら、日本で生活する道を選ばざるをえなかった。日本人化した韓国人をそう呼ぶのである。

アートネイチャーの創業者の一人でもある姜はある対談で、自分が韓国語を話せないことが劣等感としてあるので、祖国であるはずの韓国に行くのをすごくためらう、と語っている。

「本気で韓国語を覚えて、両親の故郷を訪ねたい。通訳付きでは帰れない、という思いがあるんですよ。片言でいいから、母国語で語り合いたい。それに韓国語を話せないと冷たい目で見られるんです」

悲しみの〈真珠化〉

「離別」の吉屋潤こと崔宗洙は、古賀メロディーを含む演歌の源流は韓国にあるという説にこう答える。『演歌の海峡』の著者、森彰英の問いに応じてである。

「音楽は国境を越えているという文句は、ある面では正しいでしょう。だが、韓国と日本の音楽はちがいます。数年前に演歌のルーツは韓国にあるという論議がなされましたね。だが、私に言わせれば、あれは商売人がつくった宣伝文句だ。演歌は日本のものであって、韓国に演歌があるはずがない。韓国人には、心の深部まで食い入っていくあんなカミソリみたいなセンチメンタリズムはありませんよ。もっと物にこだわらず、馬鹿にみえるほど悠長なところがある。だから何度もどこかの国に隷属し、いじめ抜かれなければならなかったのかもしれない」

これを読んで私は「流行歌の社会心理」を追った見田宗介の『近代日本の心情の歴史』（講談社）の一節を思い出した。

「真珠貝が体内につきささるものを、粘液で丸くおおってしまうように、日本人は心の傷みを、美によって包んで対象化する。悲しみの原因をとり除こうとするよりもさきに、悲しみを悲しみのままに、美によって価値づけようとする。このような心のはたらきを、ここでは仮に、悲しみの〈真珠化〉とよぼう」

悲しみの〈真珠化〉とはまことにきれいな表現である。古賀政男も、いや、古賀政男こそが顕著にそれをしたのだろう。しかし、悲しみを美化することによって、悲しみは甘やかなものとなり、怒りとかに変わることなく昇華されてしまったとも言える。

吉屋はこう続ける。

「しかし、広くとらえれば、同じような演歌文化圏とは言えるでしょう。楽器に若干のちがいはあるが、欧米の影響を受けずに、米や味噌を食べ、黄色い顔をしている。

〽とんぼ返りで今年も暮《く》れて（『サーカスの唄』）や、〽俺の目をみろ　何んにもゆうな（『兄弟仁義』）など、演歌的なフレーズがすぐに心に浸透してくる土壌があることは否定できません」

韓国と日本の違いについて、エッセイストの吉永みち子から聞いた話が忘れられない。吉永が友人と共に韓国に行った時、その友人が直前に左手を怪我し、右手でなくてよかったね、不幸中の幸いね、と話していたら、突然、案内役の韓国人が割って入ってきたというのである。

不幸中の幸いというのはおかしい、不幸は不幸、幸いは幸いだ、と。吉永と友人はその勢いに口をアングリさせていたというが、前記の吉屋の発言を裏づける話でもあろう。

強制的に日本に連行された「在日」にとって、望郷の念が恨《ハン》になったという人もいる。

「考えてみれば、韓国人の私が日本語で考え、話し、書くという行為は決して自然な姿ではない。だが、この不自然な姿こそが私の姿そのものであり、私の俳句なのである」と句集『身世打鈴』の「あとがき」に姜琪東は記し、「ビール酌むにっぽん人の貌《かお》をして」と詠んでいる。

植民地支配の副産物として

アートネイチャーを退いて、いまは「文学の森」の社長となっている姜琪東がRKB毎日の名物ディレクター、木村栄文がつくった二本のビデオを送ってくれた。「鳳仙花――近く遙かな歌声」と「恋と音楽と放浪と――作曲家・吉屋潤」である。一九二七（昭和二）年生まれの吉屋潤こと崔宗洙は亡くなってしまったが、一九八〇（昭和五十五）年度の芸術祭大賞を受賞した「鳳仙花」にも五十代の吉屋が出ている。

〽垣に咲く　鳳仙花よ
　汝が姿　あわれなり

の「鳳仙花」は大日本帝国の支配に対する抵抗の歌である。

この番組には韓国の〝エレジーの女王〟李美子が登場し、「カスマプゲ（胸が痛む）」を歌いながら、

「同じ系統だから、美空ひばりさんが好きです」

と語る。音楽学校など出ないで、庶民の歌を歌うところに「同じ系統」を見出すのだろう。彼女のとくに

好きなひばりの歌は「柔」と「リンゴ追分」。前者は、ひばりによれば、「思いもよらない」というが、やはり、古賀メロディーだからだろう。

そして、ひばりは、吉田旺作詞、朴椿石作曲の「風酒場」を歌う。この歌には、

〽背《せな》でしくしく　古賀メロディが
　泣くな泣くなと　泣いてたなあ

という一節がある。

「泣くな泣くなと泣いてたなあ」はまさにピタリの表現だと思うが、梨花女子大教授の李御寧は日本の演歌は「甘ったるい悲しみで、まぶたにとどまる」のに対し、韓国のそれは、「苦《にが》い悲しみで、腹の底からこみあげる」と指摘する。そしてまた、日本は「怨」だが、韓国は「恨《ハン》」だと続けるのである。たしかにそうかもしれない。在日韓国人の作家、李恢成は、わが民族は自殺しない民族だ、と強調しているが、たしかにそうも言えるのだろう。

そうした違いは違いとして、古賀メロディーは海峡を往来した。

「古賀政男の影響は受けられましたか」

という問いに、〝韓国の古賀政男〟と言われた朴是春は、

「ええ、先輩です」

と答えている。

植民地支配の副産物として演歌は海峡を渡り、そして、往ったり来たりした。演歌の源流は韓国にあるといった議論が、一時、マスコミを賑《にぎ》わせたが、往ったり来たりなのであり、少なくとも「渡った」ことを誇

りにはできない。

番組の中で「京畿道アリラン」の

〽田畑はとられて新道に
　家はこわされ駅になった

や、「珍島アリラン」の

〽肥えた水田とカネのなる畑
　拓殖会社にみな奪《と》られた

が流れるからだ。拓殖会社とは大日本帝国の手先となって朝鮮人の田や畑を奪った東洋拓殖である。

韓国は「植音地」でもあった

〝韓国の古賀政男〟と呼ばれた朴是春のデビュー曲「哀愁のセレナーデ」はギターの爪弾きが入り、まさに古賀の「酒は涙か溜息か」のように韓国人の心を揺さぶった。

朴はクラウンの専属となり、美空ひばりをクラウンに引き抜いたら、ひばりのために曲を作る約束だったが、ひばりの移籍が成功しなかった。

ここまで私は、ある疑問にフタをして書いてきた。姜信子の『日韓音楽ノート』の第五章「古賀メロディと失郷民たちの歌」では、「海の向こうの懐かしき故郷を想う日本の失郷民」である古賀政男と「失われた故郷を想う韓国の失郷民」である孫牧人《ソンモギン》を対比させて書いており、私はてっきり、孫が〝韓国の古賀〟だと思っていた。姜の指摘通り、古賀の「誰か故郷を想わざる」に孫の「他郷暮らし」でコントラストもズバリである。森彰英の『演歌の海峡』によれば、朴是春、孫牧人、そして「連絡船の唄」の作曲者、金海松は朝鮮楽劇団の三羽烏といわれたことがあるとかで、あるいは〝韓国の古賀〟という便宜的な呼称は、そんなに大した意味もなく、朴是春から孫牧人へバトンタッチされたのかもしれない。

それはともかく、姜信子の次の指摘は重要だろう。前掲書で姜はこう書く。

「韓国人による初めての本格的な大衆歌謡『荒城の跡』、孫牧人の『他郷暮らし』をはじめとして、植民地時代に生まれた韓国大衆歌謡のほとんどは、短調のヨナ抜き音階によっている。それが現代の韓国では議論を呼びおこす。

日本の音階であるヨナ抜き音階で歌われた歌が、本当に韓国人の情緒を表現しうるのか？　それは韓国人の情緒などではなく、洗脳されるようにして植えこまれた日本的情緒なのではないか？　韓国は植民地であっただけでなく植音地でもあった、独立の喜びを歌った『解放歌』すらヨナ抜き音階だったと、『韓国演歌ポンチャックの源流は日本』と主張する人びとは、憤りをこめて語る」

植民地であっただけでなく植音地でもあったという指摘は重い。

一九一九（大正八）年の三・一独立運動に立ち上がった韓国人を徹底的に弾圧した大日本帝国に、わずかに一人、その痛みをわが痛みとした知識人がいた。柳宗悦《やなぎむねよし》である。柳は「朝鮮人を想ふ」と題して書いた。

「吾々日本人が今朝鮮人の立場にゐると仮定してみたい。恐らく義憤好きな吾々《われわれ》日本人こそ最も多く暴動を企てる仲間であろう。或《ある》道徳家はこの時こそ志士、烈女の理想を果す時だと叫ぶであらう。わがことならぬ故に只《ただ》それを暴動だといって罵《ののし》るのである」

「日本は多額の金と軍隊と政治家とをその国に送ったであらうが、いつ心の愛を贈った場合があらうか」

「朝鮮の人々よ、（中略）吾々の国が正しい人道を踏んでゐないといふ明かな反省が吾々の間にある事を知ってほしい」

しかし、こう主張したのは柳だけだった。

第11章　〝韓国の古賀〟孫牧人

「他郷暮らし」でデビュー

〽涙じゃないのよ
浮気な雨に
ちょっぴりこの頬
濡らしただけさ

「ここは地の果て　アルジェリア」と続く「カスバの女」である。作詞は大高ひさをだが、作曲は久我山明。これは〝韓国の古賀政男〟と呼ぶ人が多い孫牧人《ソンモギン》の別名だった。一九二二年、韓国の慶尚南道晋州市に生まれた孫の本名は得烈《ノンヨル》。孫牧人はいわば芸名である。

姜信子の『日韓音楽ノート』の第五章「古賀メロディと失郷民たちの歌」の扉に、孫の写真が載っている。姜がこの本を書いた一九九七（平成九）年には孫は健在だった。

〽他郷暮らし幾年か
指折り数えりゃ
故郷離れて十余年
青春だけが色褪せてゆく

孫のデビュー曲「他郷暮らし」が発表されたのは一九三四（昭和九）年。一九一〇年の、いわゆる日韓併合時には、日本に渡った韓国人は二千人余りだったが、二十四年経って、その数は五十三万人にもなっていた。ちなみに、同じ年の在韓日本人は約五十六万人。

姜信子は一九九六年春に孫牧人に会うため、ソウルの仕事場を訪ねた。このとき孫は八十三歳だったが、グリーンのベレー帽をかぶり、花柄のプリントシャツを着こなして、実に若々しかったという。第二作が「木浦の涙」の孫は、姜の問いに、こう答えている。

「日本はだいたい二拍子が基本、韓国は三拍子だね。でも、それは伝統音楽の話。歌謡曲と伝統音楽は違うんですよ。もともとの韓国の音楽があり、もともとの日本の音楽がある。それぞれ百年くらいまえに西洋の音楽と出会った。歌謡曲というのは、その出会いから生まれたんです。日本の支配が始まると、たくさんの日本人が韓国に住むようになったから、日本の歌謡曲も韓国でたくさん流れました。でもね、流れこんできたのは日本の音楽だけじゃない。世界音楽が韓国にも流れこんで来たんです。世界の音楽に出会うことで、歌謡曲という新しい音楽は創られたんですよ。それは日本も韓国も同じです」

ここに「孫牧人八〇年の人生賛歌」という副題がついている孫の『他郷暮らし《クヒョンサリ》』がある。日本では一九九二年に李康彦の訳で竹書房から出た。それによれば――

「私は父・孫世永《ソンセヨン》と母・表聖水《ピョソンス》がもうけた三男二女の次男で、家族はクリスチャンだった。兄の孫彼得《ソンヒドク》は日帝時代（日本の植民地だった時代）に独立運動家だった呂運亨《ノウンヒョ》先生の下で独立運動をしたため日本の憲兵隊に捕まり、拷問を受けて他界してしまった。アメリカに住んでいた妹の孫得喜《トッキ》は一九六三年に当地で病死した。また弟の孫俊源《チョンウォン》は朝鮮戦争のとき北朝鮮に拉致《らち》され、いまだに音信不通の状態だ。現在ただ一人残っている妹の孫恩佼《ウンキョ》はアメリカでキリスト教の事業をしている」

父親は晋州でも屈指の名医だったというが、「カスバの女」を歌う日本人が、その作曲者の兄が非業の死を遂げたことを知っているかどうか。あるいは古賀政男も知らなかったかもしれない。

「三〇〇年恨みを抱く」

クリスチャンの一家で、幼児から賛美歌に親しんでいたこともあって、孫牧人は小学校を卒業するころには音楽家になろうという決意を固めていた。

しかし、それを医者の父に打ち明けて、

「なに、この馬鹿者！　お前のやりたいことは祭文読み程度のことだったのか！」

と怒鳴られる。

「祭文読みじゃなくて……」

と食い下がったが、

「聞きたくもない！　お前が生まれる前にみた夢の話までして立派な人間になれと言ったのに、この若造が親の言うこともきかずに自分勝手にふるまおうとは。許せん！　もう一度こんな話をしたら、家から叩《たた》き出されると思っていろ！」

と一喝される。

孫が「生まれて初めて見た、父が怒った姿だった」という。

それから孫は苦学する。日本に渡ってきての苦労も並大抵のものではなかった。孫の自伝『他郷暮らし』には「音楽とは寒さと空腹を味わわされるもの」という一節もある。

「血の滲《にじ》むような浪人生活を経て、私は東京帝国音楽学校のピアノ・作曲科に合格した」とあるが、それは一九三二（昭和七）年春のことだった。

そして、ＯＫレコードでアルバイトをしているうちに社長の李哲に見出され、金陵人が作詞した「他郷暮らし」を作曲する。ＳＰ盤のＢ面だったが、このレコードが飛ぶように売れた。このとき孫はまだ二十一歳。それでも、大日本帝国の占領下で祖国を失い、他郷暮らしをせねばならない同胞の辛さは痛いほどわかった。

これが孫をクラシックから歌謡曲に転向させる契機になる。卒業後、学資の面倒まで見てもらったＯＫレコードの専属作曲家となった孫は次に「木浦の涙」を作曲した。いまも木浦の駅に流れ、小林幸子がそれを聴いて、「古賀メロディーだ」と涙を流した曲である。作詞は文一石。一九三五（昭和十）年に『朝鮮日報』の後援で募集された「第一回郷土讃歌《さんか》」の当選作だった。

ＯＫレコードでは、これをテイチクに頼んで、日本で活躍している朝鮮人歌手に歌わせようとする。そして、白羽の矢がたったのが、新人の李蘭影である。菅原都々子もこの歌を歌ったが、これが空前のヒット作となったことによって李は世に出て行く。

ただ、この曲については、こんなこともあった。あるとき、京城（現・ソウル）の鍾路警察から、ＯＫレコードの社長以下が呼び出しを食らったのである。二番の出だしの「三柏淵《サムベンヨン》、願安風《ウォナンプウン》は」という歌詞が「三百年恨《サンベンニョンウォンムン》みを抱く」と聞こえ、不穏当だというのだった。

孫たちはそうではないと懸命に「誤解」を解こうとしたのだが、孫は『他郷暮らし』に「正直なところこれは警察のほうが正しく、我が民族の悲しみと怒りを表したものだった」と書いている。

拷問体験

一九九九（平成十一）年夏、富山県は氷見グランドホテルのディナーショーで、バタヤンこと田端義夫は隣の菅原都々子に、

「僕は、ツンズコちゃんが歌う韓国の歌がとっても好きでね。『トラジの花』とか『連絡船の唄』とか……」

と語りかけた。そして、

「それで今日は、この曲をツンズコちゃんのために歌います」

と言って、「青いチョゴリ」という曲を歌い始めた。二人は、田端が二十歳、菅原が十一歳で知り合って以来、ほぼ六十年のつきあいだった。

「菅原都々子の歌と人生」を追った恵志泰成《えしやすなり》著『月がとっても青いから』（株式会社にじゅうに）に「日本の演歌が、朝鮮半島の民謡を原型にしているというのは定説だが、その第一の貢献者は、朝鮮で少年時代を過ごした作曲家の古賀政男とされている。そして、第二の貢献者が、菅原都々子だといっても過言ではない」と書いてある。たしかに「連絡船の唄」や「木浦の涙」を歌ってヒットさせた菅原は「貢献者」だろう。

「木浦の涙」は孫牧人の作曲だが、ここでは「連絡船の唄」の作曲者の金海松の人生に触れておきたい。

前述したように、朴是春、孫牧人とともに金は朝鮮楽劇団の三羽烏といわれた。

孫は金にいい思い出がない。いや、その名を聞きたくもないという思いだろう。

戦争中に孫は「孫牧人楽団」を率いて日本を巡回公演していた。そんなある日、見知らぬ若者が孫を訪ね

て来た。

「私は韓国人の学生です。日本の警察が私を捕まえようとしているのですが、どうか助けて下さい」

当時は朝鮮の学生を誰彼かまわず捕まえている状況だったが、そう頼まれて孫は、ソウル行きの切符を二枚買ってやり、気をつけて脱出するよう励ました。

「勉強に励まなければならない学生まで戦いに駆り出され、いつ死ぬかもわからぬ運命になるなんて。こんな世の中はいつまで続くのだろう」と思ったからである。

そして数日後、韓国に帰り、忙しくしていると、日本の憲兵がやって来て、孫に、

「ついてこい！」

と言った。

「ついてこいって、どこへですか」

と孫が尋ねると、

「うるさい。自分の罪は自分でよくわかっているだろう。とっとと歩け！」

と怒鳴られて監獄にぶち込まれた。

そして、何人の学生を逃がしたかと尋問され、彼らの気に入らない答には平手が飛び、靴の踵《かかと》が飛び、棒が飛んで来た。夜になると全身が痛む。これで自分の青春は終わってしまうのかと思うと、悔し涙があふれた。

〝韓国の古賀〟と日本の古賀の違いは、こうした拷問の体験があるかどうかだろう。やはり孫牧人の歌には深い苦みがある。

金海松の密告

朝鮮の学生を逃がして日本の憲兵に逮捕された孫牧人は、あるとき、監獄の運動場でその学生と会った。

「お前が吐いたのか」

と聞くと、彼は驚いて、

「吐いたですって？　何を吐くんです。でも先生こそなぜここにいるんですか」

と逆に尋ねる。

「なぜって、向こうじゃ私が逃がした学生が何人かとばかり聞いてくるんだが」

と答えると、

「すると先生、金海松の奴が？」

と言い、

「私がここに捕まって来る前、金海松が来て、どうやって韓国まで来たのか聞くので孫先生が助けてくださったと言ったのです。孫先生とはこの上なく親しい仲だと思っていたのですが」

と続けた。

彼がそう思うのも無理はない。金は、孫が朝鮮楽劇団を指揮していた時、ギター奏者として入れた男だったからである。しかし、金は自分も楽団を持つようになって、孫をライバル視した。憲兵隊嘱託慰問公演も引き受けていたし、憲兵隊にも通じていたのだろう。

孫にとっては絶望的な監獄暮らしが続いていたが、ある日突然、解放される。日本が負けたのだった。共に解放された学生は、金海松は許せない、殺す、と言って探し始める。そんなある日、朝鮮ホテルの近くの喫茶店でお茶を飲んでいると、金海松がきょろきょろしながら入って来て、土下座した。

「孫先生、死んでも償いきれない罪を犯しました。お許しください」

では、やはり、金が自分を売ったのか。

途端に怒りがこみあげてきて、孫は金の頬を思いっきり殴った。

「出て行け！ そして二度と私の前に現れるな」

そう叫びつつ、孫は金を許した。

「許す気がないのなら殴りもしなかっただろう。顔を殴られ、私の許しを確認した金海松は涙を浮かべながら私の前から消えていった」と孫は『他郷暮らし』に書いている。

孫作曲の「木浦の涙」を歌ってスターとなった李蘭影は、こんな金海松と結婚し、のちにキム・シスターズやキム・ブラザーズとして活躍する子どもをもうけた。

しかし、金は朝鮮戦争当時、親日容疑と韓国駐在の米軍慰問などの罪名で北朝鮮に連行されていく途中、爆死する。その事実を、一緒に連行され、脱出して助かった人が確認していたが、李はそれを信じなかった。夫は必ず帰って来ると思って待ち続けたのである。

金の焼け焦げた服の切れ端が差し出され、死の顛末《てんまつ》を聞いても、うなだれ、泣き崩れはしても、それを信じなかった。

ただ、孫から見れば「とんでもない」人間の金海松でも、彼の作曲した「連絡船の唄」のすばらしさは消えないのである。

エキゾチックな「カスバの女」

「私が日本で特に親しんできた作曲家は、古賀政男と服部良一だった。この二人は日本の歌謡界の揺籃期《ようらんき》からのリーダーである。

古賀政男は当時テイチクの重役だったが、私と音楽の話に花を咲かせたものだ。彼はとても気さくで、吹き込みの途中演奏者がいないと自ら穴埋めを申し出てくれた」

孫牧人の自伝『他郷暮らし』の一節だが、

「これじゃ特別ギャランティーをもらわにゃならんな」

などと冗談を言いながら、古賀はギターやマンドリンを演奏してくれたのだった。

古賀と同じく孫をテイチクに引っ張ったのは〝死にガネを使わない男〟南口重太郎である。孫は一九五七（昭和三十二）年にビクターからテイチクに移ってまもなく、「カスバの女」をつくり、大ヒットさせる。

ラテン・アメリカ系のエキゾチックな容貌《ようぼう》で低い声の新人歌手、エト邦枝に、

「先生のお噂はかねがねうかがっております。どうぞいい曲をお願いします」

と深々と頭を下げられ、自然に楽想が湧いてきて、挨拶《あいさつ》もそこそこに、孫はピアノの前に座った。

カスバとはアフリカ北部のモロッコの都市で、フランスの外人部隊が駐屯していた。大高ひさをの詞は、カスバにいる一人の娼婦《しょうふ》が自分の身の上を嘆く悲歌である。

〽ここは地の果て　アルジェリア
　どうせカスバの　夜に咲く

酒場の女の　うす情け

この曲は舞台となったカスバにまで広まり、いまでも歌われているという。

日本の多くの歌手がレコーディングしたが、孫には特に岸洋子が印象に残っている。

「孫先生、私は岸洋子と申します。『カスバの女』をぜひ歌ってみたいのですが、レコーディングの折にはどうかいらして、ご指導ください」

と電話がかかってきて、孫は録音室で岸と会った。シャンソン歌手としてすでに声名高かったのに礼儀正しく、

「直すところがあったら容赦なく指摘してください」

と言われた。

「曲は私の作品ですが感情は岸洋子さんのものですから、個性を十分に生かして歌いなさい」

と答える以外、注意するようなところはなかった。

ちなみに、孫にさわやかな好感を与えた岸は、山形県酒田市の出身であり、私の高校の先輩である。同期には、やはり個性派の俳優、成田三樹夫がいる。

孫は『他郷暮らし』に、「テイチク専属のトップ歌手、菅原都々子も私のファンだった」と書いている。菅原は愛嬌《あいきょう》のある声で、

「孫先生の歌がとても好きです」

と言い、「木浦の涙」を日本語で吹き込んだ。これは韓国的な恨みの情と日本人独特のしなやかさが調和し、日本でヒットした韓国歌謡曲の第一号となったのである。

「大衆音楽をやっていてよかった」

『日韓音楽ノート』の著者、姜信子は一九九七（平成九）年五月、ソウルの街で「貫一・お宮」の〝亡霊〟に遭った。『金色夜叉』の韓国版の楽劇をやっていたのである。

「これを見逃す手はない」と公演場に飛び込むと、場面の展開に合わせて、数々の懐かしの韓国演歌（ポンチャック）が歌われる。

一曲だけ、日本の演歌が日本語で歌われた。古賀メロディーの「酒は涙か溜息か」である。これを劇中で悪役の一人である朝鮮総督府の日本人官吏が歌った。この歌が植民地時代に韓国でも大流行した名残りだろう。

「他郷暮らし」の孫牧人は韓国に帰ってから、日本にいる間に北朝鮮の人間と接触したのではないかと疑いをかけられ、警察に呼ばれて取り調べを受けた。腹立たしく、そして、悲しかった。

「日本から帰って来るとき、何を持ってきたのか」

と執拗《しつよう》に聞く。すでに家宅捜索をして何もないことはわかっているはずなのに、居丈高に尋問するのである。

「忙しい人間を捕まえて、いったい何のためにここまでやるんですか」

たまりかねて孫が反問すると、

「こっちだって暇じゃありませんよ。調査して罪がなければ出してあげますから、文句を言わずに言う通りにしてください」

と答える。

「罪ですって？　日本に行っただけでスパイ扱いを受けなくちゃならないんですか？」

と思わず声を高くすると、

「孫牧人さん、ま、抑えてください。まだ取り調べ中ですから……」

となだめられた。

しかし、不愉快極まりない取り調べは一週間も続いた。一日も休まず出頭させられたのである。

そのため、出演の約束をしていた高福寿の引退公演にも出られなかった。歌手の高は、作詞の金陵人、作曲の孫牧人とともに「金孫高トリオ」と呼ばれ、「他郷暮らし」や「片思い」等のヒット曲を生んだ。

しかし、韓国で辛《つら》い思いだけを味わったわけではない。「大衆音楽をやっていて本当によかった」と思ったこともある。

一九六〇年代の初めに「木浦の涙」が映画化された時、自分の作品なので喜び勇んで木浦駅に降りたのだが、出口には鉄条網が張ってあり、警察が身分証明書の提示を求めて検問している。しかし、孫はそれを忘れてきてしまった。

「さっさと住民登録証出しやい！」

と怒鳴る警官に、忘れたことを告げると、

「なんでや。お前は大韓民国の国民やなかっちゅうことけ。それで、お前は何ていうとや？」

とまるで罪人扱いである。小さくなって孫が、

「孫牧人と申します」

と言うと、警官の態度が一変した。

「孫牧人しぇんしぇい？　こりゃご無礼しました」

と最敬礼されたのである。

裕次郎の吹き込み秘話

孫牧人は石原裕次郎が出た「太陽の季節」の主題歌も作曲している。しかし、裕ちゃんは歌うのは得意ではなかった。数時間かけて録音室で吹き込みをやったが、うまくいかない。

同席していた水の江滝子（ターキーは裕次郎の発見者である）が、見かねてストップをかけ、裕次郎に言った。

「裕ちゃん、あなたはそれでも俳優なの。このままではだめね。そう思うでしょう。孫先生、裕ちゃん、少し休んでお酒でも飲みなさい。お酒が入るとうまく歌えるんじゃない」

そしてビールを注文し、裕ちゃんはほろ酔い加減になって、何とか歌い終えた。

「後になって映画を見たとき、主題歌がなかなかいい感じで聞こえてくると、吹き込みのことが思い出されて笑いを抑えるのに苦労した」と孫は『他郷暮らし』に書いている。

一九六四（昭和三十九）年六月に社団法人「韓国音楽著作権協会」を発足させ、初代会長となったのも、日本における古賀政男と似ているが、孫はそれに安住せず、挑戦を続けた。大衆音楽の本場アメリカのポップスに生で触れたいという念願を果たすため、一九六八（昭和四十三）年夏、五十五歳でアメリカに渡ったのである。

しかし、強烈な刺激を受ける一方で、旅費も底をつき、このままでは飢え死にすると、職業紹介所の扉も叩《たた》いた。そして、荷役の仕事にありついたが、怪我をして、旅館で一人、ホームシックに泣いた。

家族と周囲の意見を聞き、韓国に腰を落ちつけていれば、こんな苦労もしなくて済んだのにと後悔もした。

しかし、ニューヨークのハーレムにも行き、教会で他郷暮らしの同胞と一緒に涙を流したりして、「わが国と我々固有のものがどんなに大切であるかを痛切に実感」して、アメリカを離れる。

その後、日本でテイチク社長の南口重太郎と会い、石原裕次郎の歌の作曲を頼まれた。

最初の吹き込みの時は練習不足で苦労したという話になり、南口はそれを受けて、

「あっという間ですね。あれがもう三十年も前のことなんて……」

と思い出にふけった。

数日後に再会した裕ちゃんは昔のあどけない感じはどこにもなく、重厚な感じのする中年紳士に変わっていた。孫の変貌《へんぼう》も激しくて、お互いにわからない。南口が「ほろ酔いレコーディング」の話をして、裕次郎が、

「ああ、孫先生！　いつぞやはご無礼いたしました。再会できて本当に嬉《うれ》しいです」

と相好を崩した。

そして孫がつくったのが一九八四（昭和五十九）年のヒット曲「今宵もそっと」である。バラード風の演歌だったが、この時も練習不足で苦労した。しかし、感情移入のテクニックが格段にうまくなっていたので、一小節ごとに切って録音し、それを編集してつなぎ合わせるという方法を取った。「夜は更け」で切り、次に「酒を飲み」と録音してつなぐのだが、できあがりは何とかなっていた。

個人的事情だけを歌う日本の歌手

孫牧人は一九九九(平成十一)年一月九日、東京で亡くなった。八十五歳だった。これまでに挙げた歌以外にも、司潤吉名で作曲し、鶴田浩二が歌った「ハワイの夜」や、石原裕次郎が歌った「ゆうすげの花」、そして増位山《ますいやま》が歌った「男の真夜中」などがある。

増位山については、テイチク社長の南口重太郎から、

「ちょっと変わった歌手がいるのですが」

と頼まれて「男の真夜中」という新曲をつくり、「木浦の涙」とともにレコーディングすることにしたのである。

録音当日、大男が入って来て、孫は知らずに、「こんな人が歌を歌うなんて――いっそ相撲でもしていたら似合うぞ」と思ったら、プロの相撲取りだった。

実は、孫は増位山も石原裕次郎と同じように練習不足で現れるのではないかと心配していた。ところが、「釜山港へ帰れ」なども好きな増位山はよく練習してきていて、声量豊かなため、歌に力があり、録音はたった一度で終わってしまった。

「けっこう歌いこんでいますね」

と孫がほめると、増位山は照れて真っ赤になったとか。

およそ八十年の人生を振り返った孫の『他郷暮らし』は一九九二(平成四)年春に書かれているが、最終節で孫はこう述懐している。

「日本の歌謡は今も昔も、その題材のほとんどが身近な出来事から取られている。我が国の歌がこれまで国家と民族をしばしば主題としてきたのとはだいぶ事情が違う。韓国の歌手は民族的な恨みを吐き出すように体全体で歌うし、日本の歌手はただ個人的な感情で歌うだけである。だから歌を細くしなやかに、口先だけで歌っているようにも見える。韓国人歌手の歌を初めて聞いた日本人はショックを受けるはずだ。しかしあまりにも過激に歌ってしまっては人気も長続きしない。感情を表現するためしばしばオーバーアクションになる韓国人歌手の姿が目につくが、国際舞台への進出を考えるなら、改めていくべきことの一つだろう」

ずいぶん厳しい指摘である。しかし、日本と韓国の両方で活躍した孫牧人にして初めて吐けるアドバイスなのではないか。

岸洋子と同期生の私の高校の先輩、成田三樹夫の次の痛言とともに、オメデタイ日本の作曲家や歌手はそれを嚙みしめるべきだろう。

「最近の役者というのは、いやらしいのが多すぎるよ。総理大臣主催のナントカ会というと、ニコニコして出かけていって、握手なんかして喜んでるだろ。ああいうのを見てると情けなくなっちまうね。権力にヘタヘタする役者じゃ意味ないよ」

これは心根の問題、なんで役者やるのかという問題で、カネや名声や権力がほしいなら役者などやるな、と成田は言い、

「まわりも、おかしいといわなきゃダメよ。人気スターさんです、美しい女優さんですなんてチヤホヤするから、バカがどんどん図にのるんだよ」

とトドメを刺していた。

第12章　養女になった菅原都々子

「僕が探していたのはこの子だ！」

古賀政男の自伝『歌はわが友わが心』に付いている年譜の「昭和十二（一九三七）年」の項に「四月中旬、菅原都々子を養女とする（十五年取消）」とある。

ついでに書けば「昭和十七年」の項に「一月、通人と養子縁組」、「昭和十九年」の項に「四月、丈晴と養子縁組（昭和三十三年取消）」となっている。

では、「菅原都々子の歌と人生」が副題の恵志泰成著『月がとっても青いから』から、都々子の年譜を引いてみよう。

「一九二七（昭和二）年　青森県十和田市に作曲家・陸奥明（本名・菅原陸奥人）の長女として生まれる。幼少の頃より天分の才に恵まれ、十歳の頃、古賀政男に歌唱力を認められて養女となる」

「一九三七（昭和十二）年　古賀久子の芸名にて、テイチクレコードより『お父さんの歌時計』でレコードデビュー」

そして、「一九五五（昭和三十）年　父・陸奥人が作曲した『月がとっても青いから』が空前の大ヒットに」なるのだが、彼女が古賀の養女になった経緯とそれを解消した顚末はこうだった。

若き日に東洋音楽学校に学び、帰郷して朝日新聞の地方記者となっていた菅原陸奥人は娘の都々子に果たせなかった自分の夢を託そうとした。そして東京で歌のオーデションを受けさせようと考える。

上京する民謡団と一緒にテイチクを訪ねたおかっぱ頭の都々子は、そこで、父親の古くからの親友の作曲家、鈴木哲夫に、

「おや、都々子ちゃんでないの！」

と声をかけられる。

「鈴木のおじちゃま……」

駆け寄る都々子を抱きとめた鈴木の計らいで、都々子はテストを受けることになる。

それを聴いていたのが、すでに流行歌手となっていた藤山一郎だった。藤山はしばらくするとスタジオを出て行き、口ひげを生やした男を連れて戻ってきた。

眼鏡をかけたその男は笑みを浮かべ、女性のような優しい声で都々子に言った。

「もう一曲歌ってごらん」

目を閉じて聴き入っていた男は、

「よくこんな難しい歌を歌えるね。とてもいいから、もっと聴かせて」

とリクエストし、三曲歌った後に都々子を抱きしめて、

「僕が探していたのはこの子だ！」

と叫んだ。

「都々ちゃん、古賀先生にほめてもらえてよかったね」

と鈴木に言われて、都々子はその男が古賀であることを知った。そのとき、古賀は三十二歳。

興奮している古賀に鈴木は、「この子」が浅草オペラの立役者の一人だった河合丸目郎の娘であることを

告げる。古賀より八歳年上の河合丸目郎こと菅原陸奥人は、かつて、田谷力三《たやりきぞう》と並ぶスター歌手だったのである。

十歳の都々子を手放した父親

古賀政男が亡くなる前年の一九七七（昭和五十二）年に出た自伝『歌はわが友わが心』に菅原都々子の名はない。本文中に「実子についに恵まれなかった私は、男の子を二人養子にした。兄が通人（旧名・禎次）で、弟が丈晴である」とあるが、それより先に養女にした都々子のツの字もないのである。

明大マンドリン倶楽部の後輩で、古賀の弟分的な存在だった茂木大輔は『誰か故郷を……素顔の古賀政男』（講談社）の冒頭に、古賀が亡くなった時、嗣子の古賀通人に、

「死亡を知らせる先に手落ちはないか。そうだ、菅原都々子にも知らせなきゃいけないよ」

と助言をした、と書いている。

古賀が触れたくなかった養女とその解消の経緯は、都々子側から見れば、こうだった。

都々子の父、菅原陸奥人がかつて浅草オペラで活躍した歌手であることは記したが、昔のよしみに頼るのではなく、何のしがらみもない田舎娘として、陸奥人は都々子にオーディションを受けさせようとした。そして、幸いにも古賀の目にとまる。

古賀に抱きしめられた後、二十時間以上かけて青森に帰って来た都々子はホッとして、

「お父ちゃまとお母ちゃまのところがいちばん。もうどこにも行きたくない」

と思っていた。

ところが、しばらくして、父親に、

「都々子、大切な話があるから聞きなさい」

と言われる。

「テイチクに行ったときに、古賀先生に会っただろう？」

「はい」

「古賀政男先生は作曲家の大先輩だ。歌謡曲の世界では、今、もっとも優れた作曲家といわれている」

そんなことを言われても、十歳の都々子には、その先生と自分にどんな関係があるのかがのみこめない。

キョトンとしていると、父親が続けた。

「その先生が、お前を音楽学校で勉強させたいと言っているんだ。だから、お前は東京に行きなさい」

都々子が、

「お父ちゃまは？」

と反問すると、父親は表情を険しくして、

「俺は、ここにいるから、お前は一人で向こうでやりなさい」

と答えた。また心細い思いをするのか、と都々子はがっくり肩を落とした。

恵志泰成著『月がとっても青いから』には父親の陸奥人の旧友、鈴木哲夫から陸奥人宛ての次のような手紙が紹介してある。

――古賀先生は、都々ちゃんを自宅に引き取って育てたいといっています。都々ちゃんの才能をとにかく高く評価していて、音楽学校にも入れてあげたい、僕に任せてくれないかと懇願されています。至急返事をいただければと思います……。

陸奥人は嬉《うれ》しさと、都々子を手放す辛《つら》さで、これを震えながら読んだ。

「古賀先生がお父様なんだよ」

あの古賀政男が都々子の才能を評価してくれたと天にも昇る気持ちになる一方で、都々子の父親の陸奥人は、十歳の娘を手放す辛さに苦しみ悩んだ。しかし、預けることにして上京し、旧友の作曲家、鈴木哲夫とともに、当時は世田谷区東松原にあった古賀の自宅を訪ねた。

「やあ、よく決心してくれました。都々ちゃんのことは、任せておいてください。大切に育てますから」

古賀にそう言われて、陸奥人は、

「なにとぞよろしくお願いいたします」

と頭を下げた。

そして鈴木の紹介でポリドール・レコードのディレクターに会い、曲を見てもらって、専属の作曲家にならないか、と誘われる。夢のような話だった。東京にいれば、いつでも都々子に会える。そう思ったが、古賀は陸奥人が考える以上に難しい人間だった。

古賀邸に連れて行かれた後、都々子だけが残され、古賀と一緒に出かけた陸奥人は、そのまま戻らなかった。

「お父ちゃまは?」

不安げに尋ねる都々子に、古賀は優しく、

「お電話が入ると思うよ」

と言った。そしてまもなく電話があり、

「都々子、よく聞きなさい。今日からお前は、そこのおうちの子になるんだよ」

と告げられる。

「古賀先生が都々子のお父様なんだよ。だから、親孝行をしなければなりません」

いつもより厳しい父親の声に十歳の娘は、

「お父ちゃま、お父ちゃま……」

と受話器を握って泣くしかなかった。

もちろん、陸奥人も辛かった。しかし、心を鬼にして、

「いい子にしていなさい」

と言って電話を切った。

後ろで聞いていた古賀は、

「わかったね」

とダメを押し、

「これからは、僕をお父様と呼びなさい」

と怖い顔で言った。

恵志泰成の『月がとっても青いから』によれば、そのとき都々子は泣きじゃくりながら〝そんなこと、できるわけないわ〟と思ったという。

のちに小林幸子も、ほぼ同じ年齢で古賀に見出されるが、小林は古賀の養女になったわけではない。新しい洋服をオーダーでつくってもらい、銀座のレストランで初めてのステーキを食べても、都々子の寂しさは埋められなかった。転入した松原小学校では東北訛りを笑われる。弁当も豪華だったが、同級生のように母親の手づくりではなかった。

一〇日ほど経って、たまりかねて都々子は母親に手紙を書く。

「とても大事にしていただいています。でも帰りたいです。とても帰りたいので、迎えにきて下さい」

身勝手な〝家族ごっこ〟

十歳の都々子が思いあまって青森の母宛てに出した手紙に、父からこう返事が来た。

「都々子があまりさびしい手紙をよこすので、おばあちゃまもお母ちゃまも頭が痛いと言って床についてしまった。だから都々子ももうちょっとしっかりしないといけません」

すげない便りである。ショックを受けた都々子は、しかし、気強く、また手紙を書いた。

「この頃、とても元気になりました。みんなとも仲よく元気でやっています。心配かけてすみませんでした」

浅草オペラで歌手としてはある程度のスターとなったが、菅原陸奥人は作曲家になりたかった。いずれにせよ、歌の世界での成功を娘に託したのである。三歳で亡くなった長女の京子と同様の都々子の鋭い音感に天与の才を信じてもいた。

古賀政男の家に預けられ、必死に寂しさをこらえている都々子に、あるとき訪れた古賀の兄、久次郎が、

「あんたが、ここの子どもになった都々子ちゃんか」

と語りかける。若き日、古賀にマンドリンをプレゼントした久次郎である。

そして彼は、おこずかいとして五十銭玉を十枚くれた。それを聞いた古賀は、

「よかったね。大事にして好きなものを買いなさい」

と言った。「好きなもの」より、いま、どうしてもしたいことが都々子にはある。

彼女は、ねえやに、

「ねえ、もしもね、もしも青森まで帰るとしたら、いくらかかるの？」

と聞いた。多分、まだ十分に訛りの残る声で、「もスも、もスもね」と尋ねたのだろう。

帰りたいと思われるのではないかと都々子は心配だったが、ねえやは意外にあっさりと、

「五円もあればいいんじゃないですか」と答えた。

五円はちょうどあるけれども、上野駅までどう行けばいいのかわからない。いつも車で送り迎えされているから、電車の乗り方も知らないのである。

〝ああ、お金があっても、だめなんだ〟

そう思ったと『月がとっても青いから』には書いてある。

ただひたすら、青森の家に帰りたがっている都々子と、歌の弟子というよりも、本当の娘として育てたいと思っている古賀との距離は容易に縮まらなかった。

「お父様と呼びなさい」と言われても、都々子はそう呼べない。

恵志はそれについて「野鳥は餌台にやってきて餌はついばんでも、けっして心までは許さない。古賀に

とって都々子はまるで飼いならされることを拒む小鳥のような存在だった」と指摘し、結婚に失敗した古賀が、子どもをもったら心は満ち足りるのではないか、と身勝手な〝家族ごっこ〟をやろうとしたのだ、と断罪している。最初から破綻《はたん》は目に見えていた。

都々子は人形ではない

古賀は都々子を自分の思い通りに着飾らせようとする。生まれてはじめてのパーマもかけられ、爪にはマニキュアも塗られたが、都々子には喜びよりも苦痛の方が大きかった。

そんな辛い日々の中で、古賀に連れられて見に行った映画『オーケストラの少女』にだけは夢中になった。都々子は、失業中の楽士の娘を演じたディアナ・ダービンに自分をだぶらせたが、それと同時に、彼女を育てようとする指揮者の役を演じたレオポルド・ストコフスキーに父親のおもかげを見たのだった。

父に会いたいと切ないほどに思った。しかし、それは口に出せなかった。いや、出してはならない言葉だった。

芯《しん》から自分になついてはいない都々子が不安で、古賀は都々子に独りで行動させなかった。ようやくできた友だちの家へ行くのにも、ねえやが一緒なのである。それに、「お嬢ちゃま」と呼ばれるので、恥ずかしくて仕方がない。

忙しい古賀は、なかなか自分では連れて歩けないので、家に帰ると、必ず、

「さびしかった？」

と都々子に聞く。そして、

「でも、さびしい顔をしないで朗らかにしていると、きっといいことがあるから。そのうち、お父さまも遊びに来てくださるから、元気でいようね」

と付け加えるのだが、本当にそう思ってはいないことを都々子は知っていた。独占欲の強い古賀は、父の陸奥人と、都々子への愛情を分け合うことなどできはしない。誰よりも古賀自身がそれを許せないだろう。

古賀のレッスンを受けるため、藤山一郎、楠木繁夫、霧島昇、二葉あき子、ディック・ミネ等のスター歌手が古賀邸を訪れる。寂しがり屋の古賀は、その後決まって晩餐会《ばんさんかい》をやり、そこに都々子を同席させた。しかし、都々子には楽しくない。そっけない女の子という評判が立った。

そんな歌手たちの中で「あゝそれなのに」や「うちの女房にゃ髭がある」を歌った美ち奴だけは都々子をかわいがった。その歌唱力を高く評価してもいた。

都々子も美ち奴が好きで、彼女が来るとレッスン室に遊びに行っていたのだが、あるとき、古賀作曲の「小楠公」を歌っている美ち奴の声がしっくりこない。古賀は都々子に、

「ちょっと歌ってごらん」

と言った。楠正成の長男の正行のことを歌ったこの曲の歌詞は都々子にはまったくわからなかったが、うまく歌えた。

「都々ちゃんの方が絶対いい！」

抜群に人柄のいい美ち奴は心からそう言った。古賀もそう思ったらしく、

「都々子、これ、歌ってみるかい？」

と尋ねる。美ち奴にほめられたのも嬉《うれ》しくて、都々子は、

「はい、歌います」

と答えて、「小楠公」のレコードは発売された。そのときの都々子の名は古賀久子である。

父と会うことを喜ばなかった古賀

都々子が世田谷区東松原の古賀邸に住むようになったのは一九三七（昭和十二）年の初夏だったが、翌年の春、古賀は代々木上原に転居する。三千坪の敷地に建てられたその豪邸は日本式の洋館で、かかった費用は現在のおカネに換算して三億円余になった。テニスコートがあり、使用人が住む一軒家もある。

しかし、そんな大きな家に住んでも、都々子の気持ちは晴れなかった。

「いい子にしていれば、お父ちゃまが会いに来てくれるからね」

と古賀は言うが、ここに移ってからは特に都々子の父親の陸奥人の来訪を喜ばなかった。都々子があまりになつかないからでもある。

なつかないから父親が来るのを歓迎しない。だから、都々子はますます寂しさを募らせる。悪循環だった。

そのころ陸奥人は単身、上京し、アパート住まいをして、ポリドールの専属作曲家としての道を切りひらこうとしていた。

しかし、都々子のことは心配でたまらない。しばしば古賀邸にやって来ては様子をうかがった。ピアノの音が聞こえると娘が弾いているんだなと思い、姿が見えないと、何かあったのではないかと不安になった。

それでも、都々子のためだと自分に言い聞かせ、心を鬼にして古賀邸を離れた。

そんなある日、都々子は父と出っくわしたのである。

「あっ、お父ちゃま！」

久しぶりで会えたことが嬉しくて、都々子が駆け寄ると、陸奥人はあたりを憚《はばか》るように声を低くして、

「お父さんも東京に住んでがんばるから、お前もよい子にしていなさい」

と言った。

「お母ちゃまも元気？」

と、まだ幼さの残る娘が尋ねると、

「ああ、みんな元気にしている」

と言葉少なに父が答える。そして、

「また会えるから、もう行きなさい」

と続けた。

ちょっとでも帰宅が遅れると、古賀は不機嫌になることを父と娘は知っていた。

「ほんとよ。また会いに来てね」

と娘が懇願する。

そんな光景があったことを知ってか知らずか、ある日、鈴木哲夫が杉並のアパートに陸奥人を訪ねて来た。

「古賀先生が、都々ちゃんを正式に養女にしたいと言うんだ」

そう切り出した鈴木に、陸奥人が、

「そうか……」

と答えて、言葉を発せられずにいると、

「ただかわいがって家に置いているだけでは、いつ帰られてしまうかもわからないと不安なんだよ。どうせいずれ嫁にやるんだから、こっちの娘にしてくれれば、責任をもって嫁に出すからと言っている」

と鈴木は古賀の意向を伝えた。『月がとっても青いから』の中でも切ない場面である。

遂に家出を決行

都々子を正式に養女にしたいという古賀の申し出に、陸奥人は、

「わかった。古賀先生によろしく頼むと伝えてくれ」

と返事をする。身を切られるような思いの決断だった。

それに喜んで古賀は都々子に、陸奥人のアパートに遊びに行ってもいいよ、と言う。

古賀家の車で、六畳一間のアパートに着いた都々子は片時も離れまいと、陸奥人にくっつく。帰りたくない、このままずっとここにいたいと思ったが、時の経つのは早かった。

「さあ、都々子、そろそろ帰る時間だ」

促す父に娘は、

「お父ちゃま、まだ大丈夫よ」

と帰りを渋る。

「いや、遅くなったら、古賀先生が心配するから……」

「でも、頼んでみれば、お泊りぐらい許してくれるかもしれないわ」

「いや、だめだ」

「でも……」

「そんなことを言って困らせるもんじゃない」

『月がとっても青いから』の悲しい場面は続く。帰って来ても、しょんぼりしている都々子を見て、古賀はまた嫉妬《しっと》の炎を燃えあがらせた。

それでも耐えて都々子は古賀邸での生活を送っていたが、京華高等女学校に進んでいた一九四〇（昭和十五）年の夏のある日、家出を決行する。青森の小学校時代の恩師、倉光続男と偶然出会い、

「先生、私、古賀の家から出たいんです。家族と一緒に暮らしたいんです。でも誰も助けてくれません。先生、私を助けて下さい！」

と打ち明けたのである。

そして次の機会に倉光に同行してもらって父のアパートを訪ねた。もう古賀の家には戻らないつもりだった。

その気持ちが顔に出ている娘を見て、父は倉光と共に古賀邸の門を入る。土下座でも何でもして、娘を返して下さい、とお願いするしかなかった。

「まあ、しょうがないことだろうけど……」

と古賀は撫然《ぶぜん》としながら、

「でも、二十歳になったら返してくれませんか」

と未練を露《あら》わにした。その愛情の深さに感謝しつつも、陸奥人はこう言わなければならなかった。

「娘の意向もあるので、今、お約束することはできません。ただお気持ちはありがたくお聞きして都々子

に伝えます」

もちろん、都々子が古賀の家に戻ることはなかった。『月がとっても青いから』の著者、恵志泰成は「古賀政男は、晩年に至っても美空ひばりに名曲を提供し、才能の衰えを感じさせなかった。それは彼の情熱の激しさを表すとともに、孤独の深さを意味していた。彼は、名曲をつくり続けることで、寂寥《せきりょう》感から逃れようとした」と書いている。

泣きべそ声でヒット

三年余の古賀政男の養女生活を脱して、菅原都々子は一九四〇（昭和十五）年秋に実の両親の懐に戻る。そして、古賀がアクの強いテイチクの社長、南口重太郎とぶつかってテイチクを出るのと入れ違いのように、都々子の父の菅原陸奥人がポリドールからテイチクに移る。

陸奥人は陸奥明と名乗る作曲家だった。以後、父と娘は天下晴れてのコンビを組む。

父は娘を京華高等女学校から東洋音楽学校に編入させ、その上、かつての同級生だった副校長に、理論はきちんと勉強させてほしいが、クラシックの発声法は教えてくれるな、と頼む。珍しい申し出だった。

なぜ、と友人の作曲家などから尋ねられると、陸奥人は、

「クラシックの発声法など身につけないほうが個性があっていい」

と答え、都々子にもそう言った。そして、

「おまえの声は泣きべそ声だ。だからいいんだ」

と付け加えた。

その都々子に目をつけて、いつかテイチクのドル箱スターになるから、

「都々子だけは、首にしないでつなげておけよ」

と言い続けたのが南口重太郎だった。

そして戦後の一九五五(昭和三十)年になって、都々子は爆発的ヒットに恵まれる。作曲が父、陸奥明の「月がとっても青いから」だが、その前に一時的にスランプがあって、ディレクターの川崎清が都々子のイメージチェンジを図る。

エレジーで売ってきた都々子に明るい曲を歌わせようというのである。しかし、それで失敗すれば彼女の歌手生命は危なくなる。

それでも陸奥は勝負に出ようと思った。曲は自分がつくるとして、作詞を誰に頼むか。

『月がとっても青いから』によれば、陸奥は川崎に、

「都々子が本来、明るい娘であることを熟知している人に書いてもらうべきでしょう」

と言い、具体的にはと問われて、清水みのるを挙げた。清水は作曲家の倉若晴生と組んで田端義夫のヒット曲を連打し続けていた。菊池章子の歌った「星の流れに」も清水の作品である。

陸奥とも旧知の仲だった。自分から頼もうと陸奥は言った。そして二週間ほどして、そのユニークさに息をのむような清水の詞が届いた。

〽月がとっても青いから
　遠廻《まわ》りして帰ろう

この「月がとっても青いから」と、エト邦枝の「カスバの女」のヒットでテイチクは経営危機から脱出し

たというが、何よりも陸奥と都々子が救われたのだろう。このとき、父と娘ははじめて古賀政男から自立したのだった。

古賀に引きつけすぎるかもしれないが、あの養女生活の寂しさが都々子の〝泣きべそ声〟にさらに一味を加えたのではないか。舟木一夫が少年時代に都々子の独特な歌声に取り憑《つ》かれていた、と語っている。

第13章　淡谷のり子とディック・ミネ

貧乏臭いと演歌を嫌った淡谷

古賀政男は『歌はわが友わが心』に淡谷のり子について、こう書いている。

「私とほぼ同じ時期にデビューし、音楽学校出の秀才として人気を得た。芸術家タイプで、文学も絵も哲学も知識があり、私とも非常に話が合った。彼女の声は地声ではなく裏声であることはよく知られている。ただ、地声の方も素晴らしく、聞く人の心を打つだけの迫力をもっている」

反骨の歌手の淡谷は「歌って稼ぐ歌屋さん」を軽蔑《けいべつ》し、橋幸夫が「ああ特別攻撃隊」（川内康範作詞、吉田正作曲）を、そして西郷輝彦が「若鷲の歌」をレコーディングした時には、かつて軍歌が歌われた状況をあまりに知らないと厳しく非難した。

「あれは歌手ではなく、カスね」

故郷の青森弁でこう切り捨てたりもしたのである。ちょっと合わないようにも思う古賀が「私とも非常に話が合った」と書くのは、やはり、一方は作曲家として、一方は歌手として同時期にデビューしたという親近感ゆえだろう。

吉武輝子の『別れのブルース』（小学館文庫）という淡谷のり子伝によれば、一九三一（昭和六）年に高橋掬太郎作詞、古賀政男作曲の「私此頃憂鬱よ」の譜面を渡された時、淡谷は乗り気でなかったという。「これまでの自分の歌とはあまりにも異質な、そしてどちらかというと嫌いな、べたつく感触のあるこの曲に、心の内で難色を示していた」のだった。

いつもなら、「自分には向かない」と断るところを、そうせずに吹き込みを承諾したのは古賀との友情があったからだった。

ヒゲに何か哀しみを宿す古賀が嫌いではなかったし、古賀メロディーの底流にある必死に生きる人々へのやさしさにも淡谷は惹《ひ》かれていた。

淡谷の『酒・うた・男』（春陽堂書店）という自伝めいた本がある。そこに彼女は「私の好きになる人は、皆、ヒゲを生やしているというが、私の惹かれたのは、和田（肇）のヒゲではなくて、ジャズの伴奏だった」と書いている。和田は俳優の和田浩治の父親だが、まもなく淡谷と結婚する。しかし、それは続かなかった。淡谷は「私のような女を、一時でも妻にした和田を気の毒に思っている」と述懐している。

淡谷と一緒に歌番組の審査員をやったことがある作詞家の山口洋子は、演歌は貧乏臭くて嫌いと広言していた淡谷が、中条きよしが出てきた時にうっとりして、

「ええオトコでないの！」

と囁《ささや》いたのが忘れられない。

あるインタビューで淡谷は、歌謡界のご意見番として文化功労賞ぐらいはと問われ、こう答えている。

「もらえませんね、不良だから。国民栄誉賞もアカだからってダメでしょ。でも、いらない。演歌の歌い手さんがもらったものと一緒なものはいらない。外国からもらってますからね。タンゴ広めた、シャンソン広めた、って」

叔父の悠蔵とのり子の壮絶なケンカ

淡路のり子の叔父《おじ》は社会党の代議士となった淡谷悠蔵だった。若き日に、のり子はこの叔父と壮絶なケンカをしている。のり子の『酒・うた・男』によれば、十歳ほど上の悠蔵は文学に傾倒して家業を放り出し、許婚《いいなずけ》だった金持の娘も振って、看護婦と一緒になった痛快な叔父だった。まだ十代ののり子は、この叔父ならわかってくれると、あるとき、次のような手紙を書く。

「妹は眼を患っています。医者に診て貰《もら》ったら、失明するかも知れないといわれました。母はせっせと夜おそくまで、内職の裁縫などしているのですが、そのために身体をこわして瘠《や》せてしまいました。とても見ていられませんけれど、私はここで自分の希望を捨てたくはありませんが、このままでは私達は、ほんとうに餓えて死ぬかも知れません。

芸術のことなどいったところで、他の人達には、わかって貰えると思えません。私が学校を卒業したらどんなに働いてでもお返しします。五円だけ送って下さい。それで助かります。私の気持を解って、快くお金を貸して下さるのは、叔父様の他にないと思って、お願い致しました」

別の女性へ走った父を当てにせず、母と共に上京したのり子は音楽学校をやめたくなかったのである。それでこうした手紙を書いたのだが、悠蔵の返事は冷たいものだった。

「貧しいのは、みんなだ。君ばかりではない。いくら貧しくても、学校へ行けるなど今の世の中では贅沢《ぜいたく》の一つだ。学校どころか、田舎では五つの子供が縄をなって、くらしを助けている。今の世の中で貧乏者が学校に入るなど、非望の一つだ。日本の教育制度など、才能があり、希望を燃やしているということだけで、皆が学べる程、結構なものになってはいないのだ。

働くことだ。食うために働くことだ。貧乏者は貧乏者らしく、どん底に立って、必死に生きて行くことだ」

期待とは正反対の返事に、のり子はカッとなった。憤懣《ふんまん》やる方なくて、すぐにまた手紙を書いた。

「叔父様は、自分が学校に行けなかったもので、学校へ行ってることに嫉妬《しっと》しています。武者小路だか何だか、人道主義だの、新しき村だの、ヘボ文学で自己満足をして、それでいい気で人にお説教なぞしてくれても、あなたのお説教ではお腹の足しになりません。三十近い叔父が二十近い姪に、どん底に立てとは何事です。

もうお願いなどしません。どんなことしたって、ひとりで生きて行って見せます。

もうあなたとは絶交です」

腹が立って文字は乱れに乱れたが、この手紙を投函《とうかん》する時には力が入って、思わず「よーしっ」という言葉が口から出た。

念が入った話で、悠蔵からは、望み通り絶交してやると、また返事が来た。それを読んで、のり子は、

「よーしっ、ひとりで何でもやって見せるぞ」

と決意を新たにしたのだった。

意地っ張り同士の再会

叔父の淡谷悠蔵に突き放されたのり子は、絵のモデルとなって生計を立て、学費も稼いだ。そして音楽学

校を出て、古賀と同じころに歌手としてデビューする。

古賀が作曲した「私此頃憂鬱よ」を歌ったことはすでに書いたが、郷里青森での初演奏会でこれを歌った時には会場割れんばかりの拍手でアンコールを求められた。

青森での演奏会を承知したのは、父親がある犯罪に手を染め、捕まったことを知り、急にいとおしくなったからだった。

それからしばらくして、親戚《しんせき》の者が郷里の新聞を送って来て、のり子は叔父の次のような文章を読む。

「お前は、婦人雑誌に、父よいずこ、などと安っぽい感傷を述べてるが、お前の父はだね、警察に捕まって、今、保釈で出ているが、お前の人気にさわることを心配して、楽屋にも会いに行けず、劇場の隅っこにかくれるようにして、ステージで拍手を浴びるお前の晴れ姿に、そっと涙を拭《ふ》いていたのが、人気にのぼせ上がったお前には、気もつかなかったろう」

古傷をえぐるような手紙だったが、この叔父と姪は似た者同士なのである。「生きて縁の薄かった」その父親が突然亡くなり、一周忌に遺骨を持って青森へ帰ったのり子は、ふっと憎たらしいと思っていた叔父に会いたくなって、子どものころの呼び名のまま、

「悠ちゃんは、どうしているの」

と尋ねた。すると、一人の伯母《おば》が、

「相変わらずねじくれて、無産党だか何だかやって、親類にもほとんど顔を出さないの」

と答える。叔父と姪のケンカを知っているので、よくは言わないのである。

「でも、あんたのお父様が警察へ行った時は、陰へまわってよく世話していたようでしたよ」

と別の伯母が言う。思わず、

「会いたいなあ」

と口に出すと、喜んだその伯母が使いを出した。しかし、その人は悠蔵の次のような伝言を持って帰って来た。

「絶交したのは、のり子の方からなんだから、僕の方からのこのこ出かけて行くいわれはない。会いたいなら、そっちから詫《わ》びて来い。今まであんなに、親類中で悪口いってた癖に、少しぐらい、有名になったからって、ベタベタして何だ」

みんな呆《あき》れて、これだ、と笑う。のり子は、

「そうだ、その通りだわ。私の方から行くわ」

と、なぜか素直になって叔父の農場に出向いた。悠蔵は見違えるようにたくましい大男になっていた。

「ずいぶん、会わなかったわね」

と言うと、悠蔵は時々会ったという。歌を聴いてくれたのかと思ったら、

「お前の歌をきくよりは、大菩薩峠《だいぼさつとうげ》の映画でも見に行く」

と相変わらずの憎まれ口を叩く。駅で二、三度すれ違ったのだという。意地っ張り同士の久方の出会いだった。

留置場の叔父に花束を

じょっぱり（青森弁で意地っ張り）同士の叔父と姪が久しぶりに会って、姪ののり子が父への差し入れの礼

を言うと、叔父の悠蔵は、

「何もしてやれなかったよ。一体、お前は昔から僕を金持に誤解する癖があったがね。お前とケンカした時だって、お前は五円貸せというんだが、僕には、晩の米を買う五十銭もなかったんだよ。ないならないで、素直にあやまってやれゃよかったのに、僕も見栄坊《みえぼう》だったなあ」

と往時を振り返った。

そして戦争が激しくなり、戦後に社会党の代議士となる叔父は反戦運動をしたとして伯母と共に検挙される。故郷で歌うことになった姪は、公演の後、盛んな拍手の中で堂々と花束を受け取り、化粧も落とさずに叔父たちが留置されている警察署に駆けつけた。

途中で買ったバナナも抱え、面会したいと申し入れたら、特高主任が、まだ取調べ中だからダメだという。それなら、これを差し入れてくれ、と花束とバナナを出すと、

「バナナはいいが、花束はゼイタクだ」

と拒否する。

荒《すさ》んで虚無的になっているかもしれない叔父たちに花の色を見せたくて持って来たのにと思うと、のり子はいまいましくなって、

「何でもいいから入れて下さい。あなたがいけないというなら、もっと上の人に会わせて下さい」

と食ってかかった。泣く子も黙る特高に、そんなことを言う人間はいない時代だから、目を丸くした彼は、

「じゃあ、署長に一応うかがってみます」

と部屋を出て行ったが、まもなく戻って来て、

「やっぱり、駄目ですなあ。今電話でうかがってみたのですが、規則がそうなっているし、今まで、留置場に花束を差し入れた例もないそうです。バナナの方は差し入れます」

と言った。

のり子は、そんな下らない規則なんか変えなさい、と怒り、花束もそこに置いたまま、警察署を出てきた。非国民的だといわれたハイヒールをはき、赤いマニキュアを塗って、ドレス姿でステージに立つのり子に、モンペ姿の国防婦人たちが「ゼイタクは敵だ！」というスローガンを突きつけた。それに対してのり子は、

「これ私の戦闘準備なのよ、ゼイタクなどではありませんよ」

と、化粧した顔をわざと近づけた。それで、淡谷のり子は生意気だ、不謹慎だという非難が歌手たちからも出て来たが、のり子は、その歌手たちのように日の丸を掲げたステージに国民服姿で立ち、宮城遥拝《ようはい》をした後、

〽見よ東海の空あけて
　旭日高くかがやけば

などと「紀元は二千六百年」を讃《たた》える歌を歌うことはできなかった。しかし、すでに書いたように古賀政男は、このころ、のり子を非国民と非難する側に立っていたのである。

特攻隊を前にして

「歌などというものは、どんなに権力で強制したところで、人々のほんとの心の底にしみ込むものじゃない。

みんなが哀しがっているのに、どんな勇ましい調子と歌詞でうたいはやしたって、勇ましくも何ともなりはしない。まして勇ましい軍歌をうたって戦争が勝てるものなら変なものだ。いくら宣伝しても、国民歌謡なんか、ちっとも流行《はや》らないし、軍歌も哀しくなる一方であった。

自分たちがまずい戦争を起しておいて、それがだんだん負けてくると、まるで喧嘩《けんか》に負けて帰った親父が、腹いせに家へ帰って、女房子供を擲《なぐ》りつけるみたいに、みんながうたいたい歌、ききたい歌などをいじめつけているみたいなものだった。

慰問にいっても、戦っている現地の兵隊さん達は、決して押しつけられる勇ましい軍歌などは歓迎しなかった」

『酒・うた・男』にこう書いた淡谷のり子は終生、古賀政男への親近感を失わなかった。しかし、戦時中の古賀は明らかに勇ましい歌を押しつけようとした。その時代の古賀に対して彼女はどう思っていたのか、いま、それを聞く術《すべ》はない。

彼女には、太平洋戦争の末期、国内外を慰問にまわっていたころの忘れられない思い出がある。白い鉢巻をした若い兵隊たちが客席の一隅にいた。上官が、

「特攻隊です。途中で命令が下りた時はお許しを」

と断りを入れる。

その言葉が気になりながら、胸中の動揺を隠して歌っていると、一人が立ち上がって舞台の前に進み、にっこり笑って敬礼した。まだ幼い感じの顔だった。そんな若者たちが次々と同じように敬礼をして去って行く。

胸がつまって、彼女は歌えなくなった。

「すみません。少し泣かせて下さい」

そう言って彼女は客席に背を向け、声をあげて泣いた。毎日新聞社会部の『あのうたが聴こえますか――戦後50年歌物語』（音楽之友社）によれば、そんな一人が戦後に彼女を楽屋に訪ねて来たことがある。戦闘機が故障して生還したのである。

「死んでいった仲間に申しわけない。自分だけ生き残ってしまった」

彼女の前で深く頭を下げた、その、かつての青年はそのまましばらく動かなかった。エンジン・トラブルで彼は引き返したのだが、十四、五人いた仲間は全員出撃して戻って来ることはなかった。

それから幾十年の歳月が流れて、すでに老いの影も射すその人は、

「皆に謝りたい……」

と身を震わせた。

「神様がちゃんと教えてるわよ。顔を上げて下さい」

と彼女は言ったが、彼は泣くばかりだった。

「お客を泣かせるのがプロでしょ、自分が泣いてどうすんの」

と〝じょっぱり〟ぶりを発揮していた彼女が客の前で泣いたのはそのときだけである。

服部良一が作曲した「別れのブルース」

一九六七（昭和四十二）年四月三日付の『ワシントン・ポスト』紙に「殺すな」と大書したベトナム戦争反

対広告が載った。鳩が涙を流しているイラストつきだったが、べ平連（ベトナムに平和を！市民連合）が企画したこの呼びかけの発起人に還暦の淡谷のり子が名を連ねている。

彼女の毒舌は、こうした社会派の反骨精神に裏打ちされていた。ただ、彼女はすべてを社会や時代のせいにする自立心のなさも嫌った。たとえば、テイチクのディレクターから、「星の流れに」をどうかと言われ、最後の〽こんな女にだれがした……という歌詞が厭《いや》だからと断った。戦後初のレコードなので吹き込みたかったのだが、パンパンがふてくされて他人のせいにしているのがガマンならなかったのである。

夜の女になったのは軍国主義者たちが戦争をしたからではないかというディレクターに、彼女はこう言い返す。

「それを戦争中に言ってほしかったわ。戦争中は軍国主義に媚びて協力したくせに、いまになって戦争反対者みたいな顔をするなんて、それこそずるい人間のやることよ」

これで彼女はテイチクに居づらくなり、日本ビクターに移籍する。そんな彼女も、未婚の母で生んだ娘には弱かった。旅から帰って、

「あんた、誰」

と言われたり、

「今度お嫁に行く時は私も連れてって」

と頼まれたりもした。

「おみやげにお父さんを買って来て」

と、せがまれ、

「あれはいま、品切れなの」

と逃げたこともある。

その娘は彼女を「女としては尊敬するけど、母親としては絶対尊敬できない」と言っていたとか。

彼女を「あんなにうまい歌手はいない」と絶讃《ぜっさん》して、彼女の代表作「別れのブルース」を作ったのが、古賀のライバルの服部良一だった。江口夜詩、古関裕而、そして服部良一と、古賀にとってのライバルは、ある意味で変遷した。しかし、江口にとっても、古関にとっても、ライバルは古賀だった。

〽窓を開ければ　港が見える

　メリケン波止場の　灯が見える

の「別れのブルース」は最初、旧満州で流行った。大連《だいれん》のダンスホールでは連続アンコールの大人気で、それが逆上陸する。

「ゼイタクは敵だ」という戦争中のヒステリックなかけ声に、いや、「ゼイタクは素敵だ」と身をもって打ち返した彼女は、ディック・ミネや灰田勝彦ら、後輩にとって頼れる存在で、彼らはしばしば出番前にやって来て、

「姉さん、緊張するんだ。ちょっと胸を見せてくれ」

と言い、

「しょうがないわね」

と彼女が豊かな乳房をぽろりと出すと、安心したようにステージに上がっていったという。

ブルースが発売禁止に

「アナタノオクニモ、コワイクニニナリマシタ、ダカラ、ワタシ、ニゲル。デモ、ノリコサン、アナタ、ケッシテ、ヒトヲコワガラセル、ウタ、ウタッテハイケナイ。ヒトノココロヲタノシマセ、ナグサメルウタダケヲ、ウタッテクダサイ」

淡谷のり子の歌を愛し、「おもかげの歌」などのジャズ・ソングを作曲してくれたピアニストのマーク・クラスがこう言って日本を去ったのは一九三九（昭和十四）年だった。ユダヤ人のラスにとって、反ユダヤのナチス・ドイツと軍事同盟を結んだ日本にはいられなかった。

吉武輝子は『別れのブルース』という淡谷のり子伝で、古賀メロディーが代表する流行歌謡曲をレコードのA面的存在とし、のり子の歌うジャズやブルースはB面的な存在だった、と指摘している。そして、「別れのブルース」はのり子と、作詞の藤浦洸、作曲の服部良一という三人のB面型人間が力を出しきってつくった歌だと続けている。これがヒットして、同じトリオで「雨のブルース」がつくられる。しかし、これらの歌は頽廃《たいはい》的で戦意を昂揚《こうよう》させないとして、一九四二（昭和十七）年には発売禁止となった。

「雨のブルース」を淡谷は戦地で歌ったことがある。兵隊たちが盛んに歌ってほしいというからである。生来の反抗心もあって、彼女は思いっきり歌った。

「すると、演芸係の将校さんがスーッと席をはずす。立場上見て見ないふりなんでしょうけど、その将校さんたちも、窓のかげに隠れてそっときいているんです。戦争中の忘れられない思い出です」

舶来の香水をつけ、黒いロングドレスに濃い化粧で歌う彼女には、軍部の目も光っていた。それで、コンサート会場で、軍刀を突きつけられたこともある。

しかし、彼女は怯《ひる》まなかった。

「このドレスが私の軍服です」

開き直った彼女に、軍人が、

「殺すぞ！」

と脅した。

「私を殺して戦争に勝てるならどうぞ」

軍歌を拒否し、自分の好きな歌を歌うのも命がけだった。それと対照的に藤山一郎は、古賀メロディーから軍歌へと、A面的歌手生活を続けていく。

「かつて古賀メロディーのA面とB面を分けもったのり子と藤山一郎は、生い立ちといい、歌手になるまでのプロセスといい、びっくりするほど似通っていた。だが、歌手になって以後のこの二人の歩みは、まさに一枚のレコードの表裏のごとく大きく違ったものとなっていく」と吉武輝子は書いているが、それは古賀政男と服部良一の対比にも重なる。

古賀は自伝で「コロムビアに後輩として入ってきた服部良一君は、とても円満な人格の持ち主」で「〝良ちゃん〟と呼んで、何でも相談できる信頼すべき人だ」とほめているが、この後輩に比して、戦争中の古賀の生き方はほめられるものではなかった。

ミネのバタ臭さに目をつけた古賀

ディック・ミネは淡谷のり子によって見出された。本名は三根徳一だが、父の円次郎は土佐中学の名校長として知られ、母の恵は日光東照宮の宮司の娘で、とても歌手になることを許すような家庭ではなかった。それでミネも立教大学を卒業すると、逓信省（現在の総務省）に入る。しかし、一カ月しか続かなかった。

その後、和泉橋ダンスホールで歌っていたところを淡谷のり子に認められ、彼女は、

「あんた、うまいから歌手になりなさい」

と勧めただけでなく、いくつかのレコード会社に推薦してくれ、ミネはテイチクと契約することになった。

そして、

〽おおダイナ……　わたしの恋人

の「ダイナ」が大ヒットして流行歌手の仲間入りをする。「ダイナ」はすでに藤山一郎や東海林太郎がレコーディングしていた歌だったが、ミネが新たに訳詞というよりは作詞をし、ジャズ風の歌い方でヒットに結びつけた。

「デビューに日本人の作曲家の歌をもらったら一生頭が上がらないから、外国の歌を日本人的に直し自分で編曲したんだよ。もう何万回と歌っているだろう。なにしろ歌わない日はないし、日に三回位歌っているからね」

ミネはかつて、長田暁二にこう語っているが、そのミネに「人生の並木路」を歌わせたのが古賀政男だった。そのバタ臭さに目をつけ、演歌は苦手だと逃げまわるミネをつかまえて、古賀はそれこそ口移しでこの歌い方を教えた。

この歌は日活映画の『検事とその妹』の主題歌としてつくられ、作詞は佐藤惣之助である。詞を手にした

古賀は、

「家庭の幼少時の苦労を直感的に想起した。とくに二つ年下の弟とは、お互いいたわり合い、励まし合ってたので、詞の中の妹を弟に置き換え、〽泣くな妹よ、のところに万感を集中して作曲した」

と述懐している。

一九三七（昭和十二）年早々にこの歌は発売されたが、旧満州の慰問から帰って来たら、これが大ヒットしていた。そして、驚いたことに、自分の名前が三根耕一と変えられていたのである。

一九四〇年春に外国名や芳しからぬ名前を芸名として使うことが禁止され、ミス・ワカナや藤原釜足《かまたり》、そして、ディック・ミネがそれに引っかかった。それでは本名の三根徳一でと思ったが、徳の一でマッサージ師のようなので、テイチクの文芸部が勝手に三根耕一として登録したのだった。

ディック・ミネという名については、立教大学在学中に草津の温泉に行ったところ、待遇が悪いので、後から来るミネをタイの男爵《バロン》に仕立て、「バロン・ディック・マラー（でかいマラ）」で一時は宿屋をだましたことに由来するという。本名のミネとも関わるが、彼の逸物《いちもつ》の大きさは有名だった。それで、〝テイチク三《さん》根《こん》〟とか〝でっけい！　見ねえ〟だとか、いろいろ話の種にされたらしい。

芸人としての誇りと意地

ディック・ミネは淡谷のり子に会うたびに、

「淡谷さん、『ダイナ』を三根耕一なんてヤボな名前で歌えますか。国民服にゲートル巻いてジャズ歌ってるのと変わりませんよ」

と嘆いていたが、淡谷はミネと組んで興行してまわるのが好きだった。ジャズ・ボーカリストとしてのミネの才能に惚《ほ》れこんでいたからである。

ところが、男尊女卑の封建的体質が強い興行界では、一座を組めば、当然のようにミネが座長となった。興行界だけではなく、当時は女性は選挙権が与えられていなかった。

それはともかく、ミネにとって淡谷は、自分をスターにしてくれた恩人である。居心地の悪さを感じていたが、淡谷は平気だった。吉武輝子の淡谷伝『別れのブルース』で、ミネがこう語っている。

「なんといったって、淡谷さんは先輩ですからね。軍部にはにらまれていたが、女性ボーカリストとしてはナンバーワンで、絶大な人気があった。ふつうだったら、なぜ、先輩の自分の方が扱いが下なのかとゴネてあたりまえ。ギャラの問題もからんでいるから、どっちかといえば、僕の方が申し訳ないなとこだわっているのに、淡谷さんはぜんぜん気にしてないんですね。どっちの扱いが上か下か、看板の字がどっちが大きいか小さいか、そんなことは淡谷さんにとってはゴミみたいなもの。自分の好きな歌を気持ちよく歌いたい、ただそれだけなんですね、淡谷さんの願っていたことは。『フーン』なんです、それ以外のことは」

それだけに歌のことになると危険をかえりみなかった。ある時は外地でイタリア民謡の「オオ・ソレ・ミオ」を歌った。すると、それまでなかった拍手が横の方から送られた。外国人捕虜とおぼしき人たちだった。それで彼女はそちらの方を向き、「帰れソレントへ」などを歌った。拍手につぐ拍手だったが、将校が飛んで来た。軍刀の柄を握りしめて、

「皇軍の兵士に尻《しり》を向けて歌うとは何事だ」

と怒鳴る。返答次第では許さんという見幕だったが、彼女はこう言い切った。

「わたしは芸人です。拍手をしてくれた人の方を向くのはあたりまえですよ。だいたい兵隊さんが歌を聞きたいというから、無料で歌っているのに何ですか、拍手ひとつしないなんて。失礼にもほどがあります」

そして、クルリと背を向けて歩き出したが、さすがに将校は追ってはこなかった。

そんな彼女も、開演前には胸がドキドキし、足がふるえるほど緊張したことを知る人は少ない。その点が同じだと知って、淡谷と越路吹雪《こしじふぶき》はいっそう親しくなった。二人は好んで同じ舞台に立ったが、淡谷がたった一夜の紅白歌合戦のためにパリから取り寄せてつくったイブニングに越路は見とれ、

「歌手というものはゼイタクを知っていなければダメ。そうでないとステージが華やかにならないのよ」

という淡谷の言葉に深く頷《うなず》いた。

第14章　詩が姉で曲が妹

萩原朔太郎の義弟、佐藤惣之助

古賀政男は「詩が姉で曲が妹」と言いつづけたが、古賀メロディーで一番多い作詞が佐藤惣之助のそれである。古賀にとって佐藤は気の置けない相談相手でもあった。

その佐藤が再婚した相手の兄が詩人の萩原朔太郎で、マンドリンが好きだった萩原は、古賀の家にフラッと遊びに来ては、

「古賀さん、また頼むよ」

と言って、マンドリンを出してもらい、自分はそれを弾きながら、古賀のギターに合わせて演奏したという。

自分の詩は「病める魂の所有者と孤独者との寂しいなぐさめだ」と言っていた萩原は、大衆に根ざした古賀メロディーを高く評価し、「古賀政男と石川啄木」という一文をものした。「真のヒューマニストの芸術家」として啄木と同格に扱ってくれた萩原の文章を、古賀は嬉しくて大事に大事にしまっていたという。

古賀の前で、「大衆詩」の佐藤と「純粋詩」の萩原は、いつも激しく論争していたというが、「大衆曲」の古賀には優しかったということか。

古賀によれば、「平易な言葉で心をえぐるような調子」の詩を書いた佐藤は、義兄の萩原にはやりこめられつつも人間的にはとても温かい人で、生きた魚などさわるのも嫌いな古賀に、熱心に釣りの話をした。

「古賀さん、釣りというやつはね、女を口説くのと同じなんだよ。たとえばアユ、これは純情な娘さんだね。誘惑して釣り上げるのがたいへんむずかしい。しかも一度ふられたら、もう絶対にかからない。黒ダイは年増《としま》女だな。長いことさんざんじらすが、いざというときは、思い切りよくグーッときちゃってね」

その萩原が一九四二（昭和十七）年春に亡くなり、佐藤は葬儀委員長を引き受けた。ところがその疲れからか、萩原の死後四日目に萩原の後を追う。急逝だった。享年五十二。

あまりに若すぎる死である。それだけの短い間に古賀とのコンビの歌を最も多くつくっていたというのだから、いかに息が合っていたかということだろう。

〽山の寂しい　湖に

と始まる「湖畔の宿」は高峰三枝子が歌ってヒットしたが、佐藤惣之助作詞のこの歌の替え歌が戦地でつくられ、国内に逆輸入される。しかし、そのころは佐藤は亡くなっていたので、次の替え歌を聴くことはなかった。

〽きのう召されたタコ八が
弾《たま》に撃《う》たれて、名誉の戦死
タコの遺骨は　いつ還る
骨が無いから　還らない
タコの……　悲しかろ

他にも作者不詳の、たとえば「可愛いスーチャン」などが兵士たちの間で歌われた。

〽お国のためとは　言いながら

人の嫌がる　軍隊に
志願で出てくる　バカもいる
可愛いスーチャンと　泣き別れ

「緑の地平線」を歌った楠木繁夫

「佐藤惣之助さんは、私といちばん数多くコンビを組んだ詩人だ。『男の純情』『人生の並木路』『人生劇場』『青い背広で』など、作品名をあげたらきりがない。

惣之助さんも、初めのうちはかなり観念的な詩を書いていた。大衆詩としては、どうも素直に呑《の》み込めないところもあった。しかし義太夫が好きで、たいていのサワリは全部頭に入っているような人だったから、その情趣を現代に置き換える作風を体得してからは、次々に素晴らしい詩を書いてくれた」

古賀は、佐藤の死から三十五年経って出した自伝『歌はわが友わが心』で、そう回顧し、「私が作曲の醍醐味《だいごみ》を知ったのは、やはり惣之助さんと出会ってからだと思う」と述懐している。

佐藤の詩は「無雑作にズバリ言ってのけたようでいて、かぎりない愛情を味わわせるものだった」ので、古賀はできるだけ作曲を延ばし、自然にその詩が口をついて出てくるまで待った。そして、広がるイメージを深めて曲をつくったのである。

古賀は前記の回顧でその曲を挙げてはいないが、佐藤作詞、古賀作曲の歌で私は「緑の地平線」に最も親しい感じをもつ。古賀メロディーでこれを一番好むと言ってもいい。

〽なぜか忘れぬ人故に

涙かくして踊る夜は

と始まるこの歌を唄《うた》ったのは〝ミスター・テイチク〟と呼ばれた楠木繁夫。

「緑の地平線」は同名の日活映画の主題歌として作られたが、原作は朝日新聞が公募した懸賞小説の受賞作だった。

一九三四（昭和九）年当時は、大学出の初任給が五十円ぐらいだったが、懸賞金が家が数軒も建つ一万円だったので話題を呼んだ。受賞したのは、それまで少女小説を書いていた横山美智子（タレントの横山道代の母）。彼女に幸せを運んだこの作品が楠木繁夫をもスターダムに押し上げた。

この年、古賀が重役の専属作曲家としてテイチクに迎えられたことはすでに書いたが、入社するとすぐ、古賀は黒田進という歌手を関西から呼び寄せ、楠木正成の銅像を型どったテイチクの商標にあやかって、楠木繁夫という名を与えた。

滅法酒の強かった楠木は、「緑の地平線」が当たってからは連日、新橋や神楽坂《かぐらざか》に出没し、きれいどころに囲まれて、〝黒ちゃん、黒ちゃん〟と大モテだったという。本名の黒田にちなんでそう呼ばれたわけである。

「黒ちゃん！　歌って！」

とホステスたちからせがまれると、彼は気軽にアコーディオンを弾きながら、「緑の地平線」を歌い、しばしば自分の歌に酔って涙を流した。

しかし、熱愛した夫人（「南から南から」等のヒットを出した歌手の三原純子）と病気によって別居し、のどをつぶして歌えなくなったことなどを悲観して、一九五六（昭和三十一）年の暮、自ら命を絶ってしまった。

「青い背広で」をめぐる話

〽青い背広で心も軽く
　街へあの娘と行こうじゃないか

この「青い背広で」も、佐藤惣之助作詞、古賀政男作曲だが、これは佐藤が藤山一郎の背広姿を見て作った歌だった。

ある日、藤山がダーク・グリーンの背広を着てテイチクのスタジオへ入って行くと、居合わせた佐藤が、

「やあ、ピンちゃん、その青い背広、なかなか似合うじゃあないか」

と声をかける。酒豪として聞こえた佐藤はそのときも酩酊《めいてい》状態で、ろれつもまわらないほどだった。だから、ダーク・グリーンも青に映ったのだろう。和服姿で御機嫌の佐藤に、藤山は、

「いえ、これは青ではありません、ダーク・グリーン……濃緑で……」

と抗弁したが、佐藤はそれには答えず、

「うん、確かによく似合うよ。そうだ、それで一曲いけそうだぞ！」

と独り合点している。そしてまもなく、「青い背広で」の詞が古賀に渡される。

『藤山一郎自伝』によれば、古賀はこれを軽快なフォックストロット調で作曲した。

古賀は歌手の歌い方には神経質なほど注文をつけたが、藤山に対しては、

「きみの思いどおりに歌ってくれたまえ」

というのが常だった。

ところが、レコーディングの時に、

〜駅で別れて一人になって
を藤山が「一人に、なって」とはっきり歌うと、

「あっ、藤山君、そこの個所は、なって、ではなく、なぁーて、と延ばして歌ってくれないか」

と注文をつける。珍しいことだった。しかし、それでは歌い難《にく》いので、

「いや、やはり、なって……、とはっきり歌ったほうがいいですよ」

と藤山は主張したが、古賀は、

「きみの考えは考えとして、ここは、なぁーて、と優しく歌ったほうが、ムードが出るよ。やはり、なぁーて、と歌ってくれないか」

と引かない。

「しかし、それでは、言葉が不自然になってしまう。ここは、なって……、と歌ったほうが」

「いや、なぁーて、と歌ってもらいたい。ぼくの言うとおりにやってくれないか！」

言い合いが続いた。

しかし、古賀は引き下がらず、藤山もがんばったが、ついに説き伏せられて、

「いいでしょう。では、あなたのおっしゃるとおりに歌いましょう」

と藤山が折れて、「一人になぁーて」でレコーディングは終わった。

「藤山君、きみがそんなに強情だとは知らなかったよ」

このとき、古賀は藤山に笑いながら、こう言ったという。だが、藤山はステージでは自分の思い通りに

「一人になって」と歌ったのだった。

〝俳人〟佐藤酔花の矛盾

佐藤惣之助は若き日、のちに流行作家となる佐藤紅緑《こうろく》に俳句を習っていた。そのときの俳号が酔花である。

いかにもの俳号だが、惣之助の詞は、シラフで書いたのか疑わしいものもあった。たとえば「青い背広で」である。

青い背広を着て、心も軽く、街へあの娘と行くのはいいが、どうして「紅い椿で　瞳も濡れる」のか。

これなどはまだ許せる方で、次の詞はマジメに考えると、わけがわからなくなってしまう。

〽駅で別れて　一人になって
　あとは僕らの　自由な天地

「一人になった」はずなのに「僕ら」となるのである。

しかし、古賀政男はそんな矛盾を詮索《せんさく》しなかった。

〽甘い夜風が　とろりと吹いて
　月も青春　泣きたい心

に陶然となって、絶妙のメロディーをつくったのである。

〽純なあの娘は　仏蘭西《ふらんす》人形

という一節には、佐藤の義兄の萩原朔太郎の有名な詩の

　ふらんすへ　行きたしと思へども

ふらんすは　あまりに遠し
せめては新しき　背広を着て
きままなる旅に　いでてみん

から「青い背広で」は発想されたとも言えるだろう。

古賀の惣之助への信頼は絶大だった。惣之助が早くに亡くなったことが、古賀をして、『歌はわが友わが心』で、次のような言を吐かせたのかもしれない。

「最近の作詞家に、私はもの足りないものを感じている。非常に理にかなって、上手かもしれないが、結局、訴えるべき心がないのではないか。親切すぎるほど説明しつくし、かえって詩をつまらなくしている。言葉の選択も足りない。歌の余韻などぶちこわすような言葉を羅列してしまう。この調子で、しかも短命な歌が大量生産されたのでは、聞く人があきれるのも無理はないだろう」

作曲家もそれは同じで、やはり苦労した人間がいい曲をつくると言って、古賀は船村徹と遠藤実を挙げている。

そして、「大衆を馬鹿にはできない」のだとし、自分は常に〝衆賢〟の立場から作曲してきたという。

「それこそ国が違って、人種が変わっても、なお歌われ続け、人々の心をゆさぶるような歌の出現を、私はひそかに待っているのだ」と主張する古賀は、「いまの若い人」に対し、非常に明るくていいが、やはり自己中心主義に陥る傾向がある、と苦言を呈している。

「自分本位に割り切ってしまい、他人を愛せなくなっている。他人をほんとうに愛せない人に、音楽は創造できない」
そう指摘する古賀は他人への愛と共に、あるいはそれ以上に自己愛が強い人だった。

「二人は若い」のサトウハチロー

古賀メロディーの異色作「二人は若い」の作詞者、サトウハチローは佐藤紅緑の長男である。やはり紅緑の娘で、ハチローの異母妹、佐藤愛子が書いた『血脈』（文春文庫）を読むと、ハチローの弟たちの不良ぶりは並ではない。紅緑の放蕩《ほうとう》も激しかったが、息子たちの自堕落もケタはずれだった。

「二人は若い」は日活映画『のぞかれた花嫁』の主題歌としてつくられ、ディック・ミネと星玲子のデュエットでヒットした。

これについて前記の『血脈』で、ハチローの弟の節が次のように語る場面がある。

「ハチローは日活から映画の主題歌を頼まれましてね。ポリドールの専属なのに引き受けたんですよ。『なに、名前を変えりゃいいさ』ってね。そのペンネームが玉川映二。玉川の撮影所で書いたんで玉川映二。ウワハハハ」

聞き手の笑いを誘うために、自ら笑うのだという。そして話を続ける。

「それがテイチクで吹き込んで、今、売れてますよ。『二人は若い』って歌です。『あなーた、なーんだい、空は青空、二人は若い』ってアレです。これを紅緑親父がラジオで聞いて怒りましてね。この頃はくだらない歌を作る奴がいるもんだ。なにがあなーた、なーんだいだ、ふざけるにもほどがある、怪しからん、ってね、ところがそれを書いたのがハチローだと知った時の顔ったらなかったですよ、ウワハハ」

ハチローは牧野満男がつくった映画『うちの女房にゃ髭がある』の主題歌も書いた。こちらは星野貞志という名前を使ったが、「二人は若い」を歌った女優の星玲子は牧野の恋人であり、ハチローはそれをヒヤかして、〝星の亭主〟すなわち星野貞志とつけたのだった。

ただ、ハチローは驚くほかない、すばらしい詩もつくっている。たとえば「小さい秋見つけた」である。

だれかさんが　だれかさんが　だれかさんが
見つけた
小さい秋　小さい秋
小さい秋
見つけた
目かくし鬼さん　手のなる方へ
すましたお耳に　かすかにしみた
呼んでる口笛　もずの声
小さい秋　小さい秋
小さい秋
見つけた

これなら父の紅緑も「くだらない歌」だとカンシャク玉を破裂させることはなかっただろう。

ハチローは一応ポリドールの専属なのに、内緒でコロムビアとも契約を結び、それだけでなく、キングレコードにも詞を書いていた。そのたびに名前を使い分ける。

清水操六、倉仲住人、山野三郎などだが、清水はキングの文芸部長が清水という友人で、キングから前借をする時にこの名前を使うといいというのでつけたものだった。倉仲は愛人の住んでいる家がもと土蔵だったから、蔵の中の住人というわけである。

映画は日活、レコードはテイチク

〽空にゃ　今日もアドバルーン
　さぞかし会社で　今頃は

と始まる「ああ　それなのに」、

〽何か　いおうと思っても
　女房にゃ何だか　言えませぬ

の「うちの女房にゃ髭がある」、そして、

〽目ン無い千鳥の　高島田
　見えぬ鏡に　いたわしや

の「目ン無い千鳥」などがサトウハチロー作詞、古賀政男作曲の歌である。やはり、ハチロー作詞の「二人は若い」が日活映画の『のぞかれた花嫁』の主題歌であったことはすでに記したが、このヒットに味をしめた日活は「映画は日活、レコードはテイチク」というキャッチフレーズで、次々と主題歌入りの映画をつくるようになった。日活の渡辺邦男監督と組んで、古賀も「緑の地平線」「愛の小窓」「人生の並木路」「新妻鏡」など四十曲近く作曲している。

しかし、映画の仕事は古賀には辛《つら》かった。封切りに間に合わせるため、一日に十曲も作ったことがある。だから、あまり思い出はよくないのだが、渡辺邦男からもらった次の手紙だけは忘れられない。

「昭和十年、私の映画『うら街の交響楽』でのタイアップいらい、古賀さんとは二十八年の交友です。当時私は借金が多かった。それを知ってか、あなたは私のポケットに二百円をねじこんで、『坊ちゃんに洋服でも……』。子供服なら四十着はかえる大金だ。当時の日活根岸部長に相談すると、『ワシのところまで相談しにくる奴がいるか。ありがとうでいいんだ』と言われ、その大金をそっくり故郷の父へ持っていって、父の涙をみました。あなたに初めて打明けることです。『緑の地平線』『人生の並木路』『愛の小窓』『銀座の柳』『あなたと呼べば』『新妻鏡』など、自分の映画は忘れても、あなたのメロディーは、いまでも完全に覚えています」

また、ディック・ミネにはこんなお礼を言われた。

「古賀さん、あなたには感謝してますよ。けっこう〝懐しのメロディー〟で忙しくてね」

ミネが歌った「二人は若い」や「人生の並木路」を聴いて育った人間が重役や社長になり、ミネへのお座敷がかかるのだった。

ところで、古賀の自伝などを引っくり返しても、ハチローのことはほとんど出てこない。惣之助のことは出てくるのに、あまり思い出したくないということだろうか。

ハチローは万城目正作曲の「リンゴの唄」や古関裕而作曲の「長崎の鐘」の作詞でも知られる。

ハチローは、自らも被爆した長崎医大教授、永井隆と親交があった。そして永井の遺した『長崎の鐘』『ロザリオの鎖』『この子を残して』などの手記も参考にして、

〽こよなく晴れた　青空を
　悲しと思う　せつなさよ

の「長崎の鐘」を作詞した。歌ったのは藤山一郎である。

第15章　美空ひばりとの出会い

「彼女の歌にはハートがある」

「戦後の歌手のなかで、ひばり君ほど歌のうまい人には会ったことがない。それは技術的なものより、感情の表現の仕方だと思う。歌に心をこめる、その歌い方がちがう。彼女の歌にはハートがあるのだ」

『歌はわが友わが心』で古賀はひばりを、こう絶讃《ぜっさん》している。「戦後」と限定したのは藤山一郎らに対する心配りだろう。

「柔」や「悲しい酒」など、古賀メロディーの中でも「記念すべき作品」をひばりは歌っている。「やはり歌謡曲の歴史を書きかえた人間の一人」であるひばりへの古賀の讃歌は次のように続く。

「彼女の〝声の魔術〟には誰もがとりこになる。歌は理屈でなく、本来はそうであるべきものなのだ。ひばり君は、若いながら、私の歌のよき理解者であり協力者といえるだろう」

そして、弟たちのスキャンダルの最中だったのか、古賀は「人格的な面でいろいろいわれているようだが、私はひばり君を信じている」と付言している。

ところで、ひばりに「反戦歌」があることは知られていない。

ひばりが六歳の時、父親が兵隊にとられ、他の多くの国民と同じように苛酷《かこく》な戦時下の生活を余儀なくされる。

それで彼女は、一九七四（昭和四十九）年八月九日夜、広島県立体育館で開かれた第一回広島平和音楽祭で、幼い日に体験した空襲の恐ろしさを語った。

そして、松山善三作詞、佐藤勝作曲の「一本の鉛筆」を歌い始める。

〽あなたに聞いてもらいたい
　あなたに読んでもらいたい
それは聴いている者の胸にストレートに飛び込んで来るような歌い方だった。

〽一本の鉛筆があれば
　戦争はいやだと私は書く
「この歌は永久に残る歌です」

とひばりは語ったが、これを歌ったのも売名行為であるかのように言われたり、当の被爆者たちからさえ、

「一本の鉛筆で戦争がなくなれば気楽なものだ」

と、そっぽを向かれたりした。

「ひばりなんかに歌ってもらいたくない」

という声まであがったが、そうした声に対し、作詞の松山善三は胸を張って、

「一本の鉛筆は鉄砲の弾より強いのだ」

と言い返した。

どんな反戦歌も抵抗の檄文《げきぶん》も一本の鉛筆から生まれることを、映画監督でもある松山は伝えたかった。その思いはひばりも同じだったのである。

東京拘置所のテレビで、ひばりの追悼番組を見た、いわゆる過激派の鎌田俊彦は、ひばりの歌について、

「演歌嫌いのボクですら、上手《うま》いなあ、圧倒的に上手いなあ、という一言。声域の広さが素晴らしいですね」

と語っている。

日生劇場への出演を断る

古賀メロディーの「りんどう峠」などを歌った島倉千代子も、古賀にとっては欠かせない花だったが、この花は、ほぼ同年の美空ひばりに次ぐ二番手の花でありつづけた。

ひばりをひまわりとすれば、千代子は紫陽花《あじさい》だったのである。アジサイについて思い出す逸話がある。

リクルート事件で、親分の中曽根康弘の罪を背負う形で下獄した藤波孝生はなかなかの俳人だった。その藤波が母親に逝かれた時、

○あじさいの珠ことごとく曇るかな

と詠んだ。

そして、現・衆議院議長の河野洋平が自民党を離党して新自由クラブをつくった際には、是非にと参加を誘われたが、

「洋ちゃん、ぼくはハデなことは嫌いなんだ。花でいえば日陰に咲くアジサイが好きなんだよ」

と断った。

この藤波と島倉千代子にはアジサイが似合うが、ただ、古賀もひばりも歌謡曲界にあってはひまわりであっても、音楽界全体としては日陰の花扱いされた。二人とも、アジサイの哀しさを知らなかったわけでは

ないのである。

それを竹中労の『完本美空ひばり』(ちくま文庫)が次のように伝える。

一九六四(昭和三十九)年春、ひばりは日生劇場からの出演依頼を断った。

「私の芸は、床の間に飾るようなものではございません。みなさまが、ミーちゃんハーちゃんとおっしゃる、そういう方々とともに、今日まで歩んでまいりました。これからも私は大衆の一人であり、大衆の中に芸能人として生きることに、誇りとよろこびを求めていきたいと存じます。おたくさまのような格式ばった劇場では、ひばりの歌は死んでしまいますので、どうぞあしからず、おゆるしくださいませ」

竹中によれば、これがひばりの日生劇場への返書であり、「原文のママ」だという。

当時、日生劇場から声がかかれば、一流中の一流という感じだった。中村勘三郎も尾上松緑《おのえしょうろく》も、みんな喜び勇んで出演したのである。

ところが、ひばりは違った。

「小気味のよいことをするね」

と竹中が言うと、ひばりは、

「だって、私のファンはタキシードなんか着て劇場へは来ないでしょ」

と答えた。とくに気負った様子もない。

貴族的なもの、上流社会的なものへの、本能的な反発がひばりにはある、と竹中は書く。

「フン、上品ぶってら」

と、ひばりはしばしば口をゆがめた。

そんなときには、下町っ子のきかん気がむきだしになるのだった。

「貴族的なもの、上流社会的なもの」をクラシックとすれば、それへの反発をひばりと古賀は共有した。

そこで二人は響き合ったのである。

ブギウギを歌う少女への非難

「ひばり君との最初の出会いは、彼女がまだ八歳か九歳の頃だったと思う」

『歌はわが友わが心』で古賀はこう回想する。戦後、NHKの「素人のど自慢」が再開されてまもなくだった。

横浜で「のど自慢」の募集があり、遅れて楽屋に駆け込んできたひばりは、伴奏なしで笠置《かさぎ》シヅ子のブギを歌った。

とにかくリズムがぴったり合っていて気持ちがいい。完成された感じで、歌手になりたいのならがんばりなさいと古賀は励ました。

そしてコロムビアに採用され、最年少で異例のデビューを果たす。

「これで子供なのかと、気味が悪いくらい素晴らしい才能だった」と古賀は書いているのだが、その嫌悪感をストレートに出したのがサトウハチローだった。

古賀とのコンビの曲も多いサトウは、一九五〇（昭和二十五）年一月二十三日付の『東京タイムズ』のコラム「見たり聞いたりためしたり」にそれをムキ出しにした。

〈近頃でのボクのきらいなものはブギを唄《うた》う少女幼女だ。一度聞いたら（というより見たらだ）やりきれなくなった。消えてなくなれとどなりたくなった。吐きたくなった。いったい。あれは何なのだ。あんな不気味なものはちょッとほかにはない。可愛らしさとか、あどけなさがまるでないんだから怪物、バケモノのたぐいだ。あれをかけて興行している奴のことを思うと、はり倒したくなる〉

しかし、サトウも、古賀作曲の「二人は若い」の作詞をして、父親の佐藤紅緑に、

「この頃はくだらない歌を作る奴がいるもんだ。なにがあーた、なーんだいだ、ふざけるにもほどがある」

と叩かれたわけである。自分のことはあまり見えないということか。

ひばりへの非難は、「東京ブギウギ」など、ひばりがその歌を唄う笠置シヅ子からも出た。自分の影が薄れるほどのひばりの人気に笠置は危機感を抱いたのである。

そんなひばりをかばいつづけたのが淡谷のり子だった。二人はちょうど三十歳違う。淡谷の娘の奈々子とひばりはそんなに年が違わないのである。

吉武輝子が『別れのブルース』という淡谷伝で指摘するように「バタ臭さを好み、貧乏ったらしさを嫌ったのり子と、アメリカ化を拒み、しめった日本人の心情を代弁するひばりは、まさに水と油のごとき存在」だった。

それでもかわいがったのである。たとえば、出演前に劇場で風呂に入りたがるひばりに、淡谷は一緒に入り、体のすみずみまで洗ってやった。序列のきびしい芸能界ではこうするしか先に風呂に入れない。マネージャーの福島通人が同じ申し出を笠置にしたら、

「わて、子守りに来たんやないんえ」

と怒鳴られたという。

淡谷のり子の厳しい忠告

「淡谷さんは演歌嫌いだが、実は心情的には日本一の演歌歌手。大浪花節《なにわぶし》語り。涙もろくて、人情に厚くて、人を信じやすくて面倒見がいい。ずいぶん、それで損をしているが、それが淡谷さんの性分なのだから、ハタからあれこれ言ってみても仕方がない」

淡谷のマネージャーの山県堯は吉武輝子にこう言ったという。

淡谷は自らに演歌的心情があるから演歌を嫌ったのだった。ないから嫌ったわけではない。古賀政男に親しい感じを持ちつづけたのも、そうした心情ゆえだろう。

「ひばりの歌が受けている間は、日本人は変わらない。いつでも戦前に戻っていく」

こう言いつつも、淡谷はひばりの面倒を見た。そして、きびしいアドバイスもした。

一九五〇(昭和二十五)年夏。ひばりと笠置が前後してハワイで公演することになった。ひばりが先である。ひばりが歌うのはほとんど笠置のブギなので、笠置から苦情が出た。淡谷は、ひばりからも相談を受ける。力のある後輩の邪魔をしがちな笠置を、淡谷は快く思っていなかったが、今回はひばりの方に非がある。

十歳を出たばかりのひばりに淡谷は言った。

「人さまの歌を横どりするのはおよしなさい。歌手として大成したければ、誰かのまねっこではなく、自分の歌を歌いなさい。どんなにうまく歌ってもニセモノはニセモノです」

ひばりは不敵な表情で、上目づかいに淡谷を見ている。この子なら、どんなに深い谷底からでも這《は》い上がってくると思って、淡谷は続けた。

「自分のレパートリーで、リサイタルのできる歌手におなりなさい」

そのころ、ひばりには、

〽丘のホテルの　赤い灯も
　胸のあかりも　消えるころ

の「悲しき口笛」（藤浦洸作詞、万城目正作曲）しか持ち歌はなかった。

まさに淡谷にしか言えない忠告だが、淡谷はTBSラジオの「人生相談」で、戦後、日本政府によって韓国に遺棄された多くの日本女性の中の一人、池大代がよこした相談に次のような回答をした。彼女は韓国人と結婚したが、その夫に裏切られ、切々たる望郷の手紙を寄せたのである。

「すべての悪の元凶は戦争。それにもかかわらず、国は戦争の責任をとろうとはしない。泣き寝入りをしては、国の理不尽なやり方を認めるようなもの。国を見返してやろうというぐらいの迫力をもって生きて欲しい」

これに励まされて、池大代は「韓国人として生き抜く意志を託した歌」を送ってきた。「赤とんぼ」という題のその詞に橋場清が曲をつけ、淡谷は「強く生きて」と祈るような気持ちでそれを歌った。

ひばりは、子役は大成しないとのジンクスを破り、小節のきいた〝ひばり節〟を駆使して女王の座にのぼりつめたが、幼い日に受けた淡谷のきびしいアドバイスが生きたことは疑えない。

軍隊は国民を守らず逃げてしまった

一九四五（昭和二十）年八月九日にソ連軍が侵攻して来た時、精強を誇った関東軍は居留民を置き去りにして真っ先に逃げた。そのために生まれたのが中国残留孤児である。旧満州から命からがら引き揚げて来た人たちは「軍隊は（国民を）守らない」ことを骨身にしみて知っている。やはり引き揚げ者の一人であるなかにし礼は『黄昏に歌え』（朝日新聞社）に、自分が生まれた旧満州で大の大人たちが「国境の町」（大木惇夫作詞、阿部武雄作曲）を歌い始めておいおい泣き出すのを目の当たりにして衝撃を受けた、と書いている。

〽故郷はなれて　遥々《はるばる》千里
　なんで思いが　とどこうぞ

この歌を東海林太郎が直立不動で歌った。

〽行方知らない　さすらい暮し
　空も灰色　また吹雪

「灰色」なのは空ばかりではなかった。自分たちの運命もまた「行方知らない」灰色なのである。

「これが歌というものなのか」

のちに作詞家となるなかにしがこう思ったのは三歳か四歳の頃だった。

『国境の町』という歌で、強烈な歌体験をした私は、以後、歌にたいして敏感になり、興味を持つようになった。

『酒は涙か溜息か』『丘を越えて』『影を慕いて』『サーカスの唄』『明治一代女の唄』『並木の雨』『東京ラプソディー』『男の純情』『誰か故郷を想わざる』『夜霧の馬車』などの歌をレコードで聴き、大人たちが歌うのを聴いて、私は次々と覚えていった」

なかにしがここで挙げている歌はほとんどが古賀メロディーである。

八月十五日の敗戦をなかにしはハルビンで迎えた。ソ連軍による金品強奪と成人男子狩りが始まり、捕まった日本の男たちは「戦陣訓の歌」（梅木三郎作詞、須磨洋朔作曲）を歌いながら、強制労働の地へ連れて行かれた。両手を上げさせられ、銃でこづかれてである。

〽日本男児と　生まれ来て
戦さの場《にわ》に　立つからは
名をこそ惜しめ　武士《つわもの》よ
散るべき時に　清く散り
御国《みくに》に薫れ　桜花

関東軍の精鋭たちはこの歌とまったく正反対の行動をして逃走した。いかに愛国教育が虚《むな》しいものであったかということである。

そのため、難民と化したなかにしたちは筆舌に尽くし難い辛酸を嘗《な》める。

何と翌一九四六（昭和二十一）年春には、日本の外務省から、「満州の居留民は、日本に帰ろうと願わず、今いるその土地で生きようと努力せよ」という意味の通達が出される。「一度、関東軍に見棄てられ、今度は国そのものから絶縁された。日本人として、こんな悲しいことはない。満州へ、満州へと、国民を扇動したのはどこの誰だ」

なかにしによれば、大人たちはこう嘆き、その悲しみは子どもだった自分にもわかったという。しかし、いままた、愛国を煽《あお》る声は高い。

ひばりのレコーディング風景

少年ながら旧満州からの逃避行で地獄を見たなかにし礼は、冷たい秋風が吹き渡る曠野《あれの》を行く無蓋《むがい》列車で、中年の男がハーモニカで「人生の並木路」を吹いた、と『黄昏《たそがれ》に歌え』に書く。

その詞は「故国を捨てて満州に渡り、そして敗北したものたちの心をそのまま描いたような歌」で、父に死なれた母や姉とともに、なかにしも泣きながら歌ったという。

〽雪も降れ降れ　夜路のはても
　やがて輝く　あけぼのに
　わが世の春は　きっと来る

佐藤惣之助作詞、古賀政男作曲のこの歌は「日本が戦争に負け、満州が消えてなくなることを予見したような歌」に思われた。

そして、さまざまな変転を経て、なかにしは美空ひばりが、

「歌わせていただきます」

と脱帽した歌をつくる。「さくらの唄」である。三木たかしが作曲して歌ったこの歌はヒットしなかった。それを久世光彦《くぜてるひこ》がひばりに歌ってもらおうと考える。TBSの看板プロデューサーだった久世は重いテープレコーダーを持って新幹線に乗り、名古屋の御園座で公演していたひばりを楽屋に訪ねた。

「もう一度聴かせてください」

と言ったひばりの声はステージを終えて、老婆のようにしわがれていたが、ふたたびその歌が流れると、

ひばりは、

〽これで皆んないいんだ　悲しみも

　君と見た夢も　おわったことさ

と涙を流しながら歌った。

そして、コロムビアでのレコーディングとなる。ひばりはオーケストラの同時録音にこだわり、いわゆるカラオケ方式をとらない。しかも、リハーサルなしのぶっつけ本番である。

知り合ってまもない頃、なかにしが「お嬢」と呼ぶと、ひばりは、

「あなたはお嬢と呼ばなくていいの。私はあなたより一つ年上だから、そうね、姉上と呼んでくださいな」

と言ったので、以来、なかにしはひばりを「姉上」と呼んでいた。

「礼さん、いつの間に、こんないい歌を書いていたの?」

と皮肉っぽく笑うひばりに、なかにしは、

「ご無沙汰《ぶさた》しています。なにはともあれ、姉上に歌ってもらえるのは嬉《うれ》しいかぎりです。よろしくお願いします」

と頭を下げた。

「上手《うま》いね。泣けちゃうな」

久世もなかにしもあまりのすばらしさに涙ぐんでしまうようなできばえだった。

ひばりはレコーディングの時に、楽譜も詩も見ない。自分のものにして臨むのである。詩人と作曲家に対する尊敬の念が強く、なかにしによれば、「彼女の胸の中には歌への憧《あこが》れが炎となって絶えず燃え上がっ

て」いて、「その情熱の激しさを疑わないことが、彼女自身の歌に対する並々ならぬ自信となっている」という。

見当違いのひばり非難

サトウハチローが上げた美空ひばり非難の声は徳川夢声《むせい》に受け継がれた。話術の神様などといわれた夢声はひばりの歌をこう切り捨てた。

「亡国の音楽ですな。要するに敗戦あきらめ節・泣き節・こじき節、ナニワブシです。何がわからないったってあなた、民主主義のこんち(今日)、年端もゆかない小娘に、やくざな封建的な音曲を歌わせる了見がわからない」

こんな立派なことを言う夢声自身が軍国主義の世の中でどんな抵抗をしたのか。すべては自分のことを棚に上げての民主主義礼讃《らいさん》だった。そのダシにひばり非難を使ったのである。最も許せないのは辻政信で、敗戦から十年ほど経った一九五六(昭和三十一)年、かつての陸軍参謀の辻は参議院議員となっていたが、『知性』という雑誌の四月増刊号で、「うたごえ運動」を批判した。辻によれば、ソ連に招待された訪ソ議員団の歓迎レセプションの席で、共産党の議員は「佐渡おけさ」を歌い、社会党(現・社民党)の議員は事もあろうに、美空ひばりの「越後獅子《えちごじし》の唄」を歌ったというのである。

そして、居丈高にこう叱る。

「私は、実に情けなかった。日本には民族の歌がないのだ、日本民族の使命と希望とを、高らかにうたう調べがない! ソ連に行ってまで、『佐渡おけさ』や流行歌などをうたわざるをえない現実に、私は耐え難い淋《さび》しさと辱《は》ずかしさを覚えたのである」

何を御託を並べているのか。辻などが躍起になって歌わせようとした「日本民族の使命と希望」を強調する軍歌が、どんなに空《むな》しいものであったか、この時点でも辻はまるっきりわかっていない。大体、日本民族を破滅に導く戦争をやった犯罪人の辻が、戦後、参議院議員などになってしまうことがおかしいのである。辻は「うたごえ運動」を批判する前に自分自身を問責して隠居すべきだったろう。徳川夢声といい、辻政信といい、小言幸兵衛《こごとこうべえ》たちの厚かましさは目に余る。

戦争犯罪人の岸信介が戦後、首相になってしまう国だから致し方ないのか。

古賀メロディーやひばりの歌を歌う日本の庶民は寛容である。寛容過ぎると言ってもいいほど寛容で、夢声や辻や、そして岸までも許してしまう。だから、岸の孫の安倍晋三までが岸と同じような主張をして出てくることになるが、庶民について、ひばりの母の加藤喜美枝が語った言葉がすばらしい。

「美空ひばりは、大衆の歌手とか庶民のスターとかいっているが、お母さん、大衆っていったい何ですか？ 庶民という言葉の意味はご存じですか？」

黒メガネをかけて、こう畳みかける野坂昭如《あきゆき》に、喜美枝は即座に返した。

「庶民ってのはね、人前で色メガネなんかかける必要のない人間のことです。大衆というのは、まっすぐ相手の目を見て話のできる人たちですよ」

涙の歌の集大成「悲しい酒」

敗戦から十年経った昭和三十年代に入ると、新人作曲家が次々と現れて古賀政男の王座を揺るがすようになる。遠藤実や船村徹だが、橋幸夫の「潮来笠」や橋と吉永小百合コンビの「いつでも夢を」で知られる吉田正も古賀メロディーとは一味違う都会派ムード歌謡でヒットをとばしていった。

そのため、古賀もニュー古賀政男を打ち出す必要に迫られる。それがひばりとのドッキングだった。デビュー以来、ひばりは主に万城目正、上原げんと、米山正夫らが作曲した歌を歌っていたので、古賀は遠慮して一定の距離を置いていた。しかし、菊池清麿が『評伝・古賀政男』で指摘するように「新しい時代の古賀メロディーには、美空ひばりの存在が不可欠だった」のである。

それは、一九五五（昭和三十九）年のヒット曲「娘船頭さん」を皮切りに、六十五（昭和四十）年の「柔」へと続く。

〽勝つと思うな　思えば負けよ

の「柔」でひばりはレコード大賞を受けたが、一九六六（昭和四十一）年の「悲しい酒」が、ひばりが歌った古賀メロディーの集大成のようなものだった。

『完本美空ひばり』の著者、竹中労は、ひばりの死に際して「『哀愁波止場』は安保闘争の挽歌《ばんか》、『悲しい酒』は高度成長・繁栄へのプロテストソング。ひばりの歌を、私はそのように聴いた」とその思い入れを記している。

古賀とひばりの結びつきは、いわばキングとクィーンの連携だったが、古賀は『自伝わが心の歌』で、もし、「酒は涙か溜息か」より「丘を越えて」の方が売れていたら、そちらの明るく楽しい歌を多く作っていたかもしれないと語っている。しかし、涙の歌の方が売れるので会社の注文に従ってエレジーをより多く作ったというのだが、果たしてそうだろうか。大衆に密着すればするほど、涙の歌を作曲するようになる。

アルゼンチン・タンゴでも、黒人霊歌でも、シャンソンでさえ涙の歌である。「この世から不幸が消えない限《かぎ》り、涙の歌は唄《うた》われていく」と断言する古賀はまた、「わが国ほど大衆音楽と純音楽との断層の激しい国はない。そして大衆音楽の位置も国民大多数の人たちに愛唱されながら低く、大変におかしい」と怨《うら》みを述べている。

竹中労によれば、ひばりは〝サッチモ〟ルイ・アームストロングが来日した時、会いたがった。残念ながらそれは実現しなかったが、サッチモはひばりに「ハロー・ドーリー」のレコードと次の手紙を残した。

「……敬愛する日本の歌の女王・ひばり。私はあなたが、まずしい下町の出身だということを人づてにききました。そして、まだ十歳にもならない少女のときから、生きるために歌をうたってきたということも聞きました。それは、たいへん私自身の体験と似通っているように思います。音楽は、そういう場所と人生から生まれるもののようです」

一九六四（昭和三十九）年のクリスマスイブに二人は会食するはずだったが、ひばりの弟の拳銃不法所持が発覚して、それはこわれた。

新宿ゴールデン街でのひばり伝説

ひばりには硬派のジャーナリストを惹《ひ》きつけるものがあるのか、竹中労に続いて本田靖春も『「戦後」——美空ひばりとその時代』（旬報社）を書いている。

それによれば、イラストレーターの黒田征太郎がひばりに魅せられ、会おうと思ったが、なかなかその機会を得ない。行き違いがあって嫌いになりかけていたひばりの母親に、コロムビアの本社で声をかけられた。

一緒にいたのはフォークの岡林信康。

「あんた、黒田さんでしょう?」

と言う加藤喜美枝に、黒田はぶっきら棒に返した。

「あんた、ひばりさんのおかあさんでしょう」

わだかまりも解け、黒田と岡林はひばりと母親に食事に誘われる。そして次にまた、ひばり母娘に設定された席で、黒田は言った。

「おごられるだけというのは嫌だから、オレもおごりたい」

「じゃあ、おごってちょうだいよ」

と喜美枝が受け、

「おっかさん、おれの行くとこどこでもついてくるかな」

という黒田の挑発に、彼女が、

「ああ、ついて行くよ」

と応じて、ひばり母娘は新宿ゴールデン街の「プーサン」に連れて行かれた。そこはゴールデンの名に反して、かつては青線地帯だった飲み屋街である。

居合わせた客たちが腰を抜かすほど驚いた。ざわめきも静まって、客の一人が黒田にささやく。

「ひばりさんに歌ってもらっていいですか」

「おれはマネジャーでもないし、知らんからストレートに訊《き》いたら?」

と答える黒田の言葉をひばりが、

「歌ってもいいわよ。何歌うの」

と引き取った。

「浪曲子守唄」

何せ、ヘソ曲がりの編集者や新聞記者が出入りしている街である。リクエストもひばりの歌ではなかった。一節太郎のヒット曲だ。

「それは私の歌ではないけど、私は弟の子どもを引き取って育てているでしょう。だから好きです」

その夜、ひばりは自分の歌を含めて十一曲歌ったという。

こんなエピソードもある。自宅で飲んでいて中村メイコに会いたくなったひばりはタクシーに乗って出かけたが財布を忘れてしまった。それで運転手に、

「私、美空ひばりというものですけど、ちょっとおカネを借りて来ますから」

と言ったが、素っぴんのひばりを運転手はひばりと信じない。ええいとひばりは歌い出した。

〽リンゴオーの花びらがァー
台詞《せりふ》入りの「リンゴ追分」をたっぷりと聴いた運転手は、「ひばりさんは歌うのが商売、私は乗せるのが商売」と言って、料金を受け取らなかった。

古賀の寂しさとひばりの寂寥

「朋友猪俣は今年七回忌……。一つの音楽界の真実と『姫』のあれこれを――」とサイン入りの山口洋子著『背のびして見る海峡を――』（文藝春秋）を開く。

「コンビと呼ぶよりも猪俣公章と私は、はっきりライバルだった」

山口が作詞、猪俣が作曲と分かれていたのにライバルだったと山口は書く。ライバルだから気になって仕方がないのである。

いちばん猪俣《いのまた》さんらしいと山口が思い出すのは、古賀政男の葬儀の時だという。古賀は猪俣の師匠だが、

「俺、花の係になってさ」

と猪俣から電話が来た。

「花ってなに、会葬の」

と聞くと、

「そうさ、凄《すご》い数だろ、俺が仕切るんだ、おっかぁのも出しといたから」

と答える。

青山斎場に行ったら、芸能界だけでなく政財界からも弔問客が長蛇の列で、山口が並んでいると、猪俣が見つけてとんできた。

「おっかぁ、顔たてといたからさぁ」

正面を見ると、古賀の立派な写真の両横を猪俣公章、山口洋子と書かれた花が占めていた。

思わず吹き出してしまった山口に、猪俣は、

「な、やったろ」

といった自慢げな顔をしている。

おかげで二人の花は目立ちに目立ち、テレビに映し出されて大宣伝となった。

まさに亡くなるまで背のびしつづけていたこの弟子を意外に古賀は愛していたのではないか。古賀にはこうしたアッケラカンとしたところはない。寂しさを表に出して人を呼びたがったが、猪俣のような天衣無縫といった感じはなかった。

古賀とは対照的に、寂しさを誰に対しても見せるわけではないひばりの寂しさもすさまじかった。それは飲みっぷりに表れる。ひばりと山口は同じ一九三七（昭和十二）年生まれだった。

「酒の味を愉《たの》しむより、ひたすら酔いたいだけのグラスを重ねる、寒々しい酒宴。いつだったかふいに談笑の輪をぬけて立ち上がり、電話をかけにきたことがある。低い声で何やら話している横顔の頬のあたりに、無惨な古傷が浮かびあがった。十九歳の時、熱狂的ファンに浴びせかけられた塩酸の痕だ。ふだんはドーランで巧みに埋め隠している個所が、女王と呼ばれる人の凄《すさ》まじい孤独と寂寥《せきりょう》を表しているみたいで、近々と見つめながら動悸《どうき》を抑えきれない」

直木賞作家の山口の筆を借りたが、山口がママをしていた「姫」での一コマなのだろう。

あるとき、東映の撮影所長にひばりと招かれ、「姫」が営業中なのでなるべく早く失礼しようと手洗いに立ったら、ひばりがおしぼりを持って立っていた。

「帰さないわよ、あんた」

そのとき山口はひばりを「芯《しん》から孤独な人なのだ」と思ったという。

美空ひばりと加藤和枝

「焼けただれてみにくい顔になる。舞台にも映画にも出られなくなる。そんなひばりちゃんを、みにくいあなたを、私は見たい。ひばりちゃんゴメンナサイ。かんにんしてちょうだい」

山形県米沢市の農家に生まれた、ひばりと同じ年の十九歳の娘は、ノートにこう書いて、一九五七（昭和三十二）年一月十三日、浅草国際劇場でひばりに塩酸をかけた。

その娘は「みじめな自分にひきくらべて、みなにチヤホヤされているひばりちゃんが、憎くてたまらなかった」とも記しているが、もともとは熱烈なひばりファンだった。

〽娘十八　口紅させど
わたしゃ淋しい　船頭むすめ
は西条八十作詞、古賀政男作曲で、ひばりが歌った「娘船頭さん」だが、美空ひばりならぬ加藤和枝の寂しさを知る人は少なかった。

ひばりはしばしばこう言ったという。

「美空ひばりには神様がついていてくれるけど、加藤和枝には神様がついていない」

浮き草の人気に乗っているだけに、自分の足もとはいつも揺れて安定しないのである。

江利チエミ、雪村いづみとともに、ひばりは三人娘といわれたが、まずチエミが、過度の飲酒によって肝臓をこわし、自殺のようにして亡くなった。

「私たちって寂しいもんですからね」

ひばりは『「戦後」――美空ひばりとその時代』の著書、本田靖春にこう述懐した。そして続けた。

「やっぱりお酒で気をまぎらわすっていう時間が多くなりますね。ただ私たちにとって危険なことは、ひとりぼっちにさせられることですね。こういう勝ち気な女でしょ。それだから、弱いところを人に見せたくない。あたしは幸せよ、あたしは元気よ、って、いつもこう胸張っている性格ですからね。だから、ポツンとひとりになったときに、何にも頼るものがない、寂しい……というのをお酒に託してしまう。それで身体をちょっと壊してしまったりする。そんなときに、もうだめだよ。その辺にしときなさい！　とかっていう人がそばにいてくださると、救われるのかもしれないですね。あの子の場合も、やっぱり私と同じ状態だったので、残念ですね。だれかがそばにいてあげたらよかった。私、だれかいると思っていたんです」

たしかに、チエミには高倉健というベターハーフがいた。しかし、詐欺を働いたチエミの異父姉が原因で離婚する。

チエミが四十五歳で亡くなる直前、あるパーティで春日《かすが》八郎が高倉健をめぐる噂を耳にして、チエミに尋ねた。

「健さん、結婚するのかな」

すると彼女は血相を変えて、

「冗談じゃないわ。健さんが結婚するなら、もう一度私よ！」

と言い放った。

チエミが深酒をするようになったのは離婚してからだと誰もが口をそろえる。同じく離婚経験者のひばりもまた、「悲しい酒」を飲んだ。

〽勝ち気といわれた女がひとり

「功なり名とげて、これ以上何に挑戦しますかね」

還暦祝いの席で、こう冷やかされた古賀政男は、生真面目な顔で、
「恋があるじゃないの。青春は永遠だよ」
と答えた。
古賀が作曲してひばりが歌った「柔」（関沢新一作詞）は一九六五（昭和四十）年の日本レコード大賞を受賞している。そして翌年、同じ古賀とひばりの「悲しい酒」がヒットした。作詞は石本美由起だが、実はこの曲はそれより六年前に作られ、北見沢淳の歌でレコーディングされたのだが、売れなかった。
しかし、古賀は怯《ひる》まず、
「この歌はいい歌なんだから、必ずいつか陽の目をみる。この歌を歌いこなせる歌手が出れば、きっと売れる」
と信じて、ひばりの歌で再度売り出し、「柔」に負けない大ヒットとなったのである。
〽ひとり酒場で　飲む酒は
の一番より、古賀は三番の
〽一人ぼっちが　好きだよと
　言った心の　裏で泣く
が好きで、よく口ずさんでいたという。
そう言えば古賀も離婚経験者である。
〽ええ
　勝気といわれた　女がひとり

泣いております……しみじみと

ひばりが歌った「雨の隅田河岸」（西沢爽作詞、米山正夫作曲）にこんな一節があるが、ひばりは小林旭との離婚について、「芸と愛とをハカリにかけて」とか、「母親が別れさせた」とか、さまざまに言われた。しかし、スターであるかぎり、幸福な結婚生活など望むことはできないのかもしれない。

それについて竹中労は『完本美空ひばり』に自分自身と思われるジャーナリストを次のように登場させている。

ひばりが離婚しようと決意しつつあった時、清川虹子に紹介された「あるジャーナリスト」がこう言ったというのである。

「ひばりちゃん、幸福な女房になることは、名もなく貧しい庶民の女にしか、許されないことなんだよ。人の何百倍というおカネをかせいで、世間の日のあたる場所で派手に暮らして、そのうえ妻の幸福までほしがるのは、欲が深すぎます。だいいち、ファンが、小林旭一人にあなたを独占させてはおきませんよ。美空ひばりである限りは、ね……」

これは古賀の場合も同じだろう。派手なフットライトを浴びれば浴びるほど、ひとりになった時の寂しさは身を噛んだ。

まして、古賀は悲歌をつくり、ひばりはそれを歌う身である。幸せに浸っていて、悲しさは歌えない。「悲しい酒」を歌うたびにひばりは頰に涙を伝わせたが、歌えば歌うほどに悲しさは募るのだった。

ひばりの歌で私が好きなのは「お前に惚《ほ》れた」（たかたかし作詞、徳久広司作曲）である。あるいは、ひばりは（そして古賀も）歌以上に惚れたものはなかったのかもしれない。

雪村いづみのひばり讃歌

ひばりは、自分が〝一卵性母娘〟といわれたほど母親の愛を独り占めしたから、弟たちがぐれたのだと思っていた。それで、マスコミが叩《たた》けば叩くほど弟たちを守ろうとした。雪村いづみが『「戦後」――美空ひばりとその時代』の著者、本田靖春に語っている。

「(存在が)大きくなれば大きくなるほどいじめがいがあるのね。叩いて叩いて、いじめていじめて、嫉妬《しっと》とか羨望《せんぼう》とかから。私たちのような仕事には、宿命的についてまわることですけれどね。

本当にファンになれば、その人たちは一生懸命私たちを守ろうとして、どんな風になろうとついて来てくれる。でもそのファンの気持ちというか、愛情があいまいなときは、何か一つスキャンダルがあると、パッとこっちを憎んで、噂する方に行ってしまいます。人気というくらいで、人の気を相手にした商売だから、人の気が完全にこっちに来てるときは大丈夫だけど、ちょっとしたスキャンダルでぐらっとなっちゃうものなんですね」

人気商売の人は、だから、神や仏にすがりたくなる。古賀政男は川崎大師によくお詣《まい》りして、その歌をつくった。雪村いづみは創価学会の信者として聞こえている。

しかし、ひばりはこれといった信仰をもたなかった。それでいて「男でも耐えられない」ような非難に負けなかったことが、いづみに「ひばりちゃんはすごいなあ」と思わせた。

「みんなで石を投げ、くさったトマトを投げ、座布団を投げ、わあっとやってたことですからね。それを、私は倒れられない、私は歌一つに賭《か》けているんだ、私は日本の美空ひばりなんだ、と耐え抜いたでしょう。それにはやっぱり、問題のある弟さんだとか、会社（ひばりプロ）の人を何十人も抱えて、弱音を吐けないということがあったんでしょうね。結局、身体は女の形をしているけれども、男と同じなんですからね。しょってる物の大きさと、持っている気構えっていうのは男と何も変わらないわけだから」

しかし、いづみによれば、お化粧とって座っていたら、小柄な女にすぎなかった。

「それが、突っかえ棒もなしに、自分の責任感と、使命感と、プライドと、歌に対する愛情とね、そういうものにだけ支えられて一生懸命立っているのに、日本中でわあっと、ほんとにごく一部のファンを除いて全部といっていいくらい、石を投げ、つばをかけ、をやったのね。それを全部一身で受けて、ついにどんなときにも負けなかったというのは、これはすごいことですよ。もうその一点とっても私はあの人を尊敬する。だれよりもわかるから、その辛さと口惜しさと悲しさとがね。わかってくれといったって、その立場になってみないとわからないんだから、人間て。私はそういう意味では、彼女の心情がよくわかるから、もう、年が経つごとに、彼女を尊敬する気持ちというのは大きくなっていった」

いづみはこのひばり讃歌《さんか》を、本田に一気に語ったという。

菅原都々子になついたひばり

古賀政男の養女となって辛い思いをした菅原都々子はひばりの十歳上である。その都々子にひばりはなついていた。三十歳上の淡谷のり子がひばりの面倒をみたことはすでに記したが、淡谷が母としてひばりをかわいがったのに対し、都々子は姉として接したと言えようか。

ひばりが都々子のところに来始めたのは、都々子が古賀久子となって小さな胸を痛めたのと同じ年ごろだった。

映画の撮影などで一緒になると、ひばりはよく宿の都々子の部屋へ遊びに来た。

「お姉ちゃんのところへ遊びに行きたいって申しますものですから……」

ひばりの母親はそう言って、ひばりを連れて来たという。

「菅原都々子の歌と人生」を綴《つづ》った恵志泰成の『月がとっても青いから』によれば、そんな時、ひばりはいつもきれいな服に着替えて来るのだった。それで十二、三歳なのに七、八歳にしか見えなかった。小柄なせいもあったろう。

「お姉ちゃん、私、すごい事故にあったことがあるのよ」

ひばりはそう言った。一九四七(昭和二十二)年春、九歳だったひばりが、巡業で行った高知県の山奥で、バスの転落事故に遭い、大怪我をしたことを指してである。

「そのときに私、日本一の歌手になるって決めたの」

とひばりは続けたが、竹中労の『完本美空ひばり』には、ひばりの談話がこう出ている。

「私の人生のテーマはそのとき決まりました。歌手になれないなら、自殺しちゃおうと思ったんです。(中略)あの四国の事故で、死んだはずの生命がたすかったときに、思ったんです。私のいのちを救ってくれた、運命みたいなものがあるにちがいないって。私は歌い手になるために生まれてきたんだ、だから神様が、生命を救ってくれたんだって……」

ひばりが特に神や仏を頼った形跡はない。むしろ、神がひばりに近づいて来た。あえて言うならば、ひばり自身がひばり教の教祖となった。それゆえに塩酸をかけられるという受難も味わわなければならなかったのである。

前掲書で恵志は、都々子の初レコーディングが九歳で、ひばりの初舞台も同じ九歳だったことを対比させ、どちらも「才能の犠牲者」にふさわしい早熟さだと指摘する。

そして、都々子がいわば〝一卵性父娘〟として父親が敷いたレールを歩んだのに対し、ひばりは母親の切り拓いた道を歩んだ、と続ける。しかし、都々子は時々そのレールからはずれ、立ち止まったりして、ひばりのような女王にはなれなかった。

最初はひばりをゲテモノ扱いしたサトウハチローも遂には兜《かぶと》を脱いで、ひばりのために「いとしき唄」を作詞している。

〽空のひばりは　いとしいものよ
　おなかがすくとは知りながら
　それでもやっぱり唄ってる
　自分の唄を唄ってる

プロのこわさを教えた山田五十鈴ら

「貧乏を憎み、だれでも誠実に働きさえすれば幸福になれる世の中をのぞむことが〝アカ〟なら、私は生まれたときから赤も赤、目のさめるような真紅です」

押しも押されもせぬ大女優となった山田五十鈴《いすず》は、敗戦から五年経ってアメリカ占領軍の政策が転換し、レッドパージの嵐が吹き荒れていたころ、こう言い放った。

山田が新劇俳優の夫、加藤嘉《よし》に影響されてアカになったと噂する世間を滑稽《こっけい》にも思い、腹も立てていたからである。

淡谷のり子もそうだが、ひばりは、こうした一本筋の通ったプロたちに鍛えられた。ひばりの好きな樋口一葉の作品を映画化した『たけくらべ』をひばりは忘れられない作品として挙げる。その作品で駄菓子屋のおかみ、つまり一葉自身に扮《ふん》したのが山田だった。山田はすさまじい迫力で、それこそ恨めしくなるような名演技をひばりにたたみかけてくる。

「山田先生は、決して手加減ということをしない芸の鬼でした。突くことも、斬ることもできない鉄の壁のような五十鈴先生に、私はぶつかっていっては、はねかえされ、へとへとになり、そして演技というもののおそろしさを、骨身に刻んだのでした」

竹中労の『完本美空ひばり』で、ひばりはこう述懐している。

もう一人、ひばりにプロのこわさを教えたのが金田正一だった。一九五五（昭和三十）年の暮に、金田と中村錦之助、そして、ひばりで鼎談《ていだん》した時、野球の好きな錦ちゃんが、

「ボクだって、カネさんの球を十球に一球ぐらいは打てる」

と冗談めかして言った。すると、金田は真顔になり、

「錦ちゃん、あんたは素人やで。素人にわしの球が打てたら、わしは腹切ったる。ためしにやってみるか」

とギラついた目で言った。

その光る目が、山田が演技する時の目と同じであることに気づいて、ひばりは背筋が冷たくなったという。

以来、ひばりは「歌の女王」とか「日本一の歌い手」とかいうレッテルを拒まなくなった。むしろ、金田

や山田に倣って自分も「日本一」の栄冠を進んでになおうと思うようになった。

ひばりはプロレスの力道山にも同じ迫力を感じたのかもしれない。人に誘われて渋々その試合を見に行き、ひばりは力道山ことリッキーの迫力に圧倒される。

「次も来れば?」

と誘われて、ひばりは力道山に再び行く約束をしたが、その日着ていた服が黒だったので、次も黒の服を着て見に行かなければ、もしも勝たなかったら困ると思ってしまった。

「迷信など嫌い」なひばりがそう思ってしまったのである。その力道山のために古賀政男は「怒濤《どとう》の男」を作り、ひばりはその曲をしばしば歌った。

久保田万太郎にこんな句がある。
○くもることわすれし空のひばりかな

エピローグ　悲歌はどこへ行くのか

「東京五輪音頭」を作曲

東京オリンピックが開催されたのは一九六四（昭和三十九）年秋だった。私が大学二年の時で、当時の東京は水不足が深刻で、その夏が終わっての〝体育の祭典〟だったと記憶する。

このオリンピック用にＮＨＫはオリンピック組織委員会と共同で、あるいは独自で、いろいろな歌をつくった。たとえば飯田三郎作曲の明るい愛唱歌「海をこえ友よきたれ」であり、古関裕而作曲のさわやかな「オリンピック・マーチ」などである。

その中で最も親しまれ、人々の唇にのぼったのが「東京五輪音頭」だった。この歌は、ＮＨＫが歌詞を公募し、鳥取県庁に勤める宮田隆の詞が選ばれた。曲を頼まれたのが古賀政男である。

古賀は東京の前にオリンピックが開かれたローマを一九六〇（昭和三十五）年に訪ねている。オリンピックが終わったばかりの競技場に案内されたが、そのとき、案内人が、

「あと四年経ったら、今度はあなたの国、日本で開かれるんですよ」

と言った。古賀はそれに強い感動を覚える。まさに宮田の詞に、

〽四年経ったら　また会いましょ　と

とある。

古賀は〝つわものどもが夢のあと〟をそこで実感したと『歌はわが友わが心』に次のように書いている。

「涙と汗を流しながら、力いっぱい技を競い合う人々の姿が見えたように思った。スタジアムには歓声が充ちあふれ、素晴らしい競技に人々はどよめいていた。人種や民族の差別もなく、フィールドでは選手が入り乱れ、スタンドの観客は互いに国を越えて応援をしていた。そこには、私が永年音楽を通じてめざしていたものの、別の一つの形があったのである」

〽ハァー　あの日ローマでながめた月が

古賀が一気に書きあげた曲は三橋美智也によって歌われる。古賀はコロムビアの重鎮だったが、この曲だけは録音権が開放され、キングが三橋、テイチクが三波春夫、コロムビアが北島三郎と畠山みどり、そして東芝が坂本九の競作となった。

古賀は三橋を想定して作曲したので、キングは楽勝と思っていた。ところが、その年の紅白歌合戦のトリをねらって攻勢をかけたテイチクに敗れ、いまでは三波春夫の持ち歌と思っている人が少なくない。

古賀はこの歌について「テイチクの三波春夫の百五十万枚を筆頭に、全部で三百万枚ほど売れたように聞いている。印税なしなので、正確な枚数はわからない」と書いている。

この年の暮れ、東京の宝塚劇場で「古賀政男　還暦を祝う会」が開かれた。藤山一郎、ディック・ミネ、村田英雄、美空ひばりなど、出演した歌手はおよそ五十人。長谷川一夫が「影を慕いて」を独特の振り付けで踊った。古賀によれば「たんなる悲哀ではなく、一人の人間の生死の姿に表現」したのである。

日本歌謡曲の源流

ある雑誌で「委細面談」ならぬ「異性面談」という連載を私がやっていて、相手に都はるみを頼んだことがある。パートナーの敏腕ディレクター、中村一好が一緒だった。

その中村が一九八九（平成元）年春、キム・ヨンジャの歌を聴いて衝撃を受ける。中村は日本コロムビア（現・コロムビアミュージックエンタテイメント）の社員として都はるみの「大阪しぐれ」や「浪花恋しぐれ」の制作に携わったが、歌手を引退して制作活動を開始した都はるみを手伝うため、コロムビアを退社していた。そして、彼女と二人でヨンジャのステージに足を運ぶ。内々にヨンジャの新曲づくりを頼まれていたからである。

読売新聞社文化部の『この歌この歌手』（現代教養文庫）に、記者の奥山弘が、ヨンジャの「暗夜航路」が生まれるまでを記している。それによれば、ヨンジャは都はるみの大ファンだった。だから、終わった後のすし屋での懇談は、ヨンジャにとって至福の三時間だったのである。

そばでそれを聞いていた中村はヨンジャに好印象を持つ。

「われわれの忘れていた歌謡曲を支えてきた、歌へのひたむきさというか、無垢《むく》な心のようなものを感じましてね。それに、外国人歌手の場合に問題になる日本語も達者なんで、不安は感じなかった」

中村は、「大阪しぐれ」などの作詞で気心の知れていた吉岡治に、ヨンジャの歌の作詞を依頼する。

「ヨンジャの歌にかけるひたむきさは、日本人の歌い手が忘れていた原点のように感じている。では、作り手のわれわれにとっての歌謡曲の原点は何か？」

そう考えて中村が思い浮かべたのは古賀政男だった。古賀こそが日本の歌謡曲の源流をつくった人だからである。

吉岡と相談して中村は、古賀の「マイナーのワルツで行こう」と決める。イメージしたのは「影を慕いて」や「悲しい酒」だった。

「古賀メロディーは、古賀さんが韓国生活で得たものをもとに生まれている。これにヨンジャの歌心を加えれば、どこかで日韓の架け橋になるような気がしたんです」

吉岡が中村に届けた数編の詞の一つに「港ひとり唄」があった。これが後に改題されて「暗夜航路」となる。あるいは古賀が生きていたら中村は曲を古賀に頼んだかもしれないが、亡くなって十年にもなっていたので、「天城越え」などで吉岡とコンビを組んだ弦哲也に依頼される。中村のねらいは〝平成の古賀メロディー〟づくりだった。

ワンテンポどころかツーテンポも遅い感じの曲を受け取って、ヨンジャは面食らう。希望と違ったこともあって、レコーディングはなかなか終わらず、翌日に持ちこされた。

「韓国人は喜怒哀楽をストレートに訴える。ところが、この歌もそうだが、日本人は顔で笑って心で泣いて、と感情を抑えて歌う。ヨンジャには難しかったでしょう」

吉岡はこう述懐している。

悲歌を生む土壌

本作『悲歌』を連載中に一番困ったのは、なぜ古賀政男なんですか、と何度も尋ねられたことである。

「読んでくれればわかるでしょう」

と答えたが、ずいぶん前から古賀の評伝を書こうとは思っていた。

「湯の町エレジー」とか、「人生の並木路」とか、カラオケで歌う私の持ち歌がみんな古賀メロディーだから書くことにした、と答えたこともある。

しかし、誰もそれでは納得してくれなかった。

悲歌、あるいは演歌が勢いを失って久しいが、悲しみを生む土壌がなくなったわけではない。悲劇が消えたわけではないのである。

私は庶民、もしくは民衆が何に悲しみ、何に追いつめられているのかを、古賀メロディーを手がかりに書こうとしたのかもしれない。その源流をたずねて韓国にも行った。

私がフリーとなって主に政治や経済ものを書き始めた二十年余り前、『夕刊フジ』に連載した「ドキュメント師弟」で、古賀と大川栄策のコンビを取り上げ、大川に会ったことがある。遠藤実と千昌夫の師弟も題材にして遠藤と千にも会った。

そして今回は船村徹、森進一、五木ひろし、小林幸子といった人たちに取材させてもらったが、取材を終えて必ず付け加えたのは、

「若草恵は私の従弟《いとこ》なんです」

ということである。

美空ひばりの「愛燦燦《さんさん》」や欧陽菲菲の「ラヴ・イズ・オーヴァー」を編曲した若草は、私の母の妹の長男であり、本名を斎藤徹という。その父親の斎藤久も作曲家だった。

若草恵こと斎藤徹は古賀賞なるものももらっているらしいが、あるいは、そうしたことも私が古賀政男を書く遠因にもなっているのだろうか。

連載中に若草の師の中山大三郎が亡くなり、私は二〇〇五年四月十一日に芝の増上寺で行われた通夜に出

かけた。葬儀委員長が作詞家の星野哲郎で、歌手の水前寺清子や天童よしみの姿も見えた。天童の「珍島物語」や島倉千代子の「人生いろいろ」が中山の作詞である。

中山が亡くなる直前に私と若草で「従兄弟《いとこ》対談」をして、それが『最上川ふれあい広場』という地方の印刷物に載った。若草こと徹は、「この仕事をしている割には反骨な」中山に、

「お前の従兄《いとこ》の佐高信はよいことを書き、よいことを言っている。今度会わせろ」

と言われたという。

徹の結婚式とか叔父《おじ》の葬式とかでは会っているのだが、じっくり話したことはなかった。結婚式での身内の集合写真を撮る時（なぜか、そこにも中山はいた）、カメラに向かってVサインを出して、写真屋に「困ります」と言われたりしていたが、飾り気もなく気さくな中山に、この連載をまとめて読んでもらいたかったと、つくづく思う。

なお、二〇〇五年二月から六月までの『東京スポーツ』での連載に際して（そのときのタイトルは「悲歌韓流――古賀政男の失郷」）、仲介の労をとって下さった高杉良さん、担当してくれた同紙編集企画室長の佐藤祐二さん、そして毎日新聞出版局の向井徹さんに篤《あつ》くお礼申し上げます。

二〇〇五年七月二十日

佐高　信

［**初出について**］

本稿は『東京スポーツ』二〇〇五年二月一日付から七月三日付に「悲歌韓流――古賀政男の失郷」として連載され、二〇〇五年八月に加筆・修正のうえ毎日新聞社より『悲歌――古賀政男の人生とメロディ』と改題して刊行され、二〇〇八年十一月に『酒は涙か溜息か――古賀政男の人生とメロディ』と改題して角川文庫より刊行された。同文庫版を定本とした。

日本音楽著作権協会（出）２３０５８１８－３０１

[解題]

古賀メロディーをどう克服するか

なぜ、古賀政男を書いたのか？

自分でもよくわからなかったそれについて、作家のなかにし礼が『酒は涙か溜息か——古賀政男の人生とメロディ』(角川文庫) の解説で、こう書いてくれた。

「この『酒は涙か溜息か』(原題『悲歌』) を読んでまず最初に痛感したことは、佐高さんの歌にたいするなみなみならぬ愛情である。特に、佐高さんは古賀メロディを愛唱していらっしゃるようだが、ほかにも服部良一、古関裕而、船村徹ほか、日本の作曲家にとどまらず、韓国籍や在日韓国人作曲家の作品にもくまなく愛情をそそいでいく。流行歌というつねに大衆とともにあることを運命づけられた芸能 (あえて芸術とは呼ばない) 作品をわが身のこととして受け止めようとする姿勢のあらわれであろう。これは抵抗の姿勢以外のなにものでもない。それだけに、大衆に寄り添うかのごとく見せかけ、愛国心の美名のもとに戦意高揚の軍歌を書き、青年たちを戦地に送り込んだ古賀政男や西條八十たちにたいする憤りは激しい」

わが師の久野収は戦争中に抵抗運動をして捕らえられた獄中で、「東京音頭」

が流れてくるのを聞き、自分たちはこれに負けたんだなと思ったという。

歌は時に軍人の号令以上に人を動かすのであり、それを軽んじているだけでは抵抗運動は成り立たない。

なかにし礼は数多くのヒット曲の作詞家でもあったが、五木寛之もまた立原岬の名で作詞をしている。

先日、『サンデー毎日』に五木論を書いた。五木とは『俳句界』の二〇二〇年一月号で対談したが、その時、こんな話が印象に残った。

「僕は植民地育ちなんですけど、日本人が満洲や台湾とか、いろんなところに進出していたとき、だいたい一家に一冊は歳時記があったんですよ。故国、ふるさとを離れて異国にいる人間たちが、日本を思い出すよすがとしていたんでしょう。自分たちは国を離れてデラシネみたいな暮らしをしているけど、ここでつながっているという。俳諧歳時記を出している出版社に、どこで売れるんですか、と聞いたら、ブラジルですごく売れると言っていた。移民の多いところですよ」

『歳時記』以上に手軽なのが歌本であり、口ずさまれる流行歌だろう。

五木は久野が担当した『朝日新聞』の「論壇時評」を手伝ったことがある。主にサブカルチュアの方面で、いわば〝久野ゼミ〟に参加していたのだ。

五木が「哲学者であり、思想家であり、活動家でもあった」と評する久野の話は、五木によれば「最近の落語家たちの噺より倍も面白い」という。

歴史家の羽仁五郎はその久野の兄貴格だが、五木が羽仁に大衆歌謡論をぶったら、

「あなたは自分の文学が表現したものが何なのか、自分でまったくわかってないね」

と言われた。

「そうですか」

と応ずると、羽仁は畳みかけた。

「ぜんぜんわかっていない。あなた自身のこともわかっていないんだ。さっきからまるで聞くにたえんようなことを言う。久野収なんかの悪影響じゃないのか」

この後の応答が読んでいて吹き出しそうになるほどおもしろい。

「そんなにわかっていませんか」

「わかっていない。しかし、ぼくにわかっていないと言われてニヤニヤ笑っているところなぞ、五木寛之というのも大した自信家だね。ちっとも気にしとらん。あなたはまさに羽仁五郎につぐ自信家だよ」

「いえ、それほどでもありません」

「匹敵するとはいっていない。ぼくにつぐといっている」

それでも五木は「もう一度おききしますが」と尋ねたらしい。

「本当に美空ひばりなどはお嫌いですか。いい歌がありますけど」

羽仁は首をふって言ったという。

「人間に対する裏切りだと思うね、ああいうのは」

名優の応酬とも言うべきこの遣り取りを読んで、私は羽仁の否定論も重視したいと思う。

「天皇の後ろにおふくろがついてくる」と喝破したのは羽仁だった。情を大切にしつつも、それに引きずられない努力をしなければ、日本の湿った風土は乾かない。

古賀政男の伝記を書いて、改めて私はそう考えた。前記の解説で、なかにしは書いている。

「西條八十、サトウハチロー、古賀政男、佐藤惣之助、古関裕而など、名だたる歌書きが競うようにして軍歌を書いた。『暁に祈る』『燃ゆる大空』『祖国の護り』『若鷲の歌』『同期の桜』『そうだその意気』『勝利の日まで』……。で、その『出来栄え』は、軍歌としては、特に日本人の感情に訴えるものとしては抜群、秀逸であった。それらの軍歌は、時代の波にあおられて売れに売れた。大当たりだ」

この時、歌書きたちは何を考えていたのだろうか、となかにしは問う。問いつつ、こう付け加える。

「昭和十八年に朝日新聞社までが『アッツ島血戦勇士顕彰国民歌』を募集選定しているのだから、どれほどの国威発揚と愛国心、滅私奉公の時代であったかは分かろうというものだ」

そして自らの問いに次のように答える。

「自分の書いた歌を歌いつつ若者たちが死地におもむいていく。その長い隊列を、甘い陶酔と恍惚にひたりつつ眺めていたかもしれない、と歌書きの業を知っている私は想像するのである。自分たちが歌の力を乱用し、重大な罪を犯していることになぜ気づかなかったのか。戦争という国家の犯罪に手をかしていることになぜ思いいたらなかったのか。そこが『出来栄え』を誇り、『当たる』ことにのみ価値を置く歌書きたちの限界なのだろうと思う。いかに優れた歌があろうとも、私が歌書きを芸能と決めつける理由はこの点にあるのだ」

なかにしは『俳句界』の二〇〇九年四月号で対談した時、歌詞を「七五調では書くまい」と思ったと言った。

「七五調にきれいに収まることで得られる日本人の精神の安定、美意識、行儀のよさ、収まることの粋な感じとか、そういうところから外れたところにある日本人の情緒、美しさ、共感が必ずあるはずだと思った」からである。

この時のタイトルが「文学者は革命的な要素を持っていなければならない」だった。私もそのつもりで、「演歌の帝王」もしくは「悲歌の源流」を書いたのだが……。

土門拳（どもん・けん）

一九〇九年山形県酒田市生まれ。二八年神奈川県立横浜第二中学校（のち翠嵐高校）卒業後、職を転々とする。三三年東京上野の宮内幸太郎写真場の内弟子となる。三五年名取洋之助主宰の日本工房に所属。三九年国際文化振興会の嘱託となり、初めて室生寺を撮影。五五年『室生寺』で毎日出版部文化賞受賞。その後、『ヒロシマ』（五八年）、『筑豊のこどもたち』（六〇年）などの作品で様々な章を受章。『古寺巡礼』（六三年第一集、七五年第五集完結）で菊池寛賞受賞。九〇年逝去。

一九八三年酒田市に土門拳記念館開館、全作品を所蔵、常設展示している。

土門拳のリアリズム写真

土門拳のリアリズム写真

目次

殿様のいない町・酒田

土門拳の故郷、酒田《さかた》は日本三急流の一つ、最上川《もがみがわ》の河口に広がる港町である。酒田を〝風の棲《す》む町〟と称したのは詩人で作家のねじめ正一だが、とくに冬など、日本海から吹きつける風は唸《うな》り声をあげて酒田の人家に襲いかかる。

その風と急流がぶつかって生まれる光景を、やはり山形を故郷とする歌人、齊藤茂吉《さいとうもきち》は次のように詠んだ(1)。

最上川逆白波のたつまでに
ふぶくゆふべとなりにけるかも

土門は同郷の茂吉の「実相観入《じっそうかんにゅう》」論に多大の影響を受けたが、この「逆白波」の歌を改めて口にすると、まさに土門は「逆白波のひと」だったのではないかと思えてくる。

運命に従うといった人では決してなかった。むしろ、それに逆らい、抵抗して生きた人だった。

「冬は低く垂れこめて晴れる間もない雪空と、日本海の鉛色の海、白い波がしら、桃も李《すもも》も桜も、一時に目の覚めたように咲きだす春、夏の紺碧の空にくっきりと残雪が光る鳥海山《ちょうかいさん》、この北方的な自然に抱かれて、ぼくは成長した」(2)

土門は「私の履歴書」の中で、わずか六年しか住まなかった酒田をこう振り返り、そして、自分が山形の出身であることは「ぼくという男の性格と仕事を考察する上に、なかなか必要だと、思うので明記する」と書いている。

私も酒田の出身だが、では酒田はどんな町なのか。俗謡に〝本間様には及びもないが、せめてなりたや殿様に〟と歌われるほどの大地主、本間家のホームグラウンドであると同時に、〝東北の堺〟といわれるくらい、自治意識の強い商人たちの住む町だった。

私は、〝殿様のいない町〟と規定している。酒井家の城下町だった隣の鶴岡とは、決定的に違うのである。

相馬屋事件

そこに、土門の生まれる十余年前、商都でなければ起こりえない事件が起こった。土門拳という「男の性格と仕事を考察する上」で逸することのできない事件だろう。

「相馬屋《そうまや》事件」といわれるそれは一八九三年（明治二十六）一月二十八日に起こった。日清《にっしん》戦争の前の年で、米価が高騰し、酒田の米商人はにわか成金となって、気が大きくなっていたところだった。

それで一風変わった新年会を思いつく。

「宮中風大宴相催候《きゅうちゅうふうだいえんあいもよおしそうろう》に付き大礼服着用相馬内裏《たいれいふくちゃくようそうまだいり》へ参朝相成度《さんちょうあいなりた》く」という回状をまわし、酒田の有力者たちが、町で一番の料亭の相馬屋へ集まったのである。

この宴会は一か月ほど前から準備され、天皇、大臣、参議の大礼服や、皇后、女官の衣裳《いしょう》はすべて京都や東京から取り寄せられた。天皇に扮《ふん》したのが廻船《かいせん》問屋越後屋の主、大泉長治郎で、皇后に扮したのは美人の誉れ高かった相馬屋の姉娘だった。女官たちは芸者である。

菊の御紋を染めぬいた幔幕《まんまく》が張りめぐらされた二階の大広間に出席者がそろうと、大泉が「諸卿早速《しょきょうさっそく》の参《さん》内大儀也《だいたいぎなり》」と声をかけ、君が代を演奏したあと、一同敬礼の上、着席して、「宮中風大宴会」は始まった。

もちろん極秘だったこの宴会の話が漏れ、二月四日になって参会者一同が酒田署に検挙される。県会議員、町会議員、米問屋、廻船問屋、地主などの実力者が一斉に投獄されたのである。当時、まだ町だった酒田は大騒ぎとなった。

しかし、二月二十七日に証拠不十分ということで免訴放免《めんそほうめん》となる。当局のほうも、この事件が大袈裟《おおげさ》に報じられては、かえって困ると思ったのだろう。

石堂秀夫著『不敬罪　天皇ごっこ』(三一書房)に、この詳細は小説化されて綴られているが、日本の他の町では聞いたことがないこの事件が起こった酒田に、それからまもなく土門は生まれた。決して上品な町ではなく、猥雑《わいざつ》と混沌《こんとん》の町だった。

愛憎の町・酒田

のちに土門が敬慕することになる志賀直哉《しがなおや》が、一八九七年(明治三十)の夏、酒田を訪れている。志賀は学習院中等科の生徒だったが、志賀の回想の一文を引こう。

「酒田は賑やかな町だった。宿屋は清潔で気持がよかったが、夕飯を済まし、散歩に出ようとすると、若い番頭が急いで出て来て、

『今夜、お帰りになりますか』

と訊いた。私達にはその意味が分からず、

『帰って来るよ』

と答えたが、何年かして漸《ようや》く番頭の言った意味が分かると、意味も分からぬ十六七の私達にそんな事を訊く番頭は、余程馬鹿な奴だと可笑《おか》しく思った。船着場でそういう泊客が多く、番頭は一つ覚えに、出かける男客には必ずそれを訊く事にしてゐたのであろう」(3)


志賀少年が番頭に意味のわからぬ質問をされてから十二年経った一九〇九年（明治四十二）十月二十五日、土門は酒田町鷹町に生まれている。

両親ともに出稼ぎに行かねばならず、祖父母に育てられた子ども時代は幸せなものとはいえなかった。ために酒田への憶《おも》いも屈折していて、七歳のときに上京して以来、およそ四十年間、酒田の土を踏んでいない。戦争中の疎開も、同じ山形でも、酒田ではなく長井に妻子をさせているが、『土門拳』（法政大学出版局）の著者、阿部博行《あべひろゆき》がいうごとく、土門にとって酒田は「振り返りたくない故郷」でもあった。


その疎開の世話をした、田中駒蔵という人が土門に、

「なぜ酒田に疎開をしないんだ」

と聞いたところ、

「自分は酒田には絶対に帰らない」

と言っていたので、のちに土門が酒田の名誉市民第一号になったと聞いて驚いた、と阿部に証言している。しかし憎むほどに愛《いとお》しいのが故郷だった。それで土門は『風貌《ふうぼう》』という写真集をつくったときには、その人がどこで生まれ、どこの県の出身かを必ず入れてくれ、と頼んでいる(4)。その個性の決定に、風土は逃れがたい影響を与えると考えていたのである。

「反骨」と「武骨」

私はここで「裏日本の反骨」ということを思う。山形出身の土門と齊藤茂吉、そして土門が師と仰いだ福井出身の中野重治《なかのしげはる》や、親しみをもっていた同じく福井出身の高見順《たかみじゅん》。こういった人たちには「裏日本」といって蔑《さげす》んできた「表日本」に対する烈々たる反骨精神が共通してみなぎっているのである。彼らの風貌も生き方も、決してスマートではない。むしろ武骨である。

山形でも内陸生まれの茂吉は別として、重治も順も、そして拳も、順が「荒磯《ありそ》」という次の詩に書いたような日本海の波音を聞いて育った(5)。

おれは荒磯の生れなのだ
おれが生れた冬の朝
黒い日本海ははげしく荒れていたのだ

怒濤に雪が横なぐりに吹きつけていたのだ

おれが死ぬときもきっと
どどんどどんととどろく波音が
おれの誕生のときと同じように
おれの枕もとを訪れてくれるのだ

『風貌』の茂吉の写真は、七十歳になんなんとする老爺《ろうや》が膝《ひざ》に両手をそろえて、ちょこんと座っているものである。素足に履いた草履まで写している。このとき土門は四十一歳。

初対面の土門が、

「先生、ぼくは酒田です」

と呼びかけると、

「おお、それはおなつかしい。そうですか、そうですか」

と、まるで古い知己にめぐりあったように茂吉は喜んだという。

「先生の故郷は最上川上流の東村山で、ぼくは最上川河口の酒田港だった。それにしても、ぼくは長い間会いたい会いたいと思っていた人の病み衰えた姿を見て、何か胸が一杯で、撮影も思うに任せなかった。撮影は奥さんとの約束通り五分で打ち切ったが、茂吉先生は何か話したげで、仲々腰を上げられなかった。奥さんに促されて、ようやく寝床へ戻られたが、それでも応接間を出て行かれる時、駄々子のように柱につかまると、『土門さん、他にもう用事はございませんか』とぼくの顔を見られるのだった」

土門は、そのときのことをこう書いている。

茂吉は「勇猛」とか「猛烈」とかいう言葉を好み、論敵に対しては、まるで鉈《なた》で滅多《めった》切りにするような痛罵《つうば》を浴びせた。

「そんな昔の、アララギ派の最も果敢な闘将だった茂吉先生を知る人は、今椅子にヨロヨロと腰を下して、ポカンと口をあけていられる姿を見たならば、誰しも胸がふさがるだろう」

土門はこうも記している。

しかし、土門が「会いたい会いたい」と切望し、その「病み衰えた姿」に、胸ふさがる思いがしたのは、同郷の先輩というなつかしさゆえだけではなかった。

土門がひたすら追い求めてきたリアリズムの、茂吉が、まさに先駆者だったからだった。端的にいえば、リアリズムは、下品と呼ばれることを恐れない。

リアリズムの開眼

土門に、画家を志していた少年時代を回想した「赤いタンツボの話――私の作画精神」(「アサヒカメラ」一九五三年八月号)という一文がある。

そのころ、セザンヌに傾倒していた土門は、セザンヌのいうレアリザシオンとは何か、を考える。実体としての実在とか存在というものは何かを朝から晩まで考え、考えあぐねて日曜日ごとに鶴見の総持寺《そうじじ》へ座禅に通ったりもした。

そして、あるとき、駅の陸橋の階段を上って、片隅にある赤い痰壺《たんつぼ》に目がとまる。

「その夜は初めてみるように新鮮な美しいものに見えた。ぼくはジッと見つめた。すると、その赤い痰壺を見つめたまま、丁度《ちょうど》解いた幾何の証明問題をもう一度初めから吟味するように、今わかったと思ったことを言葉に直しはじめた」

汚い痰を吐き棄《す》てるものとして、それは存在する。それを美しいものとして見る人はほとんどいない。しかし、これがなければ、汚さは広がってしまうのである。

貧困の中で、さまざまな職業を経験した土門は、独特の視点で、この痰壺に注目した。土門以外の誰が、これを見て〝開眼〟するだろうか。

「痰壺は痰壺である。どんなに形が変ろうと、どんなに場所が変ろうと、この一個の赤い痰壺がそこに在るということは絶対である。在るということの確かな手応《てごた》え、それは赤い銅の、ピカピカに口金の光った痰壺そのものが実証している」

レアリザシオンを実感して、土門は頭の底がしびれる思いだった。

「わかった、わかった」と、大声で叫びたいほどの嬉《うれ》しさに、土門はそのとき捉えられていたのである。

美しい蓮の花は泥中に咲く。人はしばしば、蓮の花の美しさにのみ目を奪われ、泥がなければ蓮の花は咲かないことを忘れてしまう。

しかし、寂しさを奥歯で嚙《か》みしめるような人生を送ってきた土門は、泥の存在を忘れることはなかった。

「表日本」は「裏日本」がなければ、表たりえない。

「白河以北一山百文《しらかわいほくひとやまひゃくもん》」の、東北人気質も重なって、土門は忘れ去られるものに、むしろ着目した。あえてそうしたというよりも、自然にそこに目がいったのである。

貧乏長屋に住みつづけた土門が、銭湯のしまい湯を愛したのも、同じ性向からだった。『三人三様』(6)の「しまい湯」に土門はこう書く。

「しまい湯のなかにトロッと厚味のある湯が好きだ。殊に人の湯垢《ゆあか》でよどんで、プンと一種のにおいがそこはかとなく鼻にくるくらいになった湯がいい」

上品な人は鼻をつまみ、目をそむけるようなしまい湯を出て、どこかの塀に立ち小便しながら、夜更けの空の満天の星を仰ぐときの幸福感に浸《ひた》る土門は、骨の髄までの庶民派だった。

「みんなの撮るものは撮りたくなかった。そうしてメーデー会場では、ぬかるみに捨てられていた、壊れたコウモリガサ一本だけを撮った」

一九五五年のメーデーの際のことをこう書く土門にとって、ハイカラを絵に描いたような写真の師、名取《なとり》洋之助《ようのすけ》とは合うはずがなかった(7)。

名取洋之助と土門拳

日本工房(8)を主宰する名取の下に、土門のあとから加わった亀倉雄策《かめくらゆうさく》は、土門が撮ってきた写真を、名取が目の前で引き裂いて、

「お前はどこに目がくっついているんだ」

と怒鳴り、何度も撮り直しを命じた、と証言している(9)。

するとト門は屈辱感でいっぱいになり、暗室に入って出てこなくなるのだった。亀倉がドンドンと戸を叩き、カギをあけて出てくるように促すと、目を真っ赤にした土門が姿を現わす。

「お前、泣いていたのか。いくじのない奴だ。そんなことじゃ一流の写真家になれんぞ」

そう言って励ます亀倉と二人で昼食をとりながら話しているうちに、土門も元気が出て、

「おい！ 亀倉。俺は世界一のカメラマンになるんだ」

と叫ぶのが常だった。

名取と土門という師弟を対比させて、写真評論家、重森弘淹《しげもりこうえん》が書いている(10)。

「名取との共通点は、どちらも自分の仕事へのエゴイズムを徹底させ、他人の思惑をほとんど斟酌《しんしゃく》しないことであった。名取の天才肌と土門の努力型、名取のブルジョワ的なエゴイズムと土門の負けじ魂、名取の近代合理主義的な思想と生活に対する土門の東北的な保守主義とその裏返しのプロレタリア意識など、ことごとく対立の要因をはらんでいた」

評伝『わがままいっぱい名取洋之助』を書いた三神真彦《みかみまさひこ》は、名取の「閃《ひらめ》きと巨視」に対し土門は「執念と凝視」だったと指摘しているが、そんなに長い期間ではないとはいえ、同型ならざる師の下にいたがゆえに、土門は独自のリアリズムを磨いていくことができたのではないだろうか(11)。

高見順らとともに『人民文庫』に参加していた武田麟太郎《たけだりんたろう》はあるとき、土門に、こう漏らした(12)。

「日本の写真家はどんなにきたないものを写してもきれいに写してしまう。胸がむかつくような悪臭をはなつお歯黒溝《はぐろどぶ》を写しても、そのきたなさを出せない。僕は日本の写真家のリアリズムの貧弱さをつくづく感

じたよ」

こんな武田とも親交を結んで、土門は「きたないものをきれいに写」さないリアリズムをめざした。後年、一歳下の名取が亡くなったとき、土門の弟子の三木淳《みきじゅん》が葬式に行こうと誘うと、土門は、

「俺は嫌だ」

と拒否した。

母親のとみえが、

「拳ちゃん、行きなさいよ」

と勧めると、

「嫌だあっ!!」

と怒鳴ったという(13)。

しかし、若い弟子の藤森武《ふじもりたけし》によれば、土門は一度は葬式に出席しようとして、ネクタイを締め背広を着て家を出たが、すぐに戻って来て、

「やめた、やめた」

と背広を脱いだのだとか(14)。

名取と土門の葛藤《かっとう》を知らなかった藤森は、なんと情のない人かと土門のことを思ったというが、それほどに意識した存在だった。

私は、タイプの違う名取が、土門拳という個性が花開く上で重要な触媒の役割を果したと考える。

ライバル・木村伊兵衛

いま一人の重要な触媒が、ライバルと目された木村伊兵衛《きむらいへえ》である(15)。その修業時代から、土門の下宿の部屋には、

「打倒木村伊兵衛」

と大書した紙が貼られていた。

また母親のとみえは、

「木村伊兵衛さんをやっつけなさい。そうしないと日本一の報道写真家になれませんぞ!」

と言って、土門を叱咤《しった》していたのである。

阿部博行の『土門拳』は詳細にその生涯を調べた「事典」のような労作だが、そこに名取と木村の「土門芸術の悲劇性」について語った対談が引いてある。一九五五年(昭和三十)八月号の『カメラ』に載ったものである。当時、名取と土門は四十代半ばだった。

「土門と木村さんを二人並べて比較すれば、木村さんの方は終戦後うちにこもって、いろいろ写真を撮っていた。それがかえって社会に飛び出して行くし、土門の場合は乞食を撮るとか何とか外に出ていながら、うちにこもっちゃっているんですよ」

名取がこう発言したのに木村は、

「今非常にこもっているから、それを破ろうと思ってメーデーを撮ったりしているわけですが、当時は思想的にも悩んでいないと思うんですよ。ここへ来てガラリと変って、懐古趣味みたいなものになっちゃった。

僕はもっと彼の情熱とか、若さとか、そういうものが出て来なければいけないと思うんですよ。それがいやにシャレちゃった」

と応じている。

名取の発言が、名取の言うように「土門に対する心からの愛情」ゆえにのみ出たものとも思えないが、「外に出ていながら、うちにこもっちゃっている」という指摘は、土門のある種の性向を言い当てている。その執念は開かれているようで開かれていない。

大宅壮一《おおやそういち》の土門評もそこを衝いている(16)。

「彼の郷里酒田の近くからは、大川周明《おおかわしゅうめい》や石原莞爾《いしはらかんじ》が出ているのを見てもわかるように、東北人独特の執念深さ、狂信性、気魄といったようなものがある。色が黒く、ずんぐりとした不敵の面がまえは、御嶽教《おんたけきょう》の行者などによくある型だ」

「〝土門拳〟という名前からして、凄みがある。木村伊兵衛が、古風な名人気質をあらわしているのと面白いコントラストをなしている」

「彼が錫杖《しゃくじょう》のかわりに三脚をもち、数珠《じゅず》のかわりにカメラをブラさげて全国を行脚すれば、たちまちにして新興宗教の一派が生れそうである」

大宅が『週刊朝日』の一九五九年六月二十八日号で土門をこう評したとき、土門は五十歳目前だった。

母・とみえの愛情

ところで、土門にとって母親の存在は限りなく大きい。中学生のときに父親が別の女性のもとへ走り、母一人子一人となってから、つらい人生を送ってきただけに、看護婦として自分を育てた母親の存在は絶対だった。

先に書いたように、「打倒木村伊兵衛」を誓わせたのも母親だし、第一、写真の道をすすめたのも、この母親だった。

土門は一時、岡本潤《おかもとじゅん》のダダイズムに惹《ひ》かれた(17)。また、左翼的な農民運動にも走ったが、そんなことを考えるとき、私は、土門が胸迫る思いで岡本の詩「罰当たりは生きてゐる」を口ずさんだに違いない、と想像する。泣きながら、それを読んだに違いない、と思うのである。もちろん、そのまま、土門の境遇に当てはまるわけではないが、土門は自分のことだと思って泣読したに違いない。一九三三年（昭和八）の刊行と同時に発禁となった同じ題名の詩集からそれを引く。

あなたは一人息子を「えらい人」に成らせたかった
「えらい人」に成らせるには学問をさせなければならなかった
学問をさせるには金の要る世の中で
肉体よりほかに売るものをもたないあなたは
何を売らなければならなかったか
だのにその子は不良で学校を嫌った
命令と服従の関係がわからなかった

先生の有難味といふものがわからなかった
強ひられることには何でも背中を向けた
学校へは上級生と喧嘩をしに行くのであった
一から十まであなたに逆らふ手のつけられない「罰当り」だった
その子はあなたを殴りさへした
――その時その子が物陰で泣いてゐたことをあなたは知ってゐますか
それでもあなたはその因果な罰当りを天地に代へて愛さずにはいられなかった
学校を追はれた不良児は当然社会の不良になった
社会の不良は「えらい人」が何より嫌ひでそいつらに果し状をつきつけた
「善良な社会の風習」に断乎として反抗した
その罰当りがここに生きてゐる
正義とは何かをつかんで自分を曲げずに
生き抜かうとする叛逆者の仲間に加はって
警察へひつぱられたりあっちこっち渡り歩いたり
飢ゑて死んでも負けるかと云って生き通してゐる

お母さん！
あなたが死んで十年

だがあなたの腹から出てあなたを蹴った罰当りの一人息子は此の世に頑然と生きてゐます

土門は革命を夢見て警察に捕まり、拷問《ごうもん》も受けている。挫折《ざせつ》して自殺も考えたが、思いとどまったのは母親の存在ゆえだった。どんなに悲しむか、想像がついたからである。

そんなこともあってか、自分に息子が生まれたときには、

「おい、貴様は革命家になるんだぞ。国家社会のために命を投げ出すような仕事をするんだ。折角《せっかく》男と生まれたからには、大いにやるんだ。平凡な幸福なサラリーマンとして一生を送ることなど、この父親は望まないよ。いわんや写真家なんぞになりやがったら、承知しないぞ」

と、誕生まもない息子に呼びかけたという。

土門が母の死に遇《あ》ったのはまもなく六十歳というときである。脳出血で倒れ、療養していた土門は、しばらく経《た》って母親の死を知らされると、ベッドの上で慟哭《どうこく》した。腹の底から振りしぼるような泣き声だった。

まさに自分の半身が引きちぎられた気持ちだったのだろう。

『私の履歴書』に土門は書いている。

「実際母には苦労のかけ通しであった。母は常に大きな愛をもったぼくの気持の理解者であり、行動の支持者だった。ぼくはなに人にもまして、この母に感謝すべきものを負っている」

リアリズムの先達、中野重治

土門にとっての大事な人を私が勝手に三人挙げるとすれば、母とみえと、中野重治、そして齊藤茂吉となる。前記した〝裏日本の反骨〟である。共通したその投獄体験まで含めて、中野はある種の目標だった(18)。先に高見順の「荒磯」の詩と、岡本潤の「罰当りは生きてゐる」を引いたが、もう一つ、土門が身近に思っただろう詩を挙げれば、中野の「歌」である。この三つの詩に、土門拳という人間がクローズアップされる。リアリズムの先達、中野重治は「歌うな」と歌った。

お前は歌うな
お前は赤ままの花やとんぼの羽根を歌うな
風のささやきや女の髪の毛の匂いを歌うな
すべてのひよわなもの
すべてのうそうそとしたもの
すべての物憂げなものを撥《はじ》き去れ
すべての風情を擯斥《ひんせき》せよ
もっぱら正直のところを
腹の足しになるところを
胸先を突き上げて来るぎりぎりのところを歌え

たたかれることによって弾《は》ねかえる歌を
恥辱の底から勇気をくみ来る歌を
それらの歌々を
咽喉《のど》をふくらまして厳しい韻律に歌い上げよ
それらの歌々を
行く行く人々の胸郭《きょうかく》にたたきこめ

中野に「土門拳のこと」という一文がある。それによれば、二人の出会いは戦後まもなくだった。中野が七歳年上である。

土門が中野を訪ね、リアリズムなどについて議論した。そのころ、中野はわりといいコーヒーを持っていて、コーヒー好きの土門に、

「いれるよ」

と言った。すると土門は、

「わしはコーヒーにはやかましいので、せっかくいれてもらっても、気に入らぬとわるいからいれずにおいてくれ」

と答えた。

これを聞いて中野は、土門は知るべき侍で、これから末永くつきあえるだろうと思ったという。

「この人の写真と文章とをみていると、私は漢という字を書いてオノコとよませるときのオノコという言

葉、その発音を思いうかべることがある」

「筑豊のこどもたち」

土門をこう評した中野は、土門の写真集『筑豊のこどもたち』(19)について「眺めては読み、読んでは眺める」という書評を「週刊読書人」の一九六〇年二月二十二日号に寄せた。

「いまの日本のわれわれの全生活が、ニヒリズムの一歩手まえのところまで、革命待望のコースの一歩手まえのところまで、ほとんどすれすれになってそこにある」

と前置きして、中野は、

「しかし人間は、要するにたくましいぞ、黙ってはいないし、いられぬぞということが最後にある。教えとして教条としてあるのではない。そうあるべきだなどというのでは決してない。けだもののようにしてでも生きて行くぞ、現に生きているぞ、生きている、ということでそれがある」

と書いている。

エネルギー革命とやらで切り捨てられる炭鉱の労働者たち。その姿を子どもに焦点を当てて捉えた土門の写真に、中野は「希望の中の希望」ではなく、「絶望の中の希望」を読みとったのである。

これは、中野が惹かれた中国の作家魯迅の「希望に希望するなら、絶望に絶望せよ」と似た精神だった。

弁当を持ってこられない子どもが絵本を見ている姿などを写したこの写真集に、ただ土門の娘の真魚《まお》だけは「おかしい」と思った(20)。

子どもはもっとたくましく、エゴイストのはずなのに、みな哀れっぽく、かわいそうに写っているではないか。

それは作者、つまり土門が、対象を冷たく突き放して見ることができなかったからだ、と娘は断じる。そうかもしれない。しかし、そこにまた、土門の真骨頂があった。「歌うな」と歌う心情である。

土門の親友といっていい美術評論家の水沢澄夫《みずさわすみお》はこう書いている(21)。

「彼ほど矛盾にみちた人間はめずらしい。鼻っぱしらが強いくせに弱気。非常識なように見えて常識家。ルーズな半面がありながら几帳面。むら気なくせに一本気。かぞえあげればきりがないが、それらの矛盾を有機的に統一して土門拳たらしめている基底は、その根性のキレイさである」

『筑豊のこどもたち』の表紙写真にした、るみえという子の父親が死んだと聞き、土門は手紙を書こうと思う。

「なんていうことだ。運命というやつは、弱い者ばかりかさにかかっていじめるみたいだ」

「おじさんも貧乏な写真屋だが、できるだけのことをしたいと思っています。るみえちゃん元気を出してください」

こう書いた手紙を、しかし土門は出さなかった。そして筑豊に会いに行く。残された幼い姉妹は児童相談所に引き取られていたが、そこに土門は入り込んで、彼女たちにカメラを向けたのである。

こうした土門のリアリズムを〝乞食写真〟と蔑視《べっし》する人たちもいた。しかし土門は怯《ひる》まなかった。それこそが現実ではないか、と思っていたからである。

三池闘争と土門拳

不自由な身体で安保反対闘争にも加わった土門は、三井三池炭鉱の大争議にも行く、と言い張った。もちろん家族は大反対。しかし言い出したらきかない。

弟子の伊藤知巳《いとうともみ》が同道して、時をおかず現場に行った(22)。車で近づくと、

「止まれ！」

と怒鳴られ、六尺棒を持ってピケをしている男たちが、

「キサン（貴様）たちは何者か！」

と凄い形相で吠《ほ》えた。

警官隊との衝突を前に彼らも殺気立っている。

伊藤があわてて車の窓を開け、

「写真家の土門です。『世界』のグラビアの取材の為に中へ入ります。闘争本部の諒解《りょうかい》ばとってあります」

と答えた。すると、

「えッ土門シェンシェイですか」

「おい土門シェンシェイぞ！」

と彼らは口々に言いかわし、六人が車の横に整列して直立不動の姿勢をとり、班長と思《おぼ》しき男が大声を挙げた。

「土門シェンシェイ！『筑豊のこどもたち』まことに有難うございました!!」

そして、

「どうか写真バ撮ってつかあさい。さ、どうぞお通りください」

と続けたのである。

この人たちは〝乞食写真〟などとは金輪際《こんりんざい》言わない。こうした人たちに嗤《わら》われない写真を土門は撮ろうとした。

三池争議のときに土門は支援学生と機動隊の衝突を撮ろうとして、その渦に巻き込まれ、機動隊に叩きつけられて負傷している。

それでも土門は写真を撮ることをやめなかった。「行きたい」と思うと、不自由な身体であることを忘れるのである。血が騒ぐのだった。

その血をさらに濃くするように、土門は肉食を好んだ。茂吉がウナギが大好物だったのと共通するかもしれない。

脳卒中で倒れてからは野菜を主にと言われていたが、それでも医者に内緒で肉を食べた。

「だいたい日本人は肉を食べないから西洋人に負けるんだ。毎日ステーキを食べている外人写真家の作品はしつこい。日本人の写真は淡白でいかん」

三木淳は土門にこう言われたと、『追悼土門拳』に書いている。

「生活観入」「人生観入」

時には、ごはんの上にバターをのせて食べるようなこともした。その粘液的な執着心はまさに茂吉も持っていたものだが、戦時中、土門と水沢澄夫は〝齊藤茂吉熱〟にかかり、歌などつくっていたらしい。最上川の岸辺にサンダワラを敷き、半日も川の流れを見て、そして歌をつくった茂吉と、シャッターを切るまでに時間を費やした土門とは、実相観入のリアリズムという点で一致する。病的なまでの、徹底した写生である。私は、土門の場合は「生活観入」もしくは「人生観入」だったのではないかとも思うが、土門はそれをこう語っている。

「〝カメラとモチーフの直結〟はアララギ派歌人の言葉を以《も》ってすれば〝実相観入〟ということになります。〝カメラとモチーフの直結〟乃至は〝実相観入〟こそはリアリズムの道であります。古今東西のあらゆる造形芸術の大道であります」

もちろん、そこでは見る人の視点、視力が試される。思想もしくは視想が問われるのである。

たとえば、土門の前にヒロシマを撮った写真家がいなかったわけではない。しかし、土門以上に鮮烈にヒロシマを撮った写真家はいなかった。

土門は名取とは違った意味でわがままだったが、弟子の一人の堤勝雄が回想するように、ある種の平等感覚を持っていた(23)。

「自分が師匠でおまえは弟子だって感覚が全然ない。本音でつきあってくれるっていうのか、旅館では同じ飯を食って、同じ寝床に寝て、おなじ生活して、乗り物も全部一緒で差別なし、撮影では一致協力、運命共同体のように仕事をする」

土門の撮った写真を自分の名前で発表したりした名取とは違って、土門は助手の名前もすべて写真集に明記した。

そんな土門を同郷の先輩として誇りに思うが、ただ一つ残念なのは勲四等旭日小綬章を受章したことである。

なぜに勲章を、しかも勲四等などをもらってしまったのか。日本の勲章は政治家、官僚、そして民間人との順に差がある。どんな愚物でも、首相などをやっていれば勲一等を受章する。中曽根康弘など大勲位である。

政治家や財界人にも数は少ないが勲章拒否者がいる。たとえば日本銀行総裁をやった前川春雄《まえかわはるお》は、日銀総裁退任のとき、勲一等を用意されたが、「人間に等級をつける勲章は好まない」として、それを固辞した。さらに死後の叙勲も辞退するよう、夫人宛ての遺書に書いていたのである。

城山三郎《しろやまさぶろう》が『粗にして野だが卑ではない』（文春文庫）で描いた元国鉄総裁石田禮助《いしだれいすけ》も勲章拒否者だった。

「おれはマンキーだよ。マンキーが勲章下げた姿見られるか。見られやせんよ、キミ」

石田は総裁在任中に勲一等を贈ると言われ、こう言って拒否している。

政治家では、首相の座を蹴った元外相、伊東正義《いとうまさよし》がもらっていない。

いささか刺激的にいえば、勲章は、もらった人より拒否した人のほうに、魅力的な人物がいるのである。

土門拳こそ拒否してほしかった。その思想を考えるなら、まさに拒否するほうがふさわしかったのではないか。

長い病床生活で、後年は自分の意思を表わすのが難しかったというから、おそらく受章は土門の本意ではなかったのだろう。

無心に眠っている土門を見て弟が、

「兄さん、いい加減に死んでくれよ。皆がくたびれているんだから」

とつぶやくと、土門の目から涙がこぼれたという話もある(24)。

それを聞いて亀倉雄策《かめくらゆうさく》が、

「ひょっとしたら土門に意識があるのだろうか。もしあるとしたらこんなつらいことはない」

と暗澹《あんたん》たる気持ちになったとか。

おわりに

私は『世界』に連載した「葬送譜」の一九九七年五月号で土門を取り上げた。その最初と最後の部分を引いて結びとしよう。

〈一九九七年一月に亡くなった藤沢周平は、胸中に狼を飼っていた。藤沢は鶴岡の出身だが、とすれば、隣の酒田出身の写真家、土門拳はその身中に虎を棲まわせていたと言えるのではないか。あるいは、土門自身が虎だった。

中島敦の名作「山月記」を読むと、私はいつも同郷の先達、土門を連想する。これは人間が虎になってしまう話で、「おくびょうな自尊心と尊大な羞恥心」をもつ、かつて郷里の鬼才といわれた男が、その自尊心と差恥心のゆえに、俗物の間に伍することを潔しとせず、次第に世を離れ、人と遠ざかって、ただ、「おくびょうな自尊心」だけを飼いふとらせ、ついには虎になる。

内心にふさわしい形になってしまったわけだが、しかし、完全に虎になりきってしまったわけではなくて、一日のうちに数時間だけ、人間の心が還ってくる。その時は人語も操れるし、複雑な思考にも耐えられる。しかし、だんだんこの人間に還る時間も少なくなっていき、最後には虎になりきってしまうことを当人は知っている。

もちろん、この話がそっくり土門と重なるわけではない。だが、これほど土門にぴったりの話もないのではないか〉

〈土門がアルス写真文化賞を受賞した時(25)、詩人の高村光太郎が、「土門拳とそのレンズ」と題して、こう書いている。

「土門拳はぶきみである。土門拳のレンズは人や物を底まであばく。レンズの非情性と、土門拳そのものの激動性とが、実によく同盟して被写体を襲撃する。この無機性の眼と有機性の眼との結合の強さに何だか異常のものを感ずる」

一九六〇年春、いわゆる安保反対闘争が日本中に渦巻いた時、五十歳の土門は脳出血でマヒした足を引きずりながら、デモに参加した。仲間が心配して隊列を離れろと言ったが、決してスクラムを組んだ手を放そうとはしなかった。その怒りの炎によって焼き付けられたのが土門拳の写真である〉

（1）齊藤茂吉（一八八二～一九五三）　実相観入の写生説をとなえた歌人。土門拳のリアリズム論に大きな影響を与える。歌集『白き山』所収。
（2）「私の履歴書」（「日本経済新聞」昭和五十二年十二月八日付）
（3）志賀直哉（一八八三～一九七一）　土門拳が敬慕した小説家。『山荘雑話』の「最上川」より。年譜によれば「この夏（一八九七年）黒木三次と山形から秋田地方に旅行」。
（4）『風貌』（アルス社）一九五三年。昭和十一年に撮った武田麟太郎を最初に、土門拳が興味をかきたてられた各界の人たちの肖像写真集。
（5）高見順（一九〇七～六五）　小説家・詩人。昭和十年代より土門拳と親交を結ぶ。詩集『死の淵より』所収。代表作『故旧忘れ得べき』『如何なる星の下に』など。
（6）『三人三様』土門拳・亀倉雄策・勅使河原蒼風共著（講談社）一九七七年。
（7）名取洋之助（一九一〇～六二）　写真家・ディレクター・編集者。ドイツで報道写真を学ぶ。帰国後、新しいグラフィック運動を日本に根付かせようと「日本工房」を設立。日本文化を海外に紹介する『NIPPON』を創刊。土門拳、亀倉雄策などを育てる。戦後、岩波写真文庫の創刊に参画し、主宰者として一九五九年までに二八六冊を刊行した。
（8）日本工房　ドイツに写真留学して帰国した名取洋之助によって、一九三三年に設立された。アート・ディレクターズ・システムで報道写真や広告写真を制作提供する、日本最初の総合的な制作・編集のプロダクションだった。しかし経済的にいきづまり、一九三四年第二次日本工房に改組され、海外向け宣伝誌『NIPPON』を発行する。
（9）亀倉雄策（一九一五～九七）　グラフィック・デザイナー。土門拳と青春時代から日夜、芸術論を語り合い、親交は生涯変わることがなかった。一九六〇年、日本デザインセンターを創設。多くのデザイナーを育てる。東京オリンピック公式ポスターを制作。国内外の数多くの賞を受賞。
（10）重森弘淹（一九二六～九二）　写真評論家、東京綜合写真専門学校創立。「評伝・土門拳（一）」（『土門拳の古寺巡礼』第二巻大和（二）、小学館）所収。
（11）三神真彦『わがままいっぱい名取洋之助』（筑摩書房）一九八八年。一九七一年『流刑地にて』で第七回太宰治賞受賞。

(12) 武田麟太郎（一九〇四〜四六） 土門拳が兄事した小説家。昭和の初め、小説『暴力』を発表し注目された。戦前に「人民文庫」を創刊。のちに井原西鶴に傾倒し、市井に題材をとった作品を次々と創作。代表作に『暴力』『日本三文オペラ』『釜ケ崎』など。

(13) 三木淳（一九一九〜九二） 写真家。土門拳に師事。戦後、日本人初の雑誌『ライフ』のカメラマンとして活躍。土門拳記念館初代館長。

(14) 藤森武 一九四二年東京都に生まれる。写真家。東京写真短期大学卒業。土門拳に師事。写真集『濁楽・熊谷守一の世界』『秘仏十一面観音』など。

(15) 木村伊兵衛（一九〇一〜七四） 若き写真家土門拳が、追いつけ追い越せと目標にした写真家。小型カメラによるスナップに定評があった。代表作に『農村秋田』『木村伊兵衛の眼』など。

(16) 大宅壮一（一九〇〇〜七〇） 評論家。一九五七年ノンフィクションクラブをつくり、若手評論家の育成に努めた。「駅弁大学」「一億総白痴化」などの流行語づくりにも才があった。

(17) 岡本潤（一九〇一〜七八） 詩人。クロポトキン、大杉栄などの影響からアナーキズム思想に触れる。詩集『罰当りは生きてゐる』（昭和八年二月二十日、解放文化聯盟刊）。

(18) 中野重治（一九〇二〜七九） 土門拳が同時代の人として敬愛した詩人・小説家。詩集『歌うな』所収。「土門拳のこと」『風景』一九六四年十二月号

(19) 『筑豊のこどもたち』（パトリア書店）一九六〇年。ザラ紙に印刷、定価百円のこの写真集は、話題を呼び十万部を売るベストセラーとなる。

(20) 池田真魚 土門拳の長女。現土門拳記念館館長。

(21) 水沢澄夫（一九〇五〜七五） 美術評論家。戦前より土門拳と親交。土門拳の『古寺巡礼』に多大な影響を与える。

(22) 伊藤知巳（一九二七〜八六） 写真評論家。「三池闘争と土門拳」『土門拳全集11 筑豊のこどもたち』所収。

(23) 堤勝雄 一九四四年沼津市に生まれる。東京写真短期大学在学中から土門拳に師事。写真集『日本の祭り』。

(24) 牧直視（一九二六〜） 土門拳の異母弟。写真家。写真集『近江』『日本の色』など。

(25) アルス写真文化賞　写真雑誌「写真文化」が制定した賞。「人物写真集」「土門拳選集」(写真文化) の作品により第一回 (昭和十八年) の受賞。受賞に際し、高村光太郎、藤田嗣治、長谷川如是閑らが文を寄せる。

[**初出について**]

本稿は二〇〇三年七月に小学館から刊行された『逆白波のひと・土門拳の生涯』の中の①②を収録した。

〔解題〕

裏日本の反骨の系譜

土門拳の写真にではなく文章に着目した出版人がいた。築地書館の土井庄一郎である。

『ATOMIC BOMB INJURIES（原爆症）』を初出版に、主に自然科学系の本を出してきた土井は、ある時、土門拳写真展を観に行って、写真の下に付いているキャプションに注目した。「短い文章の中にこめられた意味の深さに感動した」のである。

それで、当たって砕けろと土門を訪ね、エッセイ集を出させてほしいと頼んだ。

すると土門は、

「おれは写真家で文章は余技だよ。写真集が売れるのは分かっている。だけど、文章だけで本にするなんて君、無茶だよ。売れなくても知らないよ」

と言う。

しかし、先生の文章を読んで心打たれたのだから、ともかくお願いしますと頭を下げると、根負けしたように、

「そうか、そこまで言うんならいいだろう」

と許可してくれた。

それが一九七四年に刊行された。『死ぬことと生きること』である。

土門はその時のことをこう書いている。

「せいぜい五十代だろうに頭がうすい」土井庄一郎がやって来て、「大きな目玉をさらに大きくし、大きな口を開いてよくしゃべる」と。

以下、土門の観察眼が光る情景描写をそのまま引こう。

「いつもは小心で、少し前かがみの姿勢で玄関から入って来て、またその姿勢で玄関を出ていくのだが、見本がみごとに出来て、ぼくがはなはだ気に入ると、土井さんは得意げに早く本が出来たことを自慢した。よほどうれしかったらしい」

土井を知っていると土門の焦点の深さがより明確にわかるのだが、この文は次のように結ばれる。

「ぼくもたくさんの編集者と会って来たが、初心の感激を忘れない人に会ったのは久しぶりだ」

この本の評判がよく、半年後に『続 死ぬことと生きること』を出すことになる。続編のタイトルを土門は最初、『日和山はうるわし』としたいと言っていたと知って、私は鼻の奥にツーンと来るものがあった。日和山は、かつての私を含めて酒田市民ならだれでも知っている港に近い公園の名前だからである。

そんなにも土門は故郷をなつかしく思っていたのだろう。

築地書館は絶版になっていた土門の『筑豊のこどもたち』を復刊してもいる。

私は時に「土門拳と同じ酒田出身です」と自己紹介する。

「わかるような気がするなあ」

と稀に言われて嬉しくなる。

土門には「裏日本の反骨」がある。福井の中野重治や山形の斎藤茂吉と共通する濃い感じである。粘着質と言ってもいい。

裏日本という差別的な言葉を簡単には手放さずに逆噴射のエネルギーを出す。この三人には、表日本に対抗して反逆精神を燃やす底深さがある。港町酒田には、それを秘めて表向きには茶化す軽さもある。

それが「相馬屋事件」となって顕現した。この事件は酒田でも、ある種の秘話として伏せられていたのだが、蔭ではヒソヒソと囁かれて伝えられてきた。

都内に住む酒田出身者が「酒田北前大使」の名刺を与えられて配って歩く。二十人ほどのそのメンバーが集まった時に、この事件の話をしたら、中の二人が、

「私のひいおじいちゃんも宴会ごっこに加わっていたのだ」

と言い出した。

世界的なオペラ歌手の市原多朗と、上々颱風のボーカルの白崎映美である。

『スプーン』というタウン誌にそのことを書いた時には、私の高校時代の担任

の奥さんから長文の手紙をもらった。

そのひとは天皇に扮した県会議員、大泉長治郎の孫だったのである。

江戸時代には「西の堺、東の酒田」と言われたほど栄えた町だったが、その独特の空気はこんな事件も生みだした。

友人の小室等は私に、

「土門さんの写真はちょっとくどい感じがする。私は木村伊兵衛さんの方が好きだ」

と言う。土門を非難されたような気がして、

「くどくて何が悪い」

と私は反発したが、やはり都会派の小室は木村の方に惹かれるのだろう。

『週刊金曜日』の編集委員を一緒にやっていた筑紫哲也や椎名誠も「木村の方がいい」と言った。専門家とは言わなくとも、セミプロのような彼らはやはり木村に軍配をあげるのだろう。

しかし、土門には素人をも巻き込むくどさや強さがあるのではないか。

木村には『ヒロシマ』や『筑豊のこどもたち』は撮れない。

私は一九九八年十月一日に放送されたＮＨＫの「課外授業　ようこそ先輩」という番組で、卒業した酒田の小学校の生徒を土門拳記念館に連れて行った。そして展示されていた『筑豊のこどもたち』を見せた。

「だいたいみんなと同じくらいの子どもたちを撮ったのが、この写真だね」

石炭から石油へのエネルギー革命で炭鉱はさびれていく。弁当を持って来られる子と、持って来られない子が出てくる。

「この子は家が貧しくて、弁当を持って来られなかった。な。だから、みんなが食べているときに気を紛らすっていうか、雑誌を見てるわけな。一生懸命読んでいるようにしているけども、当然こっちに気持ちがいっているわな。だろ？

日本の経済にひずみが出てきて、石炭産業が見捨てられていく。その中で、子どもたちがこんな思いを味わっていた。この子の気持ちを考え、こういうものをきちっと撮った土門拳という人が、ものすごく私は好きなわけ。

だから、ホンモノっていうのはな、見捨てられる人とか、弱い人に対して、きちっと眼を据えられる人なんだ。自分だけいいっていうような人は、ホンモノではねぇの。わかる？」

ナレーターが「佐高さんの口調が、檄を飛ばしているようになってきた。それだけ、この郷土の大先輩への思いが深いのだろう」と注釈を入れているが、確かにそうだった。私はそこで「これ、酒田の宝だぞ。酒田のだけでなく、世界の宝なんだ。土門さんが真剣勝負で撮ったものを、みんなも真剣勝負で見る」ことが必要だとアジっている。

そして、『筑豊のこどもたち』をザラ紙に刷って一冊百円という低価格で売り出したことにも触れている。

徳間康快（とくま・やすよし）

一九二一年神奈川県横須賀市生まれ。早稲田大学商学部卒業、四三年読売新聞社に入社したが読売争議により二年半で退社。「民報」で社会部次長、「真善美社」で専務となるが、いずれも倒産。緒方竹虎副総理の紹介で、五〇年新光印刷の社長に就任、日本写真製版株式会社を吸収して新光印刷工業株式会社とし、のち徳間プレスセンター。五四年「東西芸能出版社」の社長となり、五六年『週刊アサヒ芸能』を発行。六一年総合出版会社を目指して徳間書店を創設、六七年に「アサヒ芸能出版」と合併して、徳間書店として一本化。また遠藤実のミノルフォン音楽工業を引き受け、徳間音楽工業と社名変更（のち徳間ジャパン）。七三年東京タイムズの経営に着手、大映も買収。「現代史の記録」を目的として七二年現代史資料出版センターを設立、翌年、現代史出版会と改名した。母校である逗子開成中学校・高等学校を運営する逗子開成学園の理事長や、東京都写真美術館の館長なども務めた。二〇〇〇年逝去。

メディアの仕掛人　徳間康快

メディアの仕掛人　徳間康快

目次

第一章　読売新聞への愛憎

「オレはだまされた」

「社長、絶対に損しますから」

たとえば、映画の『敦煌《とんこう》』を撮る時、部下たちがどんなに止めても、徳間康快《とくまやすよし》は
「中国から儲けちゃいかん。日本人はさんざん悪いことをしたんだから」

と言って、反対を押し切った。

のちに詳述するが、その損はハンパな額ではない。とてつもない金額になった。

それでも突進することをやめない。

「心配するな。カネは銀行にいくらでもある」

「借金取りは墓場までは来ない」

こんな語録を遺した徳間は夢を売る男だった。ホラに近い夢もあったが、もともと、夢とホラは紙一重であり、ある人にはホラと聞こえるものも、別の人には夢と映る。

この文化の仕掛人、あるいはスーパー・プロデューサーに対しては、いい評判だけではなく、悪い評判もころがっている。

「清濁併せ呑むというけれども、オレの場合は濁々併せ呑むだね」

自ら、こう述懐してもいる。

しかし、おカネを残さなかったことだけは確かだった。黒幕と呼ぶ人もいたが、児孫のために美田は買わなかったのである。

「飲水思源」は中国の言葉で、水を飲む時にはその井戸を掘った人を思えという意味である。コウカイならぬゴウカイ（豪快）とも呼ばれた徳間康快は文化の井戸を掘った。それも必ず水が出ると信じて掘ったのではなく、徒労に終わっても掘り続けなければ水は出ないと覚悟して、さまざまな井戸を掘り続けた。

晩年、徳間ジャパン専務といった立場を超えて徳間にかわいがられた三浦光紀《こうき》は筆者の高校以来の親友だが、『徳間康快追悼集』に追悼の弁を書いている人を見ながら

「徳間さんが嫌っていた人が並んでいる」

と眉をひそめる。

もちろん、五木ひろしや栗原小巻、それに高倉健などを嫌っていたわけではない。

「オレはだまされた」

徳間の最期の言葉はこれだった。

では、誰にだまされたのか？

『徳間康快追悼集』では、住友銀行から転じて徳間書店の社長となった松下武義が「発刊にあたり」を書いている。

そして、「お別れの言葉」を述べた『もののけ姫』の宮崎駿《はやお》が続き、以下、次の三人の弔辞が並んでいる。

二〇〇〇年十月十六日の日付で、日本テレビ会長の氏家齊一郎《せいいちろう》、東映会長の岡田茂、それに日本書籍出版協会名誉会長の服部敏幸である。

宮崎は「徳間社長」と呼びかけ、氏家は「徳間先輩」、岡田は「徳間さん」、そして服部は「徳間君」と呼んでいるが、それぞれの徳間との関係を表している。

岡田によれば、徳間は大映を引き受ける時、

「私はどうしても映画をやりたい。出版、映画、新聞、音楽などあらゆるメディアでマスコミ界の三冠王、四冠王になりたいんだ」

と岡田に熱っぽく語ったという。

それはともかく、徳間は誰にだまされ、裏切られたと思ったのか……。

二〇〇〇年の九月二十日、徳間は肝不全で亡くなった。享年七十八。

妻の徳間五穂《いつほ》から知らせを受け、三浦光紀は都内渋谷区松濤《しょうとう》の自宅へ駆けつけ、裏口から入った。

表には読売新聞社長（当時）の渡邉恒雄や西武鉄道グループのオーナーである堤義明、そして俳優の高倉健など、そうそうたる面々が待っている。

三浦はそのころ、ヘッドハンティングを受けてマーキュリーの会長となり、徳間グループを離れていたが、ほぼ同年輩ということもあって、五穂から頼みにされていた。

五穂とすれば、徳間の前妻のことを知っている前からの社員は敬遠したかったのだろう。その点、後から徳間グループに入った三浦は前妻のことは知らず、いろいろ頼みやすかった。

三浦も、親父みたいに慕っていた徳間が亡くなったので、とるものもとりあえず、駆けつけたのである。

娘の舞らと、徳間を着換えさせ、お棺に納めて、

「じゃ、弔問に来た人たちを中へ入れましょう」

と三浦が言うと、

「いいの、私たちだけで」

と五穂はそれを拒否した。

そのために三浦は、待ちぼうけを食わされたお歴々や親戚から、あらぬ疑いをかけられることになるが、もちろん、五穂とそんな間柄だったわけではない。

ただ、とくに晩年に至って、徳間は周囲の妻や限られた人間に多くの不満をもらしていた。とりわけ五穂には、

「だまされた、裏切られた」

と愚痴めいたそれをこぼし続けていたのである。

徳間には、自分が亡くなったらすぐに焼くようにと言って、つけていた日記がある。

それを読むまでもなく、五穂は誰ひとり信じられない、葬儀も自分ひとりだけでやるんだ、と力んでいた。

いろいろ説得を受けて、のちに書店主催の葬儀もやり、『徳間康快追悼集』も出ることになったが、最初の段階では、三浦が驚いたほどに、尋常ではない形で事は進められた。

それほどに徳間の不信感は大きく、打ち明けられた五穂は、自らもてあますくらい、それに支配されていた。

そのことを知ってか知らずか、渡邉恒雄は『徳間康快追悼集』に「先輩、トクさんを想う」と書いている。

「一介の素浪人から、新光印刷を成功させ、徳間書店を中心に、映画、音楽、アニメ、テレビ、印刷、貿易など超多面経営を展開したその経営能力は抜群で、その政、財、文化界にわたる交際の広さも驚くべきも

のがあったが、その一面、英雄豪傑にありがちな孤独さがあったに違いない」

さすがに長いつきあいで、徳間の「孤独さ」を見逃していないが、では徳間は渡邉を信頼していたのか？

徳間書店が創刊した『アニメージュ』の編集長だった尾形英夫が書いた『あの旗を撃て！』（オークラ出版）に、こんな場面がある。

神戸大学の学生時代からアニメのファンというよりマニアだった梅名英生が寄せているエッセイで、梅名が尾形に紹介されて徳間と会った時、徳間はまだ三十歳になっていない梅名に名刺を両手で差し出しながら、

「今度、『風の谷のナウシカ』をアニメ化しますので、どうかよろしく」

と、最敬礼したと回想しているのである。

「あのときの徳間社長の最敬礼は忘れられません」

三十歳以上も年上の人間から、こんな挨拶をされては、梅名も忘れるに忘れられない対面だったろう。

もちろん、尾形自身の思い出もある。

先発の『アニメージュ』が「アニメグランプリ」を始め、しばらくしてから、後発のアニメ五誌が連合して「日本アニメ大賞」なるものを創設し、

「同じ業界で表彰制度がふたつあるのはおかしい。できれば一緒にやらないか」

と打診してきた。

再三言ってくるので、徳間にその旨を話すと、即座に一喝された。

「君が始めた〈アニメGP〉をやめるというのか。そんなもの断わってしまえ！」

尾形は「ケンカ好きの徳間らしかった。尻馬に乗るのを最も嫌う。ぼくらには頼もしい司令官だった」と

述懐している。

そんな徳間が生きていて、読売巨人軍のオーナーとしての渡邉恒雄の
「たかが選手が」

という発言を聞いたら、どう思ったか。

怒るか、悲しい顔をするかのどちらかだろう。その渡邉は『徳間康快追悼集』の「先輩、トクさんを想う」をこう始めている。

「徳間康快さんを初めて見たのは、私が共産党の東大細胞にいたころで、有楽町のガード下で、前妻宮古みどりさんと二人寄り添った姿だった。『見た』と書いたのは、この読売新聞記者であった共産党員が、大変な大物に見えて、口もきくことができなかったからである。その頃、私は宮古三姉妹の住む下宿で開かれた居住細胞会議によく出席しており、みどりさんのファンでもあった。その後、女学校ストライキを煽動、組織している時、『新日本婦人新聞』記者であった宮古みどりさんを通じて、徳間さんの話を聞けるようになった」

言うまでもなく、「読売新聞記者であった共産党員」が徳間康快である。そうした履歴については、おいおい記すが、むしろ、前妻の宮古みどりの方がバリバリの共産党員だったといわれる。

のちに渡邉は「大変な大物に見えて、口もきくことができなかった」この先輩記者にして先輩党員と親しく話すようになる。共に党は脱けることになるが、渡邉は本当に徳間を想っていたのだろうか？

徳間にとって読売新聞は、かつて在籍し、そして追われた新聞社であり、愛憎共に強い対象だった。なつかしくもあり、憎らしくもある古巣だったのである。

そこの後輩だった渡邉が今やトップとなり、実権を握っている。宮崎アニメでも、いろいろ関係が深まってくるが、それは徳間にとって喜ばしいばかりではなかった。

三浦と共に何度か昼食をごちそうになった際の印象から言っても、ハニカミ屋の徳間が傲岸なところのある渡邉を信頼していたとは私には思えないのである。

後輩・渡邉恒雄と氏家齊一郎

私は読売新聞グループのドン、渡邉恒雄と『現代』の二〇〇六年一月号で対談した。

パイプをくわえながら、渡邉は最後にこんなことを言った。

「僕はね、キューバのカストロ、アメリカのロバート・ケネディ、韓国の金鍾泌、といった、ひところ権力の頂点にいた人物と同じ歳なんだ。渡邉恒雄だけが出世していない」

それで私が、

「そんなことはない（笑）。だいたいその権力者たちは、ほとんどが失脚したり殺されたりしているじゃないですか」

と応ずると、渡邉は、

「うん。いまも権力を保っているのはカストロ、そして渡邉恒雄だけなんだ（笑）」

と臆面もなく言ってのけたのである。

その後、カストロも退き、いまや「権力を保っているのは」渡邉だけになってしまった。

これには徳間康快の死も影響しているのではないか。共産党と読売という二つの組織の先輩である徳間は、渡邉にとって、かなり煙たい存在だった。

その渡邉の徳間への追悼文を続ける。

「私が共産党を脱党して、読売新聞に入社したころ、レッド・パージ以後であって、徳間さんは読売を去っており、いつの間にか緒方竹虎さんに近づき、緒方さんの親友であった中野正剛氏の長男の経営する『真善美社』の役員となり、倒産後の整理もしていた。

その後、『アサヒ芸能』の社長となった徳間さんと親しくなって、こっそり内職原稿を毎週のように書くようになった。

それから何十年か経って、徳間さんが『東京タイムズ』を含む徳間書店のコンツェルンの社長となり、私も読売新聞社の社長となったのだが、徳間さんと遊び仲間的友人関係から、本格的な取引関係に入ったのは、読売新聞を数十万部、徳間プレスに委託印刷するようになってからである」

そのころ、渡邉が徳間プレスを訪ねたら、徳間は社員一人一人の名前を覚えていて、ちゃんづけし、肩を叩いていた。

その指揮ぶりに感心し、社長室が広間の一隅の、ついたてに囲まれただけの質素なものであることに渡邉は驚いた。

「豪放磊落《ごうほうらいらく》、常に人生を謳歌しているかに見えたトクさん」を偲ぶ渡邉の一文は、

「何でも直言できる参謀がいれば、傘下企業の経営や自身の健康も別な展開を見せていたかもしれない。私も、もっと親身に忠告しておくべきだったと悔やまれる。得がたい先輩を失って無念の限りである」と続く。

しかし、「無念」はむしろ徳間の方のものだった。徳間にとって渡邉は決して「得がたい後輩」ではなかったからである。

そのことを語る前に、渡邉の盟友で、やはり徳間の後輩になる氏家齊一郎の、徳間に対する弔辞を引きたい。

「徳間先輩

私があなたに最後にお目にかかったのは、この（二〇〇〇年）五月でした。

その時あなたは『氏さん、元気でね。またね』と言って別れていったのが、永遠の別離になろうとは予想だにしませんでした。

今、私がここに立っていても、あなたが何時もの人懐っこい笑顔を浮かべながら『氏さん元気？』と突然現れてきそうな気がします。

徳さん、あなたはひと言で言えば『豪放磊落』または『大胆かつ細心』、忌憚《きたん》のない物言いをするかと思えば、心の襞《ひだ》に入り込むような細やかな心配りを忘れることのなかった人でした。

また人と人との繋がりを何よりも大切にした徳さんの周りには当然ながらいつもたくさんの人が集まってきました。

そう、あなたは決して敵を作る事のない人望のある素晴らしい人でした」

たしかに、この徳間評は当たっている。しかし、「決して敵を作る事のない」徳間が、最期に「だまされた」と言った理由《わけ》を、氏家と、そして渡邉は本当に知らなかったのか。

「徳間先輩」と呼びかける氏家の弔辞は、見逃すことのできない部分を含んで、次のように続く。

「読売新聞の記者時代から公私にわたり親しくさせて頂いていましたが、わたくしが昭和五十七年、日本テレビの副社長に就任して以来、あの『風の谷のナウシカ』で初めて映画という共同作業をする事になったのです。

以来、スタジオジブリの作品総てにおいて徳間さんと苦楽を共にし、ついには『もののけ姫』の大成功へと導いていく事が出来たのです。

誰もが成功するかどうか判らなかった時点で『もののけ姫』への莫大な出資を決定した徳さんの『先見の明』は誰にも真似の出来ない事でした。

しかし、徳さんがあれ程情熱を傾けていた来年公開の宮崎監督の『千と千尋の神隠し』や『三鷹の森・ジブリ美術館』の完成を間近に控えて突然あなたは天国へ旅立ちました。

けれども、徳さん。

徳間グループと日本テレビグループの関係は、徳さんの旅立ちで、かえって強固になり、今後の共同事業を次々に大成功させるよすがになると確信しています」

書き写していても驚愕の念は消えないが、誤植ではないかと、私はここを何度も読み返した。しかし、そうではないらしい。

それにしても、「徳間グループと日本テレビグループの関係は、徳さんの旅立ちで、かえって強固になり」には呆然となる。

これでは徳間が両者の関係が強固になるのを妨げていたことになってしまうが、日本テレビグループを、読売新聞を含む「日テレ・読売グループ」とし、徳間グループを、「スタジオジブリ」とすれば、より話はわかりやすくなる。

つまり、「誰もが成功するかどうか判らなかった時点で『もののけ姫』への莫大な出資を決定した徳さん」がいる間は、金の卵を産む鶏となったジブリを自分のグループへ吸い寄せることはできなかったのである。

徳間に宮崎駿を紹介されて以来、氏家は「スタジオジブリの作品総てにおいて徳間さんと苦楽を共にし」と言っているが、日本テレビグループにどのような「苦」があったのか。

「スタジオジブリを始めとする徳間グループと日本テレビグループとのこれまで以上の絆と繁栄をどうか天国から安心して見守っていてください」

五歳下の後輩である氏家にこう言われても、徳間が天国で安心できるはずがない。

私が先に読売新聞を含む「日テレ・読売グループ」と書いたのは、渡邉恒雄も氏家と共同歩調をとっていたからであり、ジブリは同グループに乗っ取られたと徳間は思っていたのではないかと考えられるからである。

前述の尾形英夫が書いた『あの旗を撃て！』の終章に、一九九四年、常務を最後に徳間書店を退社することになった尾形が、ある会社に顧問としてしばらく籍を置くことが決まると、徳間は一緒にその会社を訪ね、

「このたびは尾形がお世話になるそうで、ありがとうございます」

と社長にお礼のあいさつをしてくれた、と記してある。尾形にとって「それが、徳間との対面の最後だった」という。

「離合集散は人の世の常なのだから、あまり感傷に深入りすべきではないし、そもそも感傷なんて、現実に食って行くうえであまり役に立ちそうもない。しかし徳間への報恩の念は厳然としていた」と述懐する尾

形のこの本は、徳間と宮崎駿の出会いの場面から始まる。『風の谷のナウシカ』を映画化するといった思惑もあって、尾形が宮崎を徳間に引き合わせると、あとで徳間はこう言った。

「おい、あの宮崎という男はいい顔をしている。目つきがいい。おまえもよく見習え」

尾形によれば、徳間はどんな人とでも気さくに面談する反面、会ってから、その人についての感想は口にしないクールさも持っていた。口にすることがあったとしても、辛口の評が多かったので、この宮崎評は尾形の記憶に残ったのである。

「徳間に仕えた三十三年間のうち、怒られることがしょっちゅうで、ほめられたことはたったの二回しかない」と振り返る尾形は、偉い人との会食に陪席して、食事のマナーについて細かく指導と注意を受けたことも忘れられない。

「おまえがガツガツ食べるのはみっともない。まず、客が箸をつけるのが先だ。少しはしとやかに食べろ。それと、スプーン、フォークや皿などは絶対に音をたててはダメだ」

この尾形と徳間の「リスクもコストも考えない」「非常識な決断と行動力」に宮崎駿は感謝している。後年の大ヒットなどまったく想像できなかった宮崎アニメに投資しつづけた徳間の「非常識」を思えば当然だろう。

「私達は、社長が好きでした。

社長は、経営者というより、話をよくきいてくれる後援者のようでした。

企画についても、スタジオの運営についても、現場を信頼してまかせてくれました。

よく『重い荷物をせおって、坂道をのぼるんだ』とおっしゃって、リスクの多い無謀ともいえる計画にも、すばやく決断をしてくれました。映画がうまくいけば、大喜びしてくれました。うまくいかなくても、平然として、スタッフの労をねぎらってくれました」

こう、「お別れの言葉」を述べた宮崎は、

「私達がここまで来られたのは、社長にめぐり会えたおかげです」と続けているが、氏家の、ジブリと日テレの関係は徳間の死によって「かえって強固になり」という弔辞をどう聞いたのか。

『権力の陰謀』事件

一九八四年に出た『徳間書店の30年』の巻末年表の一九七二年八月の項に、「現代史資料センター出版会」を設立、とある。現代史に関する資料、記録を出版するためで、社長は徳間である。翌年十月に同社は「現代史出版会」と改称した。

ちなみに同社のロングセラーとして、鎌田慧《さとし》の『自動車絶望工場』や本多勝一の『戦争を起こされる側の論理』、そして朝鮮人強制連行真相調査団編の『朝鮮人強制連行強制労働の記録』などが挙げられている。

この現代史出版会が一九七六年に出したのが緒方克行の『権力の陰謀』だった。石川達三の問題小説『金環蝕』(新潮文庫)の素材となった電源開発の九頭竜《くずりゅう》ダム開発汚職事件を描いたノンフィクションで、緒方は開発のトバッチリを食って銅山を閉鎖しなければならなかった日本産銅の社長として登場する。池田勇人の自民党総裁三選もからんで、損害補償の交渉が行きづまった緒方は、思い余って右翼の黒幕、児玉誉士夫《よしお》のところに駆け込む。

話を聞いて、児玉はこう言った。

「書類その他、よく調べてみた。内容も了解できたので、何とか調停してあげましょう。すでに、この問題に携わるメンバーも決めてあります。中曽根（康弘）さんを中心として、『読売』政治部記者の渡邉恒雄君、同じ経済部の氏家齊一郎君に働いてもらいます」

そして緒方が問題解決の運動費として一千万円を児玉邸に届けた時、この二人の記者も呼ばれて来ていた。

緒方によれば「渡邉記者は中曽根を補佐して政治工作に当たり、氏家記者は経済記者として十数年来の親しい仲にある大堀《おおほり》（弘《ひろむ》）電発副総裁との交渉に当たることになった」という。正当な補償に応じないので、遂に裁判に訴えた緒方を、通産省（現経済産業省）公益事業局長だった大堀は、

「鉱山側の言うことが事実なら私は銀座を逆立ちして歩いてもいいよ。『九頭竜』には計画変更にしろ、工事入札にしろ、疑惑や不正はツメの垢ほどもない。騒げば金になるという、補償めあてのいつもの手にすぎんよ」

と、ある週刊誌で非難した。

いずれにせよ、渡邉にとって、児玉の使い走りの如く書かれている『権力の陰謀』は痛すぎるほど痛かった。それが徳間が社長の出版社から出たのである。

一九八四年六月当時、読売新聞専務だった渡邉は大下英治のインタビューに応じ、「ボクは黒幕なんかじゃないよ」と題して、こう語っている（大下『小説政界陰の仕掛人』角川文庫）。

「緒方と会ったのは、こっちは一度か二度しかねぇんだから」

と、会ったのは認めた上で、

「緒方が自分で正しいと思うなら、緒方が電発に対して訴訟を起こしたらいいじゃないかと、児玉誉士夫

にそういったんだ。あなたが口をきいて、顔で解決すべき問題じゃありません。これは、行政とか新聞とかの手の出る問題ではない」

と言って、児玉は手を引くことになったという。

ロッキード事件が発覚してから、児玉と渡邉の関係は再び週刊誌等で書かれ、渡邉は弁護士を呼んで告訴すると息巻いたが、副社長の原四郎に、そんなものは無視しろ、と止められて、訴えなかったとか。

「緒方はロッキード事件の最中に、ヒーローぶってた。九頭竜事件とロッキード事件は同じだなんていって、権力の陰謀だとかなんとか書いてね」

渡邉はこうも言っているが、児玉との仲を云々《うんぬん》されるのは実に迷惑なことだったので、渡邉によれば、緒方に詫状を書かせたという。それを渡邉が書いていた『週刊読売』のコラムに載せた。まず、渡邉の言い分を引く。

「緒方に『権力の陰謀』なる本を出版させた評論家の青地晨《あおちしん》立会いのもとでね。緒方は最初、一般向けの詫状で勘弁してくれというから、だめだ、活字にしなきゃいやだといった。どうやって活字にするというから、おれが書くといって、青地晨のところでこういうふうに書く、これでいいだろうといって、わたしの連載コラムに載せたわけですよ。活字には活字で対抗したとかいって、評価する人は評価してくれて、社内的にはそれでおさまった」

『権力の陰謀』の刊行を斡旋したのは青地かもしれないが、発行したのは青地ではない。徳間である。しかし、渡邉はここで徳間のトの字も発しない。

かつては「東の岩波」「西の弘文堂」とまで言われた名門出版社があった。河上肇の『貧乏物語』などを出していたその弘文堂が経営危機に陥り、児玉が再建に乗り出す。

同社に、東大新人会時代、渡邉と共に反党分子として日本共産党東大細胞を除名された中村正光《まさみつ》がおり、同社から『派閥』を出していた渡邉の仲介で中曽根から児玉に話が持ち込まれたのである。

赤坂の料亭「金龍《きんりゅう》」で、児玉が中曽根と会い、中曽根から「若い実業家」の大橋富重を紹介された席には渡邉もいた。

そして、弘文堂の株主は次のような構成になる。

大橋富重	十三万七千株
北海道炭礦汽船	十万株
東京スタヂアム	六万株
東日貿易	六万株
児玉誉士夫	四万株
中曽根康弘	二万株
渡邉恒雄	二万株

北海道炭礦汽船は児玉や河野一郎と深い関わりのあった〝政商〟萩原吉太郎《きちたろう》の会社であり、東京スタヂアムも、やはり、児玉や河野とつながっていた永田雅一の会社である。

東日貿易は、デヴィ夫人をインドネシアの大統領だったスカルノに世話したことで知られる久保満沙雄の会社。久保は長嶋茂雄の後援者としても有名である。

代表には渡邉の実弟の渡邉昭男が据えられた。読売新聞社員の渡邉が社長にはなれないから、昭男はそのかわりだろう。

乗っ取った後に児玉は弘文堂から『風雲四十年の記録　悪政・銃声・乱世』を出している。装丁は川端龍子《りゅうし》。

弟を社長にして、そこから自らの本まで刊行した渡邉が、『権力の陰謀』の版元の社長である徳間のことを意識していなかったはずがない。しかし、渡邉は触れられなかった。

一九七六年にロッキード事件が発覚して児玉が逮捕され、『権力の陰謀』が出版されると、実名で書かれた中曽根や渡邉は窮地に立たされた。

『週刊朝日』はすぐに、

《これが黒幕・児玉誉士夫の手口だ!!

「高官」実名入り手記『権力の陰謀』が明かすその実態》

という大特集を組んだ。

大下は前掲書で、読売新聞社会部の若手記者の発言を引いている。

「ロッキードの取材で児玉について取材に行くと、たびたびいわれるんですよ。

『わたしなんかに聞くよりは、おたくのアノひとにお聞きになってはどうですか。アノひとが、誰よりも一番児玉について知っていますよ』

まるで取材にならないので、社会部として、一度渡邉政治部長（当時）に事情を聞く会をもうけようか、という声もあがったほどです。しかもロッキード事件にからみ、正力松太郎はCIAだ、というような記事も出ていたので、社としてもいっそう慎重になり、結局立ち消えになってしまいました……」

前述したように、当時、渡邉は『週刊読売』にコラムを連載していたが、その中で、二度にわたって児玉との関係を弁明せざるをえなかった。

「怪物とか、黒幕といった存在も、日ごろ敬遠していたんでは、ニュースはとれない」

「取材対象には肉迫するが、主体的批判能力を失わないこと。これが、新聞記者という職業の原則である」

いま、渡邉を新聞記者と思っている人はいないだろうし、渡邉の食言を咎めても空しい気はするが、専務時代に渡邉はこんなことを言っている。

「これは先のことですけど、ポスト的には自分が社長になることもお考えになったりしますか」

大下がこう問いかけると、渡邉は、

「これだけは、誰にもいってる。社長にだけは、絶対にならない。だって、記者職としては最高なんですよ、ぼくは。これ以上の権力は、邪魔になるだけだ。これ以上の権力をもったら、お金の計算をしなきゃならなくなるしね」

渡邉は専務であると共に論説委員長だった。なおも、放言は続く。

「いまは、ぼくは論説だけ考えればいいんでしょう。記者としては、最高ですよ。論説以上に、お金のバランスシートを考えなければならなくなったら、記者としては堕落だね。社長なんてのは、営業のわかる、経理のわかる人がやったらいいんでね。ぼくは、少し若くして最高位に就きすぎちゃった。楽しみがなくなったわけだ。これ以上あがることはねぇんだから。あとはどっかで悠々自適、本でも書かしてもらいたいということですよ」

この時、渡邉は六十歳に達していない。それから二十七年経って、渡邉は読売新聞グループの代表取締役会長であり、主筆という肩書も手放していない。

私は、ＴＢＳ系の「サンデーモーニング」で隣にすわっていた毎日新聞主筆の岸井成格《しげただ》が六十七歳であることと比較して、老害も極まれりと批判したが、徳間はこんな渡邉に追悼の一文を寄せてもらいたくはなかっただろう。あまりに対照的な人物だからである。

志、雲より高く

渡邉恒雄とロッキード事件の黒幕である児玉誉士夫の関係に言及した緒方克行著『権力の陰謀』（現代史出版会）の担当編集者は、『週刊金曜日』創刊の立て役者の一人である和多田進だった。

和多田は、『権力の陰謀』をめぐる動きを語る前に、『週刊金曜日』誕生に関わる徳間康快との秘話を明かす。

やはり、同誌の生みの親の一人である本多勝一は、最初、週刊誌よりは新聞を出したかった。それで、著者と編集者という関係で知り合った和多田に相談する。

和多田はすでに現代史出版会をやめていたが、その後も出入りしていた徳間に話を持ちかけ、徳間と本多の会談をセットした。和多田の記憶によれば、ホテルオークラの「山里」で会ったという。

和多田の目算では、日刊新聞を出すには三十億円必要だった。それで徳間を巻き込もうとしたのだが、一時はクオリティ・ペーパー（高級紙）を出すことに意欲的だった徳間も、結局は断念する。『東京タイムズ』を廃刊させたばかりだったこともネックになっただろう。

その結果、本多と和多田は新聞を諦め、週刊誌の創刊に踏み切った。

この一件に象徴されるように、徳間はこうした試みの、ある種の駆け込み寺だった。徳間なら相談に乗ってくれるのではないか、何とかしてくれるのではないかと、さまざまな企画が持ち込まれたのである。

徳間が、色と欲の『アサヒ芸能』とは別の社会派的出版をという目論みで創設した現代史出版会は編集長が元中央公論社の橋本進で、編集部員に和多田や小林康歆《やすはる》がいた。

小林は私にとって久野収《くのおさむ》門下の兄弟子である。その小林が現代史出版会について、

「ヤンチャな集団でしたよ」

と語る。鎌田慧の『自動車絶望工場』などを出すのだから、どういうヤンチャさかはわかるだろう。もちろん、それを許すヤンチャさが社長の徳間にこそあったのである。

『自動車絶望工場』は最初の題名が『トヨタ絶望工場』だった。その新聞広告を出そうとして電通から横槍が入り、『自動車絶望工場』と改められる。それにしても、一九七四年の時点でのトヨタ批判である。往年の読売新聞社会部記者としてのスピリットか、徳間は出版人として腹をくくっていたと言える。

徳間書店本体とは別のビルに入っていた現代史出版会に時折り徳間はフラッと顔を見せ、暑い時にはワイシャツまで脱いで談笑した。そのころを懐かしむように小林は、

「そんな社長はいないよ」

と目を細める。

押しつけがましいところのまったくない徳間康快は豪快であると同時に爽快だった。

一九七三年には『くらしの中の男二人』という小田実《まこと》と深沢七郎の対談も出ているが、これを担当した小林は、同年の三月十二日の日記に、箱根湯本の「河鹿荘」でやったその対談に徳間も来た、とメモしている。

一九六〇年に深沢の『風流夢譚《ふうりゅうむたん》』が『中央公論』に掲載され、それが皇室を揶揄《やゆ》するものだとして中央公論社の社長宅が右翼に襲われた。流血の惨事となって死者まで出たが、逃げまわる深沢を密かに徳間がかくまったと言われる。混乱していたこともあって、中央公論は深沢に対し何もできなかった。この事件の後、同社をやめた京谷秀夫《きょうやひでお》はそれを悔やしがる。ちなみに、のちに『一九六一年冬「風流夢譚」事件』（平凡社ライブラリー）を書いた京谷は、渡邉恒雄が中央公論社を受けて落ちた時、唯一人、入社した人である。それを傷として渡邉は、後年、中央公論社を支配下に置くこととなる。

因縁と言えば、徳間はやはり、同事件で同社をやめた橋本進のことを社長の嶋中鵬二《しまなかほうじ》に頼まれ、橋本を編集長に据えて現代史出版会をスタートさせた。そこが出した『権力の陰謀』が渡邉を狼狽させることになったのである。

和多田が語る。

「青地晨さんと宇都宮徳馬さんが間に入ってきて、渡邉と手打ちしてしまったんですよ」

緒方の原稿を持ち込んできたのも青地だった。朴正煕《パクチョンヒ》の独裁に抵抗する韓国の民主化闘争を支援していた良識派ジャーナリストである。その縁で金大中《キムデジュン》と親しい宇都宮と青地は近かった。多分、渡邉は自分の結婚の仲人である宇都宮に泣きついたのだろう。

当時、読売新聞の政治部長だった渡邉は、社内政治上、児玉誉士夫との関係は薄いと表明する必要があった。

著者の緒方と、担当編集者の和多田の抵抗にもかかわらず、青地の斡旋で緒方は「詫び状」を取られ、渡邉は『週刊読売』に連載中のコラムに、次のそれをそのまま引いた。

「新聞記者としての立場上、いわれるように世間一般が、私の書いた真意以上のことを勝手に想像し、お二人（渡邉と氏家）に迷惑がかかっているのであれば、誤解を与えるような表現があったことについては、遺憾であることを申しておきます」

この「遺憾表明」と共に青地の談話も載った。

「考えてみれば、渡邉、氏家両記者の問題は、ロッキード問題の本筋ではなく、関係ない問題です。緒方氏は、渡邉、氏家両氏に感謝こそすれ、悪感情を持っておらず、両記者が金銭問題にからんで支持したものではなかったといっている」

どこがどう違うというのではない。すべてウソだと言うなら訴えればよかったのである。しかし、渡邉や氏家はそれはできなかった。訴訟となれば、版元の社長をはずすことはできないが、徳間を相手にそれはできなかったのである。

では、なぜ、青地は「手打ち」に応じたのか。渡邉が青地と宇都宮に、それまで朴正熙寄りだった読売の報道を改めると約束したからだったが、その約束は結局果たされなかった。そして、『権力の陰謀』は増刷されないことになる。

宇都宮と青地は渡邉にだまされたわけだが、私が渡邉と対談して、直かに聞いた唖然とする話がある。

「今日初めて明かすんだけど」

と言って、自分の婚約破棄の逸話を披露したのである。

「実はいまの女房と結婚する前に僕には惚れた女がいた。山本富士子がミス日本になった時のミス静岡なんだけど、その娘《こ》と婚約してね。その仲人をしてもらおうと、熱海にいた石橋湛山《たんざん》に頼みに行ったんだ。石橋さんの選挙区は静岡だったからね。それで湛山から、仲人をしてもらう約束を取り付けたんだ」

ところが、現在の妻と出会ってしまい、ミス静岡との婚約を解消したという。

それで湛山の仲人もなしになり、「相手が替わっちゃった」仲人は、東大新人会以来の知り合いの宇都宮に頼むことになった。

湛山には直接言いにくかったので、

「宇都宮さん、あんたからうまく言っておいてくれ」

と渡邉は下駄を預けたというのである。

有力政治家と会うと、いきなり、相手の股間にあるものを握って、

「ここはまだ立つのか」

とやったりするという渡邉の下品さは際立っている。

そんな渡邉とは対照的な徳間を、前掲の小林は、

「初対面の時も、初めて会ったという感じがしなかった。前から知っていたような印象を与えられましたね。息苦しさをまったく感じさせないんですよ。気取りませんしね」

と回想する。

現代史出版会は、本体の徳間書店とは違って月給も安かったが、一九八四年に赤字ではないのに住友銀行の意向で解散せざるをえなくなった時、小林たちに破格の退職金を出した。

十二年勤めた小林に五百万円である。そのころ、朝日新聞を十七年勤めてやめた小林の友人の退職金が二百万円ほどだった。

自分の力不足ですまんという感じだった、と小林は語る。

自分の出したい本、めざすものを出している現代史出版会を整理することが無念だという徳間の思いが、その退職金に表れているのかもしれない。

作家の森村誠一が『徳間康快追悼集』に徳間との出会いを書いている。訃報《ふほう》を聞く少し前だったという。

徳間から声をかけられて東京会館で食事をした。個室で森村を待っていた徳間は、

「森村さん、なにが食べたいか」

と明るく問いかけた。

せっかく個室を用意してくれたのにカレーを注文するのは悪いかなと思ったが、東京会館のカレーが好物だった森村は、カレーが食べたい、と答えた。

すると徳間は間髪を入れず、

「おれもカレーが食いたかったんだ」

と破顔したという。

森村が徳間と初めて会ったのは銀座のクラブ「数寄屋橋」だった。

作家としてデビューしたばかりだった森村が文壇バーとして知られる同店に、おずおずといった感じで入って行くと、徳間が一人でいて、声をかけてくれた。

森村にとっては大出版社の社長である。

固くなっている森村に、しかし、徳間はあたかも「十年来の友人のように気さくに語りかけてくれた」と

いう。

後年、『悪魔の飽食』で凄まじい攻撃を受けても怯《ひる》まなかった森村の硬骨を徳間は感じとっていたのかもしれない。

徳間は「志、雲より高く」という言葉が好きだった。徳間のお別れ会の帰り道、東京の空はその言葉のように真っ赤な残照に染まっていた、と森村は追悼文を結んでいる。

鈴木東民への傾倒

徳間康快の鈴木東民《とうみん》への傾倒を示唆してくれたのは、徳間書店の宣伝部長で徳間の信任が篤かった和田豊だった。

和田は、徳間が読売新聞に入ったのは鈴木の知遇を得ていたからではないか、とまで言う。しかし、残念ながら、その点は追跡できなかった。

徳間の父親の長治郎は新潟県に生まれ、農業に見切りをつけて神奈川県の横須賀に移り、床屋をやっていたといわれる。母はセイである。逗子開成中学から早稲田大学商学部に進んだが、家計が苦しかったため、『横須賀日日』という地元の新聞でアルバイト記者をやった。月給十二円。

編集局は局長の他に金達寿《キムダルス》と徳間だけ。

「毎日、馬に食わすマグサほど、大量の原稿を書かねば紙面が埋まらなかった」

と後に徳間は回想している。一九二一年生まれの徳間より二歳年上の金は後年、作家となり、『玄界灘』や『太白山脈』を著わした。

鈴木東民については鎌田慧の『反骨』（講談社文庫）という評伝があるが、一九七九年十二月十四日に八十四歳で亡くなった東民の死亡記事が同日の『朝日新聞』の夕刊に次のように載っている。

「鈴木東民（すずき・とうみん＝元釜石市長）一四日午前一時四分、脳いっ血のため、東京都新宿区中落合の聖母病院で死去、八十四歳。告別式は、ウィーン在住の長女マリオンさんの帰国を待って、来年三月に出身地の岩手県釜石市唐丹町字川目の盛岩寺で。喪主は妻ゲルトルートさん。自宅は新宿区新小川町二ノ一〇。

大正一二年大阪朝日新聞に入り、日本電報通信社特派員を経て、読売新聞外報部長、論説委員、編集局長を歴任。この間、日本軍閥の侵略戦争に反対するとともに反ナチの論陣をはり、戦後、新聞界をにぎわした読売争議を闘争委員長として指導した。その後、自由懇話会理事長や民主主義擁護同盟常任委員をつとめ、三〇年五月、釜石市長に当選。四二年まで三期在職した。著書に『ナチスの国を見る』ほか」

読売争議での輝ける闘争委員長としての姿は知られているが、後年、釜石市長となって新日本製鉄に抵抗し、追放されたことなどはほとんど埋もれている。

いずれにせよ、その屈せざる精神が徳間に与えた影響は大きいのではないか、と前掲の和田は言うのである。

鎌田は『反骨』に、徳間が『週刊新潮』の一九八〇年一月三日号に寄せた東民についての次のコメントを引いている。

「復員服とモンペばかりの社内で、長身をダブルの背広で飾り、パイプをくわえて大股《また》でのし歩いていた姿をまだよく覚えていますよ」

東民はマスクも彫りが深くて日本人離れしていた。人呼んで「輸出向の顔」などという評もあった。

その東民が、渡邉恒雄にかかれば、こう批判されてしまう。

一九八四年六月、大下英治の質問に渡邉は次のように答えているのである。

「昔をいえば、社主の正力松太郎さんの独裁時代はあったでしょうし、労組委員長の鈴木東民の独裁時代があったでしょう。当時、社長馬場恒吾の書く社説に鈴木が赤字を入れてたんですから、そういう共産党支配の時代があったんですからね」

同じように共産党を離れた者でも、徳間と渡邉はその後の進路が正反対だった。渡邉にとって東民はとんでもない存在だったが、徳間にとっては、終生、敬愛すべき対象だった。

鎌田の『反骨』と、正力松太郎を描いた佐野眞一の『巨怪伝』（文藝春秋）などに拠りながら、しばらく、東民の生涯を追ってみよう。

一八九五年六月二十五日に生まれた東民は、一九一〇年に「大逆事件」が発覚した時、十四歳だった。これが自らの抵抗の精神を具象化するものとなった、と後年次のように回想している。ちなみに、三歳下が朝日新聞記者から政治家に転じた河野一郎である。

「わたしが中学二、三年のころ、幸徳秋水《こうとくしゅうすい》らの『大逆事件』が起こった。この事件はわたしの思想に強い影響を与えた。わたしは幸徳が無実で殺されたものと信じた。かれの弁護に立った弁護士で、文芸評論家として著名であった平出修《ひらいでしゅう》に、わたしはこの事件以来深く傾倒した。この事件の起こった翌年、遠野から仙台の中学に転じたわたしは、『禁断の書』とされた幸徳秋水の著書を求めて古本屋をあさり歩いた。幸徳秋水の師であった中江兆民の著書『一年有半』『続一年有半』などを熟読し、その人物と思想に強くひかれた。

わたしが社会主義というものを知り、それを自分の思想の道標とし、生涯の伴侶と思いさだめるに至った契機は『大逆事件』であったと思う。そのころから高等学校を終わるまでの間が、わたしの生涯で最も読書に熱中した時期であった。それは極度の貧困にさいなまれた、さんたんたる生活の時期でもあったが……」

ちなみに鎌田は、大逆事件が始まったのは一九一〇年五月だから、ここでは「転校した翌月」と書くべきで、誤植かもしれないと注釈をつけている。

でっちあげで国家に殺された群像の一人、成石平四郎《なるいしへいしろう》の妻宛ての〝遺書〟を田中伸尚《のぶまさ》の『大逆事件』（岩波書店）から引いておこう。

「此手紙着く頃は最早我等の死刑なることを知って居るであろうとおもう。今に成ってからは何とも申しません。おとなしく死につくまでのことです。（中略）死刑の宣告をうけたが、まだまだ死ぬまでにはいくらかひまがあるから、もし僕にそうだんがあるなら言って来てもよいが、あとあとのことはすべて思うようにす可し。どのようにしても不足はない。必ずしも後家を立てることもありません。よき縁があったらかたづいてくれ。（イチ子は）自分でそだてようと思えば育てようし、貰い人があれば他所へやってもよい。外の人の家内や親戚はそれぞれであいにくるようですが、そのもとには決して面会などにはきてならん。これはかたく言っておく。もしあいに来ても僕は面会しません。このてがみを見たからとて、性（正）体をうしなうことのなきようにす可し。人間は一度は必ず死ぬのじゃほどに、あまりなげくことはいらぬ。僕は一足先へ行って極楽で蓮の花の半座をふみわけて待っているから、そのもとも此世では出来るだけよきことをして地獄へ踏み迷わぬように気をつける可し。とりあえず死刑になったことをしらし（せ）ます。南無阿弥陀仏」

この時、一八八二年生まれの成石はまだ三十歳になっていなかった。徳間康快はこれからほぼ十年後に生まれた。先に徳間の母親の名をセイと記したが、一九〇二年に生まれた東民の妹の名が、やはりセイである。

そのセイが、仙台にあった旧制二高時代の兄の東民について、こう証言している。

「体操の先生に反抗して、『前へ、進め』の号令で進んでいって、『右へ、まわれ』といわれても、どんどんまっすぐ進んでいって、それで憎まれて、落第したんです。反抗して悪ふざけばかりしていたから。ふざけの精神が旺盛でね。あんまり貧乏すると、かえってユーモラスになってしまうんですね」

ちょうど、大逆事件が発覚した一九一〇年に東民の父、太仲《たちゅう》が世を去った。享年五十三。以後、名家だった鈴木家は没落して破産し、東民は、いわゆる苦学生の生活を送ることになる。

先生たちを誹謗《ひぼう》する無礼極まりない演説をして、放校寸前まで行ったり、波高い二高生活だった。この時、東民の放言をかばったのが、漱石の『三四郎』の広田先生のモデルともいわれる粟野健次郎だという。

当時、「詩人晩翠《ばんすい》、人間竹風《ちくふう》（登張信一郎《とばりのぶいちろう》）、哲人粟野が二高の三宝」と謳われていた。晩翠は言うまでもなく土井晩翠である。

「恩師の思い出」という一文で、粟野に大感謝している東民は、その演説について、「ここに書くことが、はばかられるようなひどい内容のもの」と告白している。

それを弁論部で鍛えた声で披露したわけだが、では、どんな内容だったのか？

鎌田慧は、東民の葬儀の後、弔辞を集めたパンフレットの『望郷』から、東北学院大の学長をつとめた小田忠夫の回顧を引いている。

「鈴木東民さんとは、私が東北学院中学部二年の頃に知った。有沢広巳《ありさわひろみ》さんと下宿を一緒にしていたので、そこへは旧制二高の学生さんがよく遊びに来ては気焔《きえん》をあげていた。

その下宿は私の父の親戚の家であり、仙台北一番丁の東北中学校のすぐ隣にあった。東民さんは、その東北中学校出の秀才であった。

集りの友人達の中でよく革命が論ぜられていたが、東民さんを革命東民とみんなではやしていた。私が旧制二高に進学した年には有沢さんは東大経済学部に進学されたが、東民さんは留年されて二高三年であった。留年の理由は病気もあったが、何んでも教師を批判した言葉が教官の感情を害した為だったという。

その言葉は、なる程教官を怒らすに値したようだ。曰く『教師とは本を読み、子供を生産する動物なり』と演説したんだそうだ。しかも卒業学年末試験に流感で休んだとか。したがって、いい気味だといって落第させられたとか」

しかし、その「ひどさ」を粟野は許した。

生涯独身なれど、酒を愛し、猥談《わいだん》を好んだ粟野だったからか。「性を語らざるは偽善のみ」と放言した粟野はまた、「よく下調べをして教室へ出なければ、出た甲斐ないし、それほどよく調べるなら教室へ来る必要もない」と言って二高生を煙に巻いていたという。

大正デモクラシーの洗礼

椎名悦三郎《えつさぶろう》というユニークな政治家がいた。外務大臣時代、日米安全保障条約に関連した社会党議員の質問に、

「アメリカは日本の〝番犬〟である」

と平然と言ってのけ、むしろ、質問した議員があわてて、

「大臣、そんなこと言っていいのか」

とたしなめると、再び立ち上がった椎名は、

「あ、間違いました――」

と一呼吸おき、

「番犬さまでございます」

と答えて、議場は爆笑の渦に包まれたという。

同じ岩手の出身ということもあって、この椎名と鈴木東民は晩年まで親しかった。法政大学総長となった有沢広巳や兵庫県知事として知られる阪本勝と同じころ、椎名と鈴木は東京帝国大学を卒業している。

少し遅れて、同じく旧制二高から進んで東京帝大独法科を卒業したのが、私が学生時代の四年間を過ごした「荘内館」の寮監だった佐藤正能《まさよし》である。

そして、山形県庄内地方出身者のための学生寮だった荘内館は、場所は同じ東京の駒込に建っているが、山形県寮と合併し、現在は「やまがた育英会寮」となっている。その寮監が、やはり山形出身で徳間書店の宣伝部長を勤めた和田豊なのだから奇縁だろう。

徳間の鈴木東民への傾倒を示唆した和田は、鎌田慧の東民伝『反骨』を読み、徳間が読売争議に於て東民と情熱的な行動を共にし、感化されたことが後の人生の仕事などへの取り組みにつながっている、と語る。

東民より六歳下の佐藤正能と触れ合って、私は佐藤が大正デモクラシーの洗礼を受けている人だと強く感じた。東民もその洗礼を受け、徳間は東民を通じて、それに洗われたと言えるのではないか。

大正デモクラシーの旗手ともいうべき思想家の吉野作造《さくぞう》は東民の「恩人」なのだが、その関わりを語る前に、私が監督先生と呼んでいた佐藤正能について、同郷の加藤紘一の後援会報に書いた人物スケッチを紹介

しよう。

〈○自動式エレヴェーターが珍らしく
用事ありげに何度も上下す
○狂いなくつり銭を出し切符出す
自動販売機をしばし見つむる
○飲める水がいつも蛇口のところまで
来てゐることが不思議でならず

これらの歌を前にして、ひとは何を言うことができるだろうか。しかも最初の歌は先生が胆石で入院中の作品なのである。

これらの歌が巧まずして語っているように、親子二代にわたって山形県庄内地方の人材を育成した荘内館寄宿舎寮監の佐藤先生は、童児のように無邪気な好奇心と、尽きることなき野次馬精神を合わせ持った人だった。

○少年の非行を責むる声高し
思へ大人の真似ならぬなきを

と、「いまどきの若者」論をきびしくしくしりぞける一方で、

○十八、九は若さのさかり競ふべく
「入試地獄」などと弱音吐く勿れ

と若者をも叱咤する先生は、柔軟な精神をもった天性の教育者と言えるだろう。

一読してほほえましくなるような前の三首と、襟を正されるような後の二首とは先生の人格の中でケレン味なく統一されているのであり、先生を〝風景〟にたとえて失礼ではあるが、少しオーバーな表現を借りて言えば、その見事な統一ぶりは「造化の天工いづれの人か筆をふるひ、詞を尽くさむ」である。

〝ほほえましき歌〟を詠む先生は、郷土力士の柏戸《かしわど》の相撲に身をのりだし、テレビのプロレスに思わず声を高くする人であり、ゲーテやヒルティを愛読するドイツ語の教師としての先生は「権べが種まきゃ、カラスがほじくる、三度に一度は追わずばなるまい」として、学生の自治と自立をまず第一に尊重する教育者だった。この二つの側面が、若者への曇りなき愛と信頼によって矛盾なく統一されているところに先生の限りない魅力がある。

最後に、ある大臣の就任談話に接して先生が詠んだ歌を引いて結びとしよう。

〇聞きたきは抱負に非ず国政の
　重きを畏《おそ》る一言なるを〉

佐藤正能の同期には三菱商事の社長となった藤野忠次郎などがいるが、佐藤はそうした道に進まず、横浜国立大学でドイツ語を教えながら、郷里の学生の面倒を見た。しかも、親子二代であり、父親の雄能《ゆうのう》については、やはり荘内館に在籍した大川周明《しゅうめい》が『佐藤雄能先生伝』を著わしている。

読売新聞を追われてから、郷里の釜石の市長になる鈴木東民にも、世評に惑わされず、自分の道は自分で決めるという同じような精神を感じるのである。それが大正デモクラシーの影響だといったら、大雑把に過ぎるかもしれない。しかし、まさに吉野作造のように、自分の信じた道を歩いた人だった。

ちなみに、前節で、東民が旧制二高を放校になるところを救った粟野健次郎という教師に触れたが、同じく二高に学んだ佐藤正能は、「詩人晩翠、人間竹風（登張信一郎）、哲人粟野が二高の三宝」と謳われた三人の中の「登張竹風先生」の思い出をこう記している。

「先生は有名な独和辞典の著者。二年の時に教えを仰いだ教科書はツィクラーの『ドイツ学生論』であった。青春謳歌の痛快な記述に満ちたその本を、正に青春時代の私どもに、青春謳歌の旗手のような先生が情熱をこめて講ぜられるのだから、楽しくてたまらなかった。先生の訳は一気に押し切るという風であった。あまり細々と文法的な質問をくり返すと、『そんな事では文章は味わえるものではない。文章は気で読むものだ！』と言われた。先生は如何にも深くして豊かな教養人らしい端麗な風格をそなえ、言動は悠揚駘蕩《ゆうようたいとう》たるものであった。満州（建国）大学に赴任される時、私にお書き下さった白扇の文字は『迷ふこそ浮世なれ竹風』であった」

東民より十七歳年長の吉野作造もやはり、この二高に学んでいる。

東民の妹のセイによれば、東民は「吉野さんから毎月十五円もらっていた」という。

では、東民は吉野とどのようにして知り合ったのか？　東民自身の証言を引く。

「ぼくの先輩で政治部（大阪朝日新聞）にいたひとが、吉野先生にぼくの学費の給費運動したんですね。そして、先生と教育に熱心なひとがあって、そのひとが金をだしてくれて、その給費をもらったんですね。そんな関係で二高にいるあいだから先生との関係ができたのです」

東民は東京帝大を出るとすぐ、大阪朝日新聞に入っているから、就職の面倒もみた先輩ということだろう。

大学に入ってからの話はこうである。

「ぼくらが教わったのは政治史です。吉野先生には当時お世話になったんです。ドイツにいくことについても、もっぱら吉野先生のおかげなわけですね。先生はドイツとオーストリアに留学されて、だれについたのかはわかりませんが、オーストリアではメーデーの行進などをみてね、それが非常に先生に感銘を与えたって、有名な話ですがね」

鎌田慧は『反骨』で、さらに、東民が「民主主義の先駆者吉野作造先生」と題して書いた一文の次の一節を紹介する。

「わたくしは高等学校在学中に、ある先輩の斡旋で吉野先生を通じて某篤志家から学資の補助をうけていた。大学へ進んでからもわたくしの生活はもちろんラクではなかった。わたくしは赤門前の謄写版印刷屋の仕事をしながら大学に通っていた。その事情を知って居られた先生は、わたしくを見るたびに、『学資の方はどうしているか』と必ずたずねられたものである。そしてつねに心にかけていては、何か金になる仕事があると、それを私に世話して下さるのであった」

「金になる仕事」の一つが、『共産党宣言』の翻訳だった。

ある日、東民は吉野に呼ばれる。

「キミだからいうのだが、実は堺利彦クンから『共産党宣言』の改訳を依頼されている。幸徳・堺訳は文章が古すぎる。それで堺クンが百円もってきた。ひきうけたから、キミがそれをやりたまえ」

この翻訳は非合法出版された。

「赤門前の謄写版印刷屋」の文信社では、一歳下で、同郷でもある宮沢賢治と知り合っている。賢治は東民に、

「印刷屋のおやじは搾取することしか考えてない。からだをこわしては、元も子もなくなるから、仕事は

ほどほどにしておけ」

と忠告したらしい。

さて、吉野作造の思想は、モデレート過ぎて、現在、特にラディカリズムを好む向きからは、あまり、高い評価を受けていない。しかし、イデオロギー先行の思想家ではなく、闘うべきものとの闘いは辞さない実際的思想家だった。松尾尊兊は『わが近代日本人物誌』（岩波書店）で、それを具体的に説く。

まず、民本主義を鼓吹した。二番目に、同郷の後輩でもある鈴木文治《ぶんじ》の労働組合運動を裏方として支えただけでなく、社会民衆党結成の呼びかけ人になり、東京の購買組合（現在の生活協同組合）の理事長も務めている。三番目には朝鮮および中国に対する日本の侵略批判だが、松尾によれば、吉野は東大教授になる前、都落ちの形で中国に渡り、袁世凱《えんせいがい》の息子の家庭教師になっている。こうした体験から、吉野は、愛国心は日本人の専売特許ではなく、朝鮮人も中国人も同じように愛国心を持っているのであり、その限りにおいては世界中の民族は平等なのだという思想を持つようになった。互いの愛国心を尊重することが民族間の友好関係の基礎であるという考えの下に積極的に発言したのである。それは決して容易なことではなかった。

読売争議の渦中で

読売新聞記者の経験のある萩原信一郎《しんいちろう》の『龍になった男――小説・徳間康快』（文芸社）に、入社三年目の徳間が、同期の桜井雅之に、

「徳間、お前は鈴木東民を尊敬しているのか」

と聞かれ、

「うん、尊敬している。おれは鈴木さんに賭けているんだ。社の命運を」

と答える場面がある。

「しかし、鈴木東民との関係については、それ以上触れることを避けた」と続くのだが、読売争議の渦中なのだから、避けるのは当然だろう。

徳間が読売に入ったのは一九四三年。まだ戦時中である。その直前の徳間について、萩原はこう書く。

「大学入学直後から左翼運動に身を投じ、共産党員としてオルグするようになった。この頃から、読売新聞社の論説委員である鈴木東民の知遇を得た。入社時に身元引受の保証人になってくれたのも鈴木。これは人事部長以外知らない。徳間は、そのことをひたすら隠した」

入社二年前の一九四一年に治安維持法が強化され、共産党員であることは公言できない状況だった。

鎌田慧は『反骨』に鈴木東民は共産党員ではなかったと記している。しかし、弾圧する側からはほとんど同一視されていた。

戦後まもなく読売争議の闘争委員長として登場するまでの東民の軌跡を駆け足で紹介する。まず、新聞労連委員長だった菅肇《すがはじめ》の証言である。

「比類まれな先生の戦闘的自由主義は、血統にも由来するが、最大の思想的師父は母校・二高の大先輩で、大正デモクラシーの大先達であった吉野作造博士である。東大では、博士は法学部教授、先生は経済学部であったが、博士から物心両面の恩顧を得て、先生は卒業できたのであった。続いて先生が大阪朝日在職中、日本電報通信社から最優秀青年記者に選ばれて渡独できたのも、博士の推薦に負う所が大きかったのである」

ちなみに、日本電報通信社は電通の前身だが、現在の電通なら、東民をドイツに派遣することなどありえないだろう。

東民はベルリンでゲルトルートと再婚し、外国人ジャーナリストとしては先頭を切ってヒトラーを批判した。それは帰国後に『ナチスの国を見る』と題して刊行されたが、そのため、追われるようにドイツを去った。

そんな東民を正力松太郎は一九三五年一月一日付で読売新聞に受け入れる。

のちに正力の友人の伊藤忠兵衛（伊藤忠商事の創始者で、カナ文字論者）が正力に、

「君の社にはどうしてあんなに沢山の赤い社員がいたのか」

と尋ねると、正力は、

「俺は勤勉に、真面目に社のため働く人間はどんな思想をもっていようと構わない方針だった。赤には新聞記者として有能な者が多いから自然、赤い社員が沢山出来たのだろう」

と答えたという。

しかし、ドイツ大使館からの圧力は並大抵のものではなかった。正力は大使のオットーから昼食に呼ばれ、

「君の社の鈴木という男は怪しからん。ナチスの悪口を方々の雑誌に書きまくったり、講演して歩いている。日独関係がこんなに親密になっているのに、読売があんな男を論説委員にしておくのは困るではないか。やめさせて欲しい」

と真正面から注文をつけられた。それに対して正力は、

「鈴木は社員として真面目に働いており、何の欠点もない。折角だが、貴官の申出で社員をやめさせる事

は出来ぬ」

とハネつけた。

このように太っ腹なところを見せてアカを採用していた正力は、読売争議で手痛いシッペ返しを受ける。とは言え、正力がいなければ、東民はもっと早く、軍部等の圧力によって読売を追われていただろう。

郷里の湯田村へ帰っていた東民を、敗戦一ヵ月ほど前の七月八日、

「シキュウジョウキョウサレタシ」

の電報で呼び戻したのは片山睿《さとし》だった。同じ外報部の岩村三千夫《みちお》らと共に、読売の民主化をどう進めるかを、正力独裁の下で、密かに語らってきた同志である。

その前に「休職」とされてきた東民の復職を勝ちとらなければならない。結局、勝ちとったのだが、それについて、「わたしの復帰を拒んだのは高橋（雄豺《ゆうさい》）主筆であり、許したのは正力社長であった」と断言する東民と、

「東民が復帰したために読売争議が勃発した。自分はその危険を予想して復帰に反対したのだが、高橋主筆のたっての懇請もだし難く、鈴木の復帰を許してしまった」と述懐する正力の間で、見方が真っ二つに割れている。

いずれにせよ、鈴木が復職して争議の火蓋は切られた。

『読売争議』（亜紀書房）の著者の増山《ますやま》太助《たすけ》は、

「なぜ、東民かといえば、彼だけが戦争について手を汚していなかったからですよ」

と語り、反ナチス、すなわち反ファシズムのペンを曲げず、外報部長をはずされ、特高の尋問を受けて論

説委員も追われて休職していた東民が一転、民主主義のシンボルとなったのだ、と記している。

十月二十三日、東民を議長に社員大会が開かれ、従業員組合を結成して、戦争を推進した正力社長以下、局長までの辞任を求めることになった。

しかし、逆に「社を騒がせた」として、東民以下五人が解雇通告を受ける。いずれも代表団の面々だった。まもなく自分も解雇される増山太助は、興奮して帰って来た東民が、局長の机の上に立ち、自分を含む五名の首切りを伝えた後、

「これから名を呼ぶ者は、戦争責任者として、いますぐこの場から立ち去ってもらいたい」

と言い、編集局長、中満義親《なかみつよしちか》の名を挙げたと書く。

「異議なし」

という喚声と拍手の中を、中満は無言のまま去る。

「諸君！　われわれは要求貫徹のため闘争状態に入り、二十五日付の新聞から、われわれの手で民主主義に基づく新聞に刷新し、自主的に新聞を製作しよう。われわれは断乎として戦争責任を追及する。ひきつづき第二、第三の戦犯追及をおこなわなければならない！」

東民はこう声を張り上げた。

「生産管理」もしくは「編集管理」宣言である。この後、正力側も東民ら最高闘争委員会のメンバーを業務執行妨害、不法占拠、家宅侵入罪などで告発し、メンバーは東京地検の取り調べを受けたりしている。

押しつ押されつの攻防の中で、GHQが正力を戦犯に指定し、追放した。

正力は後釜にリベラリストの馬場恒吾を据え、東民は編集局長だけでなく、主筆、社会部長も兼務する。

しかし、これは束の間の勝利だった。

GHQの方針は一年で変わり、翌一九四六年六月二十一日、約五百人の武装警官が社内に乱入して、組合幹部五十七人が逮捕される。馬場の要請を受けた首相の吉田茂が司法相（法相）と内相に警察力の発動を指示していたのである。

鎌田の『反骨』には、「このとき、のちに解雇される徳間康快も、青年部員としてピケを張っていた」とある。

ここに一九四六年七月十五日付の「退社ヲ命ス」という辞令がある。論説委員の長文連《ちょうふみつら》を筆頭に、印刷工の宮沢靖二《やすじ》に至るまで、三十一名に対して出されたものである。

その中に政経部員の増山太助などと並んで社会部員の徳間康快への辞令もある。

翌日付で日本新聞通信労働組合中央執行委員長の聴濤克巳《きくなみかつみ》名で東京地方労働委員会への提訴がなされているが、それにはこうある。

「先に鈴木東民ほか五名の不当馘首《かくしゅ》並に増山太助氏ほか十六名の不当異動により労働組合法第十一条を真向うから蹂躙《じゅうりん》した読売新聞社当局は七月十五日三度三十一名に及ぶ大量不当馘首を敢てし、またまた労働組合法第十一条を無視した、よって本組合は茲《ここ》に三度提訴する」

つまり、すでに東民らは解雇されていたのである。

この時、徳間は二十四歳。東民と運命を共にした徳間にとって、東民のその後の歩みに無関心ではいられなかっただろう。

郷里に帰った東民は、一九五五年春、釜石市長選に革新無所属で立候補し、大方の予想を裏切って当選する。

「私の勝利は青年、婦人層の強い支持のたまものです。私は当選の喜びより保守、ボス的存在の強い東北に革新的芽ばえが台頭してきたことがうれしい」

東民はこう語り、橋上市場《きょうじょういちば》をつくったりする一方で、三井農林や新日本製鉄の横暴と対決した。特に後者の釜石製鉄所から出る煤塵や騒音を何とかしたいと考えたのである。まだ、公害がそれほど大きな問題となっていないころだった。

危機感を抱いた自民党や新日鉄は本格的に東民を潰しにかかる。四選目で、公明党、民社党、同盟と組んだ自民党候補に敗れたのである。それでも釜石を離れず、四ヵ月後の市議選に立候補してトップ当選した。支持者にみっともないからと反対されても、立ったのである。

まさに屈せざる人だった。その東民は一九七九年十二月十四日、八十四歳で亡くなったが、常に徳間は東民の抵抗を気にかけていた筈である。

第二章　先輩にかわいがられる

松本重治という先達

読売新聞を追われて失意の日を送っていた徳間を迎えたのは『民報』を創刊した国際ジャーナリスト、松本重治《しげはる》だった。松本は徳間と読売争議を通じて知り合ったといわれるが、もちろん、そこには鈴木東民が介在していただろう。

反ナチの東民より四歳下の松本は、「同盟通信社」上海支局長として、「西安事件」の大スクープを放ったジャーナリストであり、東民も強くその存在を意識して交際していた。

そして、同盟通信社の解散後、松本はかつがれて『民報』の社長となる。日本の民主化のための新聞をつくろうということだった。

國弘正雄《くにひろまさお》が聞き手を務めた松本の『昭和史への一証言』（一九八六年、毎日新聞社、のちにたちばな出版）によれば、松本は「発刊の辞」に次のような意味のことを書いたという。

「新しい日本の民主主義革命になによりも必要なのは、そういう重要な使命を自覚した新しい人間である。いま、日本はアメリカ軍に占領されているとはいえ、アメリカの直接統治ではなく、一応、日本政府に委託された形で間接統治の軍政の下に置かれているのだ。占領軍当局のいうことだから、と、何でもかんでも頭を下げて聞かなければならないのか。自分の正しいと思うことを主張してはいけないのか。そうではない。敗れたりとはいえ、いうべきことはいい、やるべきことはやらなければならない。頭をあげ、胸を張って、まっすぐに歩こうではないか」

一九四五年十二月一日に創刊された『民報』は宅配ではなく駅売りで、残念ながら、それほど続かなかった。しかし、そこに集った人はまさに多士済々。

それを松本はこう回顧している。

「九州大学の教授になった具《ぐ》島《しま》兼《かね》三郎《さぶろう》君、社会党の論客だった佐藤昂君がいました。また、経済同友会の山下静一君（終身幹事）もいました。経済記者で優秀でしたが、半年ほどでやめました。それから徳間書店の徳間康快君（社長）もいました。彼は社会部記者のような仕事が主でしたが、万能選手というか、いろいろなことをしていました。徳間君の奥さんも速記をやっていました。なかなかきれいな人でしたが、デモになると、一番先の列にスクラムを組むのです。徳間君も彼女について一緒に行ったと思いますがね。近藤日《ひ》出造《でぞう》も政治漫画を書いていました。共産党と社会党左派だけがＯＫといった絵を描かれるのには参りましたが……」

金澤誠著『徳間康快』（文化通信社）では、徳間は『民報』で、社会部次長、広告部長、販売部長、発送部長、経理部長、出版部長を経て常務取締役に就任した、となっている。

松本は澤地久枝も大尊敬するジャーナリストであり、松本が名著『上海時代』上中下（中公文庫）を書くに際して、澤地は克明な年表を整えて助けている。

私はいまから二十年余り前、『現代を読む　１００冊のノンフィクション』（岩波新書）に『上海時代』を挙げ、こう書いた。

〈松本は常々、「日米関係の核心は中国問題である」と説き、日米関係はすなわち日中関係であるとして、その融和に終生を捧げたが、『上海時代』上中下（中公文庫）はまさに日中関係が険悪化し、戦争に至るただ中で若き日を過ごした松本の貴重なメモワールである。松本が上海で交友を深めた人には、新渡戸稲造《にとべいなぞう》等の日本人だけでなく、胡適等の中国人、そして、エドガー・スノー、オーウェン・ラティモア等のアメリカ人がいる。新聞界から政財界、さらには軍部の要人までつきあいながら、松本は最後まで「日中和平」への希望を捨てなかったのだが、昭和十一年五月末、関東軍司令部参謀の田中隆吉は松本にこう言ったという。

「率直にいえば、君と僕とは中国人をみる観方が根本的に違う。君は中国人を人間として扱っているようだが、僕は中国人を豚だと思っている」

こうした軍人たちを相手に松本らは和平工作をやらなければならなかったのである。松本は友人の大使の次の述懐に大きく頷きながら、それでも、それを進める努力をやめなかった。

「われわれのやっていることは、あたかも賽《さい》の河原のみどり児が、一重二重と石や瓦を積み上げていくあとから、鬼がこれを打ち壊す、打ち壊されても、なお積み上げなければならんという状態だなあ」

松本は「あとがき」に、二年半がかりでこれを書いたのは「人知れず、遺言を書くような気持であった」と記している。その遺言の趣旨は「日本人は隣国人の気持をもっとよく理解して欲しい」ということであり、「東亜の一大悲劇たる日中戦争が惹き起こされた最大の原因が、当時の日本人の多くが、中国人の気持を理解し得なかったことにある」ことを痛感して、〝遺書〟を書く気になったという〉

「中国から儲けちゃいかん。日本人はさんざん悪いことをしたんだから」

徳間は口癖のようにこう言ったが、それは松本の強調したことだった。

国際派ナンバーワンの松本は、しかし、國弘が驚いたほど、「明治の侠《おとこ》だて」に惹かれていた。

「私は明治調があるのかしりませんが、侠だてがすきなんです。清水次郎長はすきですよ。私がＮＨＫの経営委員をしていたとき、浪花節も番組の中に残してほしい、といって、笑われたことがあります。外国人であっても、リベラルであっても、いい人間はみんな、侠だてを持っているんです」

損をしても義理や責任を果たす性質ともいうべきものが侠だてだろう。とすれば、それは性別を越える。侠気は女でも持っているのである。

松本が大好きだという清水次郎長には、こんな逸話がある。

あるとき、勝海舟が次郎長に、

「お前のために死ぬ子分は何人いるか？」

と尋ねた。すると次郎長は、

「一人もおりません。しかし、わっちは子分のためにいつでも死ねます」

と答えたという。

松本がこのエピソードを知っていたかどうかはわからない。けれども、徳間は好きな話なのではないか。

幡随院長兵衛《ばんずいいんちょうべえ》も好きだという松本は、吉田茂にもそうした侠気があった、と語る。

國弘が松本に、

「吉田は戦後、先生と再会されたとき、上海時代に無礼なことをしたおわびに、博徒として仁義を切りたいということをいい、それに対して松本先生ご自身も、自分にも多少、侠気があるから、そういうことなら水に流しましょうといわれたと前にお話しされましたが、吉田にそういう侠気のようなものはありましたか」

と尋ねると、松本は、

「それは大いにありましたよ。吉田は終戦前に和平工作をして、憲兵隊につかまったときでも、君たち軍人は戦争すればいいのだが、外交官は職業上平和を考えなければならないのだ、と胸を張っていいました。二〇日あまり、つかまえられていましたが、肝心のことは白状せず、結局、なんということなしに釈放されました。ああいうときに、変に転向したりしない男ですよ」

と答えている。

そして、「そういう吉田と一脈通じる侠気」を松本が持っている一例として、國弘は松本から、次の話を聞き出す。

フィリピンのマルコス政権にマークされていたラウル・S・マングラパス（マグサイサイ大統領の下で外務大臣を務めた）が来日した時、ある朝、留守宅から妻が電話をよこした。

「警察があなたをつかまえに来た。だからあなたはマニラに帰らないで、用心してアメリカに逃げるように」

そんな電話が来たとマングラパスは松本に連絡をし、マルコスが日本政府に手配して自分を捕まえさせることはないかとの恐れを伝えて来たのである。

アメリカへ発つ飛行機が出るまでに二日間あった。それで松本は、

「きょうはちょうど週末だから、政府がすぐ行動を起こすことはあるまい。ホテルで時間をつぶしていて下さい。月曜日になれば私が羽田に一緒に行きますから」

と言って安心させる。

そして月曜日、マングラパスを連れて羽田空港に行き、無事、彼をアメリカへ出発させたのである。

そのことにマングラパスは大感謝し、二度、三度と礼状を送ってきたとか。

深沢七郎をかくまった徳間といい、この松本といい、「義を見てせざるは勇なきなり」の侠だての見本のような例である。

徳間が傾倒した鈴木東民が公私にわたる恩人として挙げる吉野作造について、松本はこう語っている。

「吉野先生というのは、非常にやさしい人でしたけれども、なかなか勇気がありました。右翼との立会演説なんかのときは、実に雄弁で勇敢であった、ということが逸話になっています」

また、松本は、駐米大使や国連大使、果ては外務大臣という話もあったが、すべて断り通した。

國弘によれば「俺は一生官途には就かない。一私人を貫くのだ」と言っていたという。そして、国際文化会館という一インキーパー（旅館の主人）を通したのである。

加藤周一は、松本を、明治政府に何度も呼ばれながら民間に徹した福沢諭吉に擬している。

松本は一九八九年に亡くなったが、この松本の生き方も徳間に大きな影響を与えたことはまちがいないだろう。

真善美社専務取締役

同い年の作家、大岡昇平と埴谷雄高《はにやゆたか》の対話『二つの同時代史』（岩波現代文庫）で、埴谷が、真善美社は最後の賭けで埴谷の『死霊』を大判で出したが、売れなくて同社が潰れた、と語っている。

野間宏の『暗い絵』はよく売れたけれども、他のものが売れなくて、『暗い絵』の印税も全部は払われなかったという。

それに続く埴谷の回想に徳間が出てくる。

「(『暗い絵』の印税は)半分ぐらい払ったんだけどあと払わないんだよ。払えないというのが至当だね。だんだんだめになって。ぼくも『死霊』の印税をほとんどもらっていなくて、それで花田清輝《きよてる》が、ぼくが代表になって真善美社に皆の印税をとりたてに行け、というわけだよ。ところがそのとき真善美社はもう潰れかかっていて、いまの徳間書店の社長の徳間康快が共産党の金をもって入ってきていたんだ。三十万円たしかもって入ってきたと聞いた。それでぼくは徳間に、おまえは金をもって入ってきたんだから、印税を払わなければだめだって交渉にいったんだ。

ところが徳間はもって入ってきた金は全部借金でなくなりまして、払えませんというんだ。それでぼくは同情して、じゃ、徳間、しっかりやって払えるようにしてくれといって帰ってきたら、花田が、おまえは皆の印税を払えという使者になっていったはずなのに、徳間にしっかりやってくれなんて激励して帰ってくるのはけしからんと怒ったんだけれど、結局野間は印税を半分くらいしかもらえなかった。『暗い絵』は真善美社としちゃあ大ベストセラーだったんだけれどね」

「共産党の金をもって入ってきて」は、共産党員だった徳間が党の文化工作資金を持って来てということだろうか。

当時、徳間は二十代半ば。ちょうど一まわり上の埴谷は三十代半ばだった。花田も埴谷や大岡と同い年だが、花田は真善美社に単に著者として関わっていたわけではなかった。

同社の発行していた『真善美』は骨のあるジャーナリスト、三宅雪嶺《せつれい》が創刊した『我観』の流れを汲み、東条英機を批判して最期は自刃した中野正剛の息子、達彦が同社の社長だった。正剛は三宅の女婿でもある。

徳間は達彦と学生時代からの友人であり、その縁で専務に迎えられた。

真善美社は当時、花田清輝が編集主幹で、野間宏、中村真一郎、安部公房《こうぼう》、佐々木基一《きいち》らが編集委員として参加していた。そして、これらの若手作家たちの作品を「アプレゲール叢書」と銘打って次々と刊行したのである。

たとえば、中村の『死の影の下に』であり、野間の『暗い絵』であり、安部の『終りし道の標《しる》べに』であり、花田の『復興期の精神』および『錯乱の論理』だった。

徳間は裏方として、これらの本の誕生に関わったのである。

金澤誠の『徳間康快』には、一九四八年に倒産する真善美社を回想しての徳間のこんな証言が載っている。

「印刷屋さんに追い掛け回され、紙屋さんに脅かされ、電話線は切られ、水道はひとったれも出ない。四十人近い社員がいて、労働組合には毎日いじめられた」

結局、社長の中野達彦は自宅を手放す羽目になり、徳間も家を差し押さえられて無一文になったという。

ただ、花田や野間と東大赤門前の屋台の焼き鳥屋で飲んだり、まだ東大生だった吉行淳之介と知り合ったことが財産として残った。

批評家という規定が最もふさわしいだろう花田は曲者だった。徳間にとって、花田に比べれば、のちにつきあうことになるどんな作家や評論家もむずかしくなかったのではないか。

ここに『花田清輝著作集V』(未来社)がある。「仮面と顔」および「胆大小心録」が収められているこれを開くと、ドストエーフスキーや魯迅、それにサルトルやガンディーを論じた中に、マリリン・モンロウをスケッチした一節がある。

そこに花田は書く。

それぞれの時代は、おのれの好みにあった「毒婦」を所有している、と。

これでは共産党に居つづけるわけにはいかなかっただろう。「つねに悪を欲し、かえって、つねに善をなす」というサルトルについての指摘など、共産党には理解不能だったはずだからである。

三島由紀夫や北一輝、あるいは太宰治らの一筆描きの中に花田清輝という節があるのにも驚かされる。花田は人を食った奴なのである。その中の自分を語っている部分を引く。

「そのころ、わたしは、(石川淳の)『普賢』の主人公と同様、糊口の資に窮すると、しばしば、インフレ論だとか、リンク制論だとかいうような経済論をでっちあげて、進藤一馬《しんどうかずま》の編集する雑誌『東大陸《とうたいりく》』に売りにいった。この『東大陸』というのは、一応、三宅雪嶺の雑誌ということになっていたが、じつは東方会の機関誌で、中野正剛の雑誌といってよかった。中野正剛は戦争中、東条英機と対立して獄にいれられ自殺してしまったので、いまではレジスタントの一人として記憶されているが、ことわるまでもなく、日本のファシズムの指おりの指導者で、当時、東方会は、組織右翼として、八方にのびひろがろうとしているときだった。したがって、東大陸社にはたえず農民組合や労働組合の連中が出入りしており、わたしなど、かくべつ、目立つような存在ではなかったのだが、事志に反して、わたしが、多少、人びとの注意をひくにいたったのは、いつもわたしの頭の上にベレ帽がのっかっていたからだろう」

花田とほぼ同年で、同じく京都大学に学び、のちに『林達夫著作集』を共に編集することになるわが師、久野収は、竹中労《ろう》について、竹中は時々、味方の横っ面を張ると言った。久野はそれを肯定的な意味で語ったが、あるいは花田評としての方が当てはまるかもしれない。久野自身が花田から、次のように「横っ面を張」られた。多分、徳間も花田のレトリックに酔ったことがあるに違いないと思うので、「胆大小心録」の中の「今様助六談義」の一節をそのまま引く。

「たとえば久野収などは、日本のマルクス主義者の評論には個性がないとかなんとかいって粟田（賢三）や古在《こざい》（由重《よししげ》）にイヤ味をいってるのはいいが、そういう当人自身が、ベルンシュタインでもいいそうな社会民主主義者のきまり文句をとうとうと述べたてていることをご存知ないのだから世話はない。なんでもこの仁の説によれば、アデナウアー、ダレス、チャーチル、李承晩《イスンマン》といった手合いは、政治の区別を敵、味方の区別に求めるカール・シュミットの政治的実存主義にもとづいて行動してるんだが、そいつが今日の現実の変化のために、つぎつぎに挫折せざるをえなくなっているのだそうだ。いったい、シュミットは、いつごろから実存主義者になったんだい。わたしは、シュミットの『政治的浪漫主義』という本はよんだことはあるが、いまだかつてシュミットの政治的実存主義なんてシロモノはきいたことがないね。

しかし、まァ、そんなことはどうでもいい。ナチス抬頭の前夜にも、きっと久野収のような社会民主主義者が、天下無敵のような気分になって、わが世の春をたのしんでいたことだろう。そこへいくと、実存主義での問題で久野にカラまれて、そういうところにいくとぼくにはよくわからない、不感症になっているのかもしれない、と答えている古在由重なんかのほうが、わたしなどには、久野なんかよりもはるかにたのもしいような気がするよ。むろん、古在というのは、たぐい稀なる石頭さ。しかし、お手々つないで野道をいけば、みんなかわいい小鳥になって……とかなんとかオトナのくせにヨダレクリみたいな歌をうたいながら、社会民主主義の一線まで後退して統一戦線をつくろうともくろんでいるインテリ諸君にくらべると、どこまでもマルクス主義者としての節をまげない古在なんかには、ちょいと戦場生き残りの古武士の風格があるじゃァないか」

桑原武夫の『雲の中を歩んではならない』に対するカラカイも痛烈である。花田はこれを、久米の仙人の自己批判かと思ったら、そうではなく、「この先生は、いっぺんだって雲の中を歩んだことなんかないらしいので、失望した」と冷やかし、「いつも下界にへばりついて、ヌルマ湯のなかに、とっぷり首までつかりながら、空をみあげて、雲ゆきばかり気にしてる先生が、『雲の中を歩んではならない』もないもんだ。カミナリさまがハラをたてるぜ」と続ける。

こうした一筋縄ではいかない花田清輝などと徳間はどうつきあったのか？

佐々木崇夫《たかお》の『三流週刊誌編集部』（バジリコ）が、その一端を伝える。この本の副題は「アサヒ芸能と徳間康快の思い出」である。

それによると、徳間は『真善美』が諸般の事情で『綜合文化』と改題されたあとの一九四八年に真善美社に専務として入社したという。

佐々木は徳間書店に入ってから、吉行淳之介の知遇を得て、よく、〝遊び〟のお伴をしたが、真善美社時代の徳間について、吉行はこう語っていたとか。

「僕なんかはヒヨッコでね、花田（清輝）とか中村（真一郎）の陰で小さくなってたものだが、徳間は臆することなく大声で渡り合っていたな。最初、野間（宏）あたりが連れてきた左翼党派の関係者ぐらいに思ってたよ。もっぱら体制批判、新聞批判を展開してたからな。ただ、文学には無関係な御仁だとは睨んでた。聞いたことがないからな、文学の『ぶ』の字も……」

佐々木は「思い描くこともできない情景」に目をパチクリさせながら、吉行の話を聞いたらしい。

結婚式で「浪曲子守唄」

徳間康快の眠る東京は西麻布の長谷寺《ちょうこくじ》に、徳間の命日の九月二十日に毎年訪れて墓参をする男がいる。徳間書店OBの守屋弘である。

守屋は、さまざまな菩薩像や七福神等の小型の石像が置いてある墓に手を合わせた後、持って来た酒を取り出して飲む。

守屋と私は、毎日新聞現主筆の岸井成格を含めて慶大法学部峯村光郎《みねむらてるお》ゼミの同期生なのだが、

「酒は不謹慎だろう」

と咎めると、守屋は、徳間を知らないなといった顔つきで、

「徳間は日本バーテンダー協会の会長だったんだぞ」

と一蹴した。墓前で徳間と酒を酌み交わすという気持ちなのだろうか。

一九六七年にアサヒ芸能出版に入った守屋は、在社中は徳間に好意ばかりを持っていたわけではなかった。酔っ払って会社の便所の壁を壊し、懲戒免職寸前までいったり、まさに問題社員だった。しかし、亡くなられてはじめて、その魅力とスケールの大きさが胸に迫ってきたのである。

ちょっと並の社長とは違うな、と守屋がハートをギュッとつかまれた感じがしたのは結婚式の時だった。

『アサヒ芸能』の編集者として、新宿のゴールデン街などに入り浸り、ほとんどアルコール漬けの日々を送っていた守屋の結婚式に出て来た徳間は、あいさつで、

「守屋はこれまで獣だった」

と切り出し、

「今日から真人間になれ」

と結んだ上で、お祝いにと歌を披露した。

〽逃げた女房にゃ
未練はないが
と始まる一節太郎の「浪曲子守唄」である。満場大爆笑。

「社長のああいうブラックユーモアがオレは好きなんだよね」

飲尿健康法とやらを実践し、しばらく自分のオシッコを飲んでいた守屋はずいぶんと変わっている。ジャズピアニストの山下洋輔に『ピアノ弾きよじれ旅』などというエッセイを書かせた守屋は、その本の中に「サワリのヤモリ」として登場する。

ちなみに、徳間の歌についてはナベプロ会長の渡邊美佐が『徳間康快追悼集』に、徳間は「無法松の一生」とか、「男の土俵」とか、「男っぽい侠気のある演歌」が持ち歌だ、と書いている。

また、俳優の高倉健は、内蒙古日本映画祭でモンゴルに連れて行ってもらった時、中国側主催の夕食会の後、カラオケ大会になって、徳間の「あまりにもうまい絶唱」に仰天し、

「社長の演歌はすごいんですね」

と言ったら、徳間は、

「あれは、健ちゃん、五木くんのテープに口だけパクパクや。俺があんなに上手く歌えるかい」

と照れた、と紹介している。

口パクであるわけがない。

「この憎めない豪快さと、明るさ。いっぺんで貴方のことが好きになりました」

こう書いている高倉健は、

「聞いてもらいたい話がいっぱいありましたが、いつも傍若無人、怒濤のような社長の話ばっかり聞かされて、自分の話はなにも聞いてもらえず仕舞いでした。生きていても何も話したくない、何の話も聞いてもらいたくもない人が多い中で、亡くなられてこんなに惜しまれる、男冥利に尽きるとはこのことではないでしょうか」

と続けている。そんな高倉に、徳間は、

「健ちゃん、俺が死んだらチベットで鳥葬にして欲しい」

と頼んでいた。

高倉がロケ中に廃屋のビルの三階から二階に転落し、骨折しただけでなく、精神的にも参って悩みの底にあった時、大映を引き受けた徳間が高倉の所に何度もやって来て、

「健ちゃん、仕事はどんどんやらんといかんぞ。悩むのは後でいい」

と励ました。

「迷う暇もないモーレツな誘い」だったと高倉は振り返っているが、「悩むのは後でいい」とは、いかにも徳間らしい。

さて、ゼミナールの卒業論文に「法と国家の死滅」などを書いて、公労委会長で日本法哲学会理事長でも

あった峯村光郎から、アジビラみたいなものを書くんじゃない、と手ひどく叱られた守屋は、私たちが卒業する前の年にアサヒ芸能出版が創刊特大号を出した『TOWN』に興奮し、この会社に入りたい、と思った。

巻頭に『プレイボーイ』誌編集長兼社長のH・M・ヘフナーとの会見を載せた『TOWN』は、とにかくアカ抜けていて、ラディカルだった。その一端は「文壇阿呆番付」に明らかだろう。東の横綱の中野重治に対しては「ソ連への磯のあわびの片想い」。西の横綱の山岡荘八には「『徳川（家康）』が売れる売れるとはやされてホクソエんでるこの納税バカ」。東前頭三枚目の松本清張は「社会派ともてはやされてちかごろは旅行案内書いているバカ」と冷笑され、西前頭三枚目の三島由紀夫は「『憂国』の志士も老いたりその証拠ノーベル賞に首ったけかな」とからかわれる。その一つ下の西四枚目は司馬遼太郎で「『坂本（竜馬）』や『織田信長』で売りつづけ商売うまいぞ上方のアホ」。西九枚目の瀬戸内晴美は「セックスとお色気ならばまかしとき年甲斐もなく露出狂バカ」。西十枚目の石原慎太郎が「秋も去りヨット遊びも出来ないしまたゾロやろう障子破りを」だから、気にする作家は気にして、徳間の雑誌には書かないし、本も出さない、とヘソを曲げただろう。

ちなみに『TOWN』の発行人は、徳間の大番頭だった山下辰巳であり、その発行元のアサヒ芸能出版と徳間書店は一九六七年秋に合併して、㈱徳間書店として再スタートを切った。

『TOWN』で、もう一つ特筆しておかなければならないのは、第二号に載った「日本一山口組の政治と犯罪」である。「堂々31頁を賭けて、1年間にわたる徹底的取材の成果を問う」たこの本格的ドキュメンタリーは「本誌特別取材部」の執筆だが、その一員の島田敬三は、のちに溝口敦というペンネームで、フリーライターとなる。

ここでは、組長の田岡一雄《たおかかずお》に対しても遠慮なく、そのマイナス面も指摘しているが、徳間書店から『田岡一雄自伝』を出すなど、徳間と山口組の間に一定のつながりがあったことは、徳間のある種の〝強み〟となっていただろう。

晩年に徳間にかわいがられた三浦光紀は、田岡一雄の息子の満が、しばしば、徳間に叱責されていたのを目撃している。

私が親しくしてもらった日本信販の創業者、山田光成《みつなり》は、財界の嫌われ者だった横井英樹を頭ごなしに怒鳴りつけるだけでなく、引き受け手のいない息子の再婚の仲人をやったりしていたが、満たちは本気で叱ってくれる人を求めていたのだと思われる。

山田と同じく、徳間はそうした場面で腰の引ける人間ではなかった。

ところで、守屋と同じ年に立教大学からアサヒ芸能出版に入ったのが、のちに『三流週刊誌編集部』を書いた佐々木崇夫である。

内定後の社長面接で佐々木は「ダブルの背広に身を包んだ」「年齢以上の貫禄が備わっていた」徳間と会う。「笑うと窪んだ目の端に皺が走るが、相手を射抜くような目は鋭く光る」徳間からはプーンとアルコールの匂いがした。こんな早い時間からと思ったら、それを察したのか、徳間は、

「私は低血圧なので酒を補給しないとならないんだよ」

と表情を崩したが、目は笑っていなかったという。

その後、創刊したばかりの月刊誌『ＴＯＷＮ』についての感想を求められた。

あるいは販売企画から同誌編集部への逆転も起こり得るかもしれないと思った佐々木は、はりきって、表

紙はおとなしすぎるとか、誌面が泥臭いとか、並べたてた。

黙って聞いていた徳間は、

「他の新人諸君には好評だったけどな」

と言った後、突然声を荒らげて、息もつかさず、まくしたてた。

「君に定期刊行雑誌の何がわかるんだ。パンチがない？　コンセプト？　生意気言うんじゃない。雑誌ってのはな、生き物なんだ。編集長が種を播くが、どう育っていくか、それは読者が決めるんだ。編集長はそれを的確に読み取って、舵を操っていく。そして出来上がっていくのがその雑誌の色、つまりコンセプトなんだよ。うまく操れない編集長は無能なんだからクビ、それだけだよ。一号目をちょこっと眺めたぐらいで舌っ足らずの批判なんかするんじゃない！」

もの凄い迫力で立ち上がり、机を拳で叩きつけた徳間に、佐々木は殴られるのではと、思わず身を引いた。あまりの剣幕に人事担当者が部屋に飛び込んできたが、佐々木は震えが止まらなかった。

さすがに言い過ぎたと思ったのか、徳間はコップの水を口にした後、静かに言った。

「いいか、君はまだ入社が確定したわけじゃないんだ。そこのところをよく考えてモノを言わなきゃならない、謙虚さが足りないよ。ズケズケなんでもしゃべればいいって訳じゃないんだ。わかるだろう？」

佐々木は「うなずくのが精一杯だった」と書いている。

緒方竹虎との出会い

真善美社の倒産で徳間は無一文となったが、同社の社長だった中野達彦の縁で、緒方竹虎の知遇を得ることになる。

緒方は達彦の父、中野正剛の福岡の旧制修猷館《しゅういんかん》中学以来の友人であり、生涯の友だった。

緒方のバックアップによって、徳間は一九五〇年二月に新光印刷を設立する。還暦を過ぎていた緒方が会長となり、二十八歳だった徳間が社長、真善美社とは逆に、中野達彦が専務となった。

金澤誠の『徳間康快』によれば、緒方はアメリカのリベラルなクォリティ・ペーパー『ザ・ネーション』のような新聞の発刊をめざし、そのために、まず新聞印刷専門の会社をつくって、経営を徳間たちに任せたのだという。資材や活字も、緒方の古巣の朝日新聞社の世話になっただけでなく、取引先も、緒方の顔で、参議院の緑風会が出していた機関誌『緑風時報』や三鬼陽之助《みきようのすけ》の『日刊東洋経済』の印刷を請け負ったりした。

三好徹の『評伝緒方竹虎』（岩波現代文庫）に、徳間が次のような形で登場する。緒方が衆議院選に立候補する準備を進め、「東京では（一九五二年）七月末に資生堂ビルの中に事務所を開き、中野正剛三男の達彦を秘書にしていた」に続く次の場面である。

「中野は陸軍から復員後、真善美社という出版社を経営したが、武士の商法に似てうまくいかず、緒方のかわいがった徳間康快の会社で役員になっており、七月一日に緒方の仲人で結婚したばかりだった」

ちなみに、緒方の仲人は、郷党の先輩だった右翼の総帥、頭山満《とうやまみつる》である。しかし、緒方は頭山の無私の人格を尊敬していたが、その思想に共鳴していたわけではなかった。中野正剛に対してもそうで、緒方は中野に、

「会って話をするときは、お互いに共通の趣味である乗馬の話に限定しよう。さもないと喧嘩になってし

まう」

と言っていたという。とは言え、節目節目で切っても切れない間柄になった。

「問答有用」という評判の連載対談で緒方と会った徳川夢声は緒方を「一言にしていうと、九州男児がイギリス風のものを身につけてる感じ」と評している。

自らも新聞記者の生活を体験した三好徹は前記の評伝で「緒方には、三十五年間の新聞生活で、骨の髄まで沁みこんだ何かがあった。その何かとは、官僚的なものに対する嫌悪、既成観念にとらわれない発想、さらには言論の暢達がすべてに優先するという認識などであり、それは吉田（茂）にはないものであった」と書いているが、その「骨の髄まで沁みこんだ何か」は中野正剛と共有したものであり、徳間にも受け継がれたものであった。

東条英機と対立して逮捕され、中野が自決して果てた時、それを聞いた緒方は、東条に殺されたな、と思い、中野宅に急行した。

特高と憲兵で固められて、多くの者が追い返されている中を緒方は通る。

「中野君の遺骸は細君の位牌の安置してある部屋に、その時すでに前田友助《ともすけ》博士の一応の手当が済んで安らかに横たえられていたが、閾寄りの畳に残る血糊の痕、自刃に臨み脚の悪い中野君が身を支えたと思われる安楽椅子の斑々たる手形、凄愴の気、面を撲つ。私は遺骸に訣別しながら激憤と嗚咽《おえつ》を如何ともし得なかった」

これが葬儀委員長を務めた緒方の述懐である。厚かましくも、中野の葬儀の前に、内閣書記官長だった星野直樹から緒方に、

「東条首相の供物を受けてもらえるか」

という人を介しての打診があった。

「死んでしまえば恩讐《おんしゅう》共にない。厚意ある供物ならばどなたのでも受けるが、あらかじめ受けるかどうかを聞くなんて、おかしいじゃないか」

と緒方は答えた。遺族のことなどを考えれば精一杯の拒否である。さすがに東条からの供物は届けられなかった。

「良質の保守」と位置づけられる緒方は、首相を目前にして病歿《びょうぼつ》したが、首相になりながら、その急逝が惜しまれたのが、ミリタントなリベラリストの石橋湛山である。

この二人を比較して私は『湛山除名』(岩波現代文庫)にこう書いた。要約しつつ紹介する。

それぞれが担いだ吉田茂と鳩山一郎が激しく争ったこともあって、緒方と湛山は常にライバルの関係に位置したが、戦争中は共にジャーナリストとして反東条(英機)の論陣を張りながら、その文章、文体において、根本的に違うところがあった。

保守合同の必要を論じた「爛頭《らんとう》の急務」に象徴されるように、緒方の文章が美文調であるのに対し、湛山の筆鋒《ひっぽう》には自ら酔うような調子は感じられない。あくまでも冷静に鋭く対象を突く剣のような感じである。それは当然、何を書くかにも影響を与える。あるいは、どんなことは書かないかをも左右するのである。文体がテーマを決め、テーマが文体を決める。

たとえば、緒方のペンでは「元号を廃止すべし」とは書けない。湛山はこれを一九四六年一月十二日号の『東洋経済新報』に書いた。小論でもあり、「靖国神社廃止の議」と並ぶ湛山の重要なコラムだと思うので、そのまま次に引く。

「尾崎行雄氏が先頃島田衆議院議長に提出した意見書なるものを見るに、中に改元の一項がある。今回の降伏は神武建国以来の最大凶事だから、全国民をして一人残らず之れを認識反省悔悟せしめる為め、此の際昭和の年号を廃し、本年を以て新日本の元年とし、将来長く之れを継続せしめよと云うのである。蓋《けだ》し翁の意見に依れば、例えば本年を新日本元年とするならば爾後《じご》は改元せず、永久に右の元号を継続するのである。践祚《せんそ》の後元号を建て一世の間に再び改めずとする皇室典範の規定は勿論茲に改めざるを得ない。若《も》し然《そ》うなら記者は旧くから其の必要を痛感していた事だが、此の際更に一歩を進めて、元号廃止、西紀使用を主張したい。

元来我が国に於て初めて元号を建てたのは大化の革新の際であるが、勿論支那《ママ》の制度の模倣であった。而《し》かも其の後も年号を定められない天皇は幾方かおり、大化革新の指導者であった天智《てんじ》天皇も其の一人であった。歴代必ず年号を建てるに至ったのは文武《もんむ》天皇の大宝元年（西紀七〇一）以来だと称せられる。

然るに此の支那《シナ》伝来の制度の為めに常に我が国民は何れ程《ど》の不便を嘗めているか。早い話が大宝元年と云うても、西紀の記入でもなければ、何人も直ぐに何時頃の事か解るまい。況《いわん》や欧米との交通の繁しい今日、国内限りの大正昭和等の年次と西暦とを不断に併用しなければならない煩しさは馬鹿馬鹿しき限りだ。改元を主張する尾崎翁は未だ旧日本の因習に囚われたりと言わねばならぬ」

結婚の仲人が頭山満だった緒方に「元号廃止」という考えはなかったかもしれない。ただ、鹿嶋海馬《かしまかいま》の緒方伝『心外無刀』（みき書房）によれば、戦争中に朝日新聞のトップとして右翼と対決した緒方は、そのとき、頭山との関係を一度も口にしなかったという。「頭山の人柄を尊敬しただけで、その思想については同意したことはなかったから」である。

緒方と、無二の親友だった中野正剛を比較して、古島一雄《こじまかずお》は「僕は、中野も緒方も、小さいころから知っている。中野は若いときから文才があって、英気煥発《かんぱつ》で九州男児の典型だった。緒方は、反対に奥ゆかしいところがあって、名玉が埋もれていればその山が光るように見える。それが緒方である」と書いているが、それでも、その文章は中野に似ている。湛山の文章と比較する時、それは一層はっきりするのである。

緒方は若い記者たちを連れて、よく新橋の料亭などに出かけたらしい。そして、口癖のように、

「みんな、言っておくが、ケチな遊びをするな。ケチな遊びは一番人間の品格にかかわる。芸者はカネで商売している身だ。十円やらなきゃならんところは二十円やれ。それを五円やるからいやがられて見下げられるんだ。遊ぶにも堂々と遊べ」

と言ったというが、あるいは、この遊びが湛山との一番の違いかもしれない。湛山は宴席に妻の梅子を連れて行くことも少なくなかった。

ところで、一九五五年十一月十五日、保守合同によって自由民主党が結成され、統一社会党とのいわゆる五五年体制がスタートするが、緒方は自民党の総裁代行委員に指名された後、体調を崩し、明けて五六年の一月二十八日、その六十七年の生涯を閉じる。

病身の首相、鳩山一郎の引退は確実だったし、後継の一番手が緒方であることも自他共に認めるところだった。その矢先の死である。

異例にも、イギリスの『ロンドン・タイムズ』が一月三十日付で次のように報じた。

「彼の死は対立の主因を除去したという意味で保守戦線を強化したが、政府により大きなまとまりと、こ

れまで欠けていた方向とを与えるものと期待されていた政治家を失ったという点で、与党を弱体化することとなった」

また、一月三十一日の衆議院本会議で、追悼演説は同じ選挙区の反対党議員がするというそれまでの慣例を破って、社会党委員長の鈴木茂三郎《もさぶろう》が演壇に登った。

「緒方君は、まことに重厚なご性格でありまして、事に当っては熟慮遠謀、常に自己の信念に従って、その正しいと信ずる道を堂々と歩むというお人柄でありました。人としてまことに立派であったばかりでなく、識見もはなはだ高く、当然、政権を担当して、日本の運命を担うべき一人として、内外に絶大の信頼を得ておられたのであります」

時に徳間は三十四歳。父とも慕った緒方を突然失ったのである。

忘れ得ぬ先輩

『評伝緒方竹虎』の著者、三好徹が『徳間康快追悼集』に「忘れ得ぬ先輩」という一文を寄せている。三好は読売新聞の徳間の後輩なのである。それで、同じく読売出身の作家、菊村到《いたる》、佐野洋《よう》と共に、ある時、徳間に招待されたという。『問題小説』が創刊された翌年だったというから、一九六八年ごろだろう。柳橋の料亭で忘年会という名目だった。

徳間は約三時間、「あの豪快な語り口で」読売時代のことを話した。

三好によれば、徳間は占領下のレッドパージで追放された。本当はパージの対象ではなかったのだが、似ている名前の人と間違えられたのである。まもなくそれがわかって復社できることになっても、徳間は戻らなかった。

「パージされる覚えはないのにパージになった。何かの間違いじゃないか、と一応はいったんだが、間違いじゃない、といわれて追い出された。だから、いまさら何だという感じもあったし、決心して新しい道を進みはじめた以上、そんなことで気持を変えるものか、と自分に言い聞かせたんだよ」

この席で徳間は「宙に眼を据えて」こう言ったという。

「要するに、自分の歩む道は自分で拓く、というのが徳間さんの人生の指針だったと思う」と三好は書いている。

この忘年会が終って帰る時のおみやげが凄かった。ふろしきに包まれたそれは高さ一メートルくらいあり、各地の名産品が山のように詰め込まれていた。

「ちゃんと持って帰ってくれよ。奥さんが喜ぶから」

徳間の高笑いと共に三好たちは送り出された。

三好は緒方竹虎伝を『世界』に連載していた時、徳間に話を聞きに行ったことがある。

徳間が、不遇時代の緒方や、その親友だった中野正剛の遺族の世話をしていたことを耳にしたからだった。

「世話したなんて、そんな大げさなことじゃないんだよ。おれの関係会社に在籍してもらって給料を払っていただけのことさ」

徳間はこう言い、緒方とのつながりを詳しく尋ねる三好の質問には答えず、逆に、どうしてわかったのか、と問い返したという。

三好は「忘れ得ぬ先輩」である徳間の追悼文を、この後、次のように結ぶ。

「徳間さんは幅広い人脈を持っていたが、それをひけらかすことはしなかった。その人脈は自分の事業のために築き上げたものだ、と見る人もいるようだが、わたしはそうは思わない。徳間さんが事業に大きな夢を持っていたことは確かだだが、人脈はあくまでも情の厚い性格からひとりでに出来上ったものであり、事業のための布石というケチなものではなかったろう。

あの元気のいい声や人なつこい笑顔、仕事の話をするときの目の輝き、若輩の言葉に耳を傾けてくれたおおらかさ、本当に忘れ得ぬ先輩の一人であった。合掌」

三好がその評伝を書いた緒方竹虎は朝日新聞の主筆から政治家に転じ、吉田茂内閣の官房長官を務めている。

官房長官として多忙を極める中で、緒方は一九五二年十二月号の『新聞ラジオ読本』に「一老兵の切なる願い」を寄稿した。

「私は昨今でも時々、新聞が太平洋戦争を防ぎ得なかったかを考えてみることがある。この自問に対する私の自答は、日本の大新聞がある早い時機に軍を中心とする国内情勢を洞察し、本当に決意して破局を防ぐことに努力したら、恐らくは可能であったというのである。もちろんこれには言論の自由の確保されることが前提条件であり、大新聞の共同戦線を必要とする。普選以後、新聞の足並の揃わなかったのはいろんな理由があるが、各編集者間の努力の足らなかったことも事実であり、私もこの点について責を感ぜざるを得ない」

残念ながら、この「切なる願い」はいまも果たされてはいない。その後、緒方は友人だった米内光政《よないみつまさ》の伝記『一軍人の生涯』（文芸春秋新社）を書いた時も、「まえがき」に同じ悔いを記した。

「いささか私事にわたるが、筆者を誘って本書の筆を執らしめたについては、別に理由があるのである。国家総動員法を手始めに、幾多の非常時立法が次つぎに制定され、新聞の言論が完全に封鎖されて以後、筆者は米内、山本（五十六《いそろく》）の海軍により、こいねがわくは戦争を未然に防いで欲しい念願から、足繁く米内の門を叩くに至った記憶が今も新たである。

筆者は今日でも、日本の大新聞が、満州事変直後からでも、筆を揃えて軍の無軌道を警《いまし》め、その横暴と戦っていたら、太平洋戦争はあるいは防ぎ得たのではないかと考える。それが出来なかったについては、自らをこそ鞭《むち》うつべく、固《もと》より人を責むべきではないが、当時の新聞界に実在した短見な事情が、機宜《きぎ》に『筆を揃える』ことをさせず、徒らに軍ファッショに言論統制を思わしめる誘惑と間隙とを与え、次つぎに先手を打たれたことも、今日訴えどころのない筆者の憾《うら》みである」

この緒方を、浪花節政治家の大野伴睦《ばんぼく》は「あたかも五島するめをかんでいるように、次第と味が出てくる」人物だと評している。生まれながらに、将たる器で酒席でもそれなりの風格があったとか。

〽うたはちゃっきり節
　男は次郎長

このちゃっきり節や新内《しんない》は絶品で、粋人緒方の面目躍如たるものがあった。
それだけに、その急逝は残念でならず、天も非情なるかなと怨めしかったという。
亡くなる数週間前、伴睦は熱海ホテルで静養中だった緒方を訪ね、長時間語り合った。
「このときの緒方君の話の中で、最も印象深かったのは、アジア政策に関することだった。なかでも、中国問題については、毛沢東、周恩来の政治思想は断じて承認できないにしても、いつまでもこのままの状態

（国交断絶の戦争状態）で放置するわけにもいかない。また、蔣介石の敗戦日本に対する恩情は、まさに孔孟の教えそのままで、あの深い思いやりが、どんなに当時、中国にいた日本人を救ったことか。この蔣介石氏の恩義にそむくことなく、二つの中国に、これからの日本はどのように臨んだらいいか。切々と説く緒方君の面影は、いまもなお、目を閉じると彷彿とするものがある」（『大野伴睦回想録』弘文堂）

ちなみに、石橋湛山は緒方より四つ年上で、緒方と同じく保守合同の立て役者の三木武吉《みきぶきち》と同い年だった。伴睦は緒方より二つ年下である。

緒方については、一九三六年の「二・二六事件」の時の、青年将校への対応の逸話が忘れられない。

蔵相の高橋是清《これきよ》を殺してから朝日新聞にやって来た中橋基明《もとあき》という中尉は、社の代表を出せ、と言い、主筆だった緒方がエレベーターで下に降りて中橋と会った。中橋は右手にピストルを持っている。

緒方は、ピストルに対しては、むしろ身体を近づけた方がいいと思い、ほとんど顔がつくくらいの所に立って、名刺を出した。そして、僕が代表者のこういう者だと名乗ったのだが、そのとき若い中橋が、ひょっと目をそらしたので、これは大丈夫だな、と思った。

緒方得意の剣道でいう「面勝」である。剣道では、立ち会った瞬間、相手と目が合った時に、相手が目をそらしたり伏せたりすれば「勝った」という感じになる。それが「面勝《おもがち》」だが、緒方はこれで落ちついて、「指示通り編集せよ、言うことを聞かなければ、ブッ殺すぞ」

という脅しにも屈することなく対応できた。

もちろん徳間は、こうした緒方の胆力を耳にし、心服していたに違いない。後年、徳間が似たような場面に遭遇した時、対応のモデルとしたとも思われるのである。

緒方の父、道平《どうへい》は息子たちに、

「お前たちは決して役人になるな」

と言ったという。

これは、孫文を支援した宮崎滔天《とうてん》兄弟の父親、長蔵《ちょうぞう》が、

「死すとも官の飯を食うなかれ」

と教えたのを連想させる。

徳間も「官の飯」は食わなかった。

緒方の生涯の友、中野正剛の「官僚専制の打破」の志も同じ精神である。

最初、東京高商（現一橋大学）に入った緒方は、あえて私立の早稲田を選んだ中野の下宿に同居し、

「将来、君の政治資金は、ぼくが中国貿易で儲けて出してあげるよ」

と言ったという。

自ら舞台に立つよりも、スポンサーかプロデューサーになるという位置取りも、徳間は緒方から受け継いでいるかもしれない。

緒方は徳川夢声との対談「問答有用」ではこう言っている。

「新聞社ちゅうものは、やっぱり編集局の雰囲気が一番大事だと思いますね。どんな偉い編集局長、社長がおっても、市内版の最終締切りの時間まで社長や編集局長が社におれるもんじゃない。記事の判断や見出しの大きさにしても、自然に自分らの新聞の雰囲気がきめてくれるので、それを育成していくことが、新聞社の幹部の仕事だと思うんです。それ以外におえら方の仕事というものはあまりない」

一九五六年一月二十八日、緒方は六十七歳で亡くなった。あと二日で誕生日を迎える直前の急逝だった。二月一日に東京は築地の本願寺で行なわれた葬儀には、その死を惜しんで一万五千人の市民が参加し、行列は銀座の三原橋付近にまで達したという。

第三章　頼まれ人生

ストリート・ジャーナリズム

見飽きた顔を日々テレビ画面にさらしているビートたけしから、私は『週刊文春』の一九九一年十一月二十一日号で、次のように難癖をつけられたことがある。

「文章書いて飯食っている連中の中で、経済評論家っていうのはいったいなんなのかね。佐高信というのがバブル批判で売り出し中らしいけど、『ザ・ハウス・オブ・ノムラ』を訳したとかいっても、外人の尻馬にのってやる仕事にどれだけの価値があるんだろう。所詮は評論家で、終わった結果を批判的に検討してばっかりでさ。あの程度の経済評論のどこが『批判的』なんだよ。映画評論家の力のなさとどう違うっていうの。

おまけに経済だけじゃなくて、俺についてまであれこれ言ってさ、『このドロドロしたヘドロ世界に生きるムツゴロウみたいなやつ』だって。けなしているつもりのようだけど、ヘドロの中で精一杯呼吸している生き物であることをヨシと思っているのは俺自身なんだから。

硬派ぶった意見を『アサヒ芸能』なんかに平気で書けちゃう佐高さんの感覚がわからない。やくざ記事とソープ記事とオッパイがデカイとかの記事の間に文章書いている自分のほうこそ、ヘドロの中で溺れている魚なんじゃやねェのか」

これを読んで私は『噂の眞相』の「タレント文化人筆刀両断」に、浅草のフランス座というストリップ劇場で漫才をやっていたたけしが「オッパイがデカイとかの記事」を売る『アサヒ芸能』に私が「硬派ぶった意見」を言ったことをけなすとは思わなかったぜ、と反論し、「あんたはいつから、そんなにエラクなったのかい」と冷やかした。

たけしの上品ぶった放言を徳間康快が知ったら、徳間は激怒したに違いない。クォリティを志向しつつも、徳間の稼ぎ頭である『アサヒ芸能』のクォンティティ（部数）を無視できず、徳間は苦悩していたからである。

逆に、徳間はストリート・ジャーナリズムの志を失った、と批判したのは人斬りのルポライター、竹中労だった。

竹中は「ストリート・ジャーナリズムとは、網棚の上に読みすてられることをみずから潔しとする出版物」と規定する。その一つの『アサヒ芸能』編集部は一九六〇年当時、新橋烏森にあり、「木筋コンクリート二階建て、つれこみホテルを改築したオンボロの社屋」の中にあった。部員は全学連OB風に薄汚れ、何やら殺気の漂う風景だったという。

竹中が親しくした副編集長の生出寿《おいでひさし》は海軍兵学校から東大の仏文科に進み、全学連のリーダーだった「心情右翼のコミュニスト」で、労働組合結成の先頭に立っていた。赤旗をかついで、連日、安保反対のデモにも出かけていく。

他誌の度肝をぬいたのは、オートバイにまたがり、ヘルメットをかぶったセミ・ヌードの女の子の背景に一面の赤旗を配した生出のアイデアだった。

生出は、経営危機脱出のため、「ともかく売れさえすればよい」別冊をつくれ、と徳間に命じられる。その『アサヒ芸能』別冊の破格に安い原稿料をもらって、竹中は月に二百枚もの原稿を書きとばす。
生出が竹中に語ったところによれば、別冊は毎号平均百万円の純益をあげたという。その才能を買って、徳間は生出を傍系のちゃんこ料理屋の経営に当たらせた。

「彼が料理飲食の道に奮迅して徳間コンツェルンの基礎が固まっていくのと反比例して、ストリート・ジャーナリズムの志は、『アサヒ芸能』から失われていった」

竹中はこう書いているが、では、エロとギャンブルとゴシップとスキャンダルに焦点を当てた『別冊アサヒ芸能』と現在の週刊誌はどう違うのか？

そう自問して竹中は「一言でいえば、パンチがちがう。エロにしてもギャンブルにしても、〝悪の愉しみ〟とでもいうべき毒がふくまれていた」と自答する。

本家の『アサヒ芸能』を含めて、公序良俗の埒外《らちがい》に〝悪の愉しみ〟を求めようとするストリート・ジャーナリズムの志が失われたのはなぜか？　竹中はこう指摘する。

「芸能特集にしても、政治・経済・社会記事にしてもしかり。暴露の底が浅く常識的視点しかなく、もっとはっきりいってしまえば体制に媚《こ》びている。これをいうならば、『中立公正』を称する新聞ジャーナリズムと、その結論において軌を一にしてオル。

〝過激派〟の肩をもてとか、無闇やたらに人のプライバシーを侵害すべしなどといっているのではない。見境いのない暴露とスキャンダリズムとは別であり、左翼ふうの言辞をろうすることかならずしも反体制を意味しない。左右を問わず権威に唾を吐きかけ、恥部を暴くことにストリート・ジャーナリズムの正義は存在し、そのことによってしか大衆の支持は得られないのだと、私はいいたいのだ」（竹中労『決定版ルポライター事始』ちくま文庫)。

そして、竹中のホーム・グラウンドだった『アサヒ芸能』の凋落《ちょうらく》がとくに激しいとして、竹中はその理由を「社長・徳間康快の公序良俗志向」に求める。

私は踏みとどまった方だと思うが、竹中は「この稿でもつい筆が弁護にわたり、故旧の人である徳間康快について斬りこみの鋭さに欠けたことは、出自のゆえと納得していただきたい」と弁明しつつ、徳間を次のように批判する。

「逆説的にいうなら、徳間には経営者の才能がありすぎたのだ。徳間コンツェルンのこんにちは、とりわけ彼の対人コネクション＝政財界オルガナイザーとしての手腕で築き上げられた。徳間と私とのつきあいはきわめて古く、敗戦直後の一九四八年、『東京民報』のアルバイト学生をやっていたころ、同紙の営業部長だった彼と会っている。一九五九年の秋『アサヒ芸能』の記事を書きはじめてからしばらくたったころ、徳間は私にこういった。

『労さん、何を書いてもよいが共産党と自民党の悪口だけは困るよ』

読売新聞をレッド・パージで追われ、左翼独立紙『東京民報』の創刊に参画した彼が、日共と浅からぬ関係にあることはとうぜん理解できた。だが、自民党の悪口もとは信じられないことであった。やがて応接室で現職の労働大臣である某と偶然かちあったりするうちに、しだいに事情がのみこめたのである」

『エライ人を斬る』などの竹中の怨筆に私は感嘆してきた者だが、「共産党と自民党の悪口だけは困る」という徳間の言葉が、本心からのものだったかは疑わしい。竹中と私では影響力に雲泥の差があるとはいえ、それから十余年後に、徳間が引き受けた『東京タイムズ』で、私がどんなに「斬人斬書」しても「待った」

はかからなかったからである。

ともあれ、内に生出、外に竹中のようなサムライを抱えて倒れなかったということは、竹中が指摘するのとは別の意味で、徳間には経営者の才能があった、と言えるだろう。

そう思う私から見ると、『アサヒ芸能』編集部にいた佐々木崇夫の次の「即答」は言わずもがなとしか映らない。要は書く必然性があるかだろう。

「（徳間音工所属の）五木ひろしとか千昌夫にスキャンダルがあったとしても、そのスキャンダルを書くなと止めることがあると思うか」

徳間がこう尋ねたのに、佐々木は即座に、

「書くなと言われても書きますよ」

と答えたというのである。

佐々木の『三流週刊誌編集部』によれば、それは労働組合の団体交渉の席だった。最初は穏やかに切り出した徳間は途中で一気にトーンを高めた。

「私がどれほどの苦労をしてアサヒ芸能を立ち上げ育ててきたか、知ってるのか。さまざまな中傷、的外れな攻撃から体を張って守ってきたことを知ってるのか。言わばあの週刊誌は私の血と汗の結晶だ。私の週刊誌だ」

「いいか、あの雑誌は私がつくったんだ。長い年月をかけて。それをなんだ？　書くなと言われても書く？チンピラ記者が何を言うか！　私の雑誌を守るために私が講ずる手段に対し真っ向から反対するなんてとんでもない仕儀だ！　（私を指さし）お前などに私が、どうぞこの会社に来てくださいと頼んだわけじゃない！

お前が、お願いですから入れてくれと懇願したから入社させてやったんじゃないか！　いいか、間違えるな！　ここは私の会社なんだ！　嫌ならすぐに去ってもらおう！　すぐ辞表を書け！」

拳でテーブルを叩いた徳間の激昂ぶりは凄まじかった。誰も止められない。

その迫力に押され、佐々木は、

「わかりました。すぐ書きます」

と応じた。売り言葉に買い言葉である。

組合の執行委員長があわてて、

「きょうの団交はこれまでにしたいと思います。次回の団交の日程をあとでご提示ください」

と引き取った。しかし、徳間は、

「私はこんなヤツがいる組合とは金輪際《こんりんざい》話し合いをしたくない」

と追い撃ちをかける。

佐々木は辞表を出したが、取締役になった前編集長が連絡してきて、会うと、開口一番、

「社長は、ホントに辞表出したのか、と驚いてたよ。短気なヤツだと笑っていたよ」

と言った。団交の席で徳間が組合執行部の誰かに辞めろと言うのはいつものことであり、それで辞表を出したのは佐々木が初めてだというのである。次の団交の席で徳間は何事もなかったかのように佐々木に笑いかけた。

「やあ、週刊誌編集部の闘士！」

徳間好みの梶山季之

徳間康快好みの作家がいた。たとえば梶山季之《としゆき》であり、清水一行《いっこう》であり、大藪春彦《おおやぶはるひこ》である。もちろん、それ以外の多くの作家とも親しくつきあったが、とりわけ好きだったのはこの三人ではないか。しかし、徳間より早く亡くなったりして、三人とも『徳間康快追悼集』には寄稿していない。

徳間書店が勧進元の大藪春彦賞については、北方謙三《きたかたけんぞう》が徳間らしい逸話を書いている。

北方によれば「賞というのは、大抵、出す側が細かいことまで決めて、ただ選考を頼まれるだけの場合がほとんど」なのに、大藪賞は信じられないぐらい大らかで、北方ら選考委員にすべて預けるという感じだった。

意見を押し通したのは賞金の額だけで、それも値切るのではなく、選考委員たちが止めるのに値上げを主張したというのだから、徳間らしい。

「既成作家の賞で、最高の賞金は？」

と尋ねる徳間に、北方たちが、

「三百万というのがあり、二百万もあるなあ」

と答えると、徳間は言った。

「そうか、じゃ五百万だ」

賞金の意味づけは選考委員に任され、これからさらに伸びていきそうな新鋭作家に与える賞で、五百万はよけいなことに煩わされず、じっくりと作品に取り組むための資金というコンセプトになった。

「それでいいんだよ」

徳間は嬉しそうに笑った。

「ナウシカからスタジオジブリの設立へと、そこにいつも尾形さんの非常識な決断と行動力があったのです」と宮崎駿がオビに書いている『アニメージュ』創刊編集長の尾形英夫の半生記『あの旗を撃て！』で、尾形は徳間を「天性の勝負師」と称している。その独特のフィーリングというか、勘には尾形たちはついていけないことがしばしばあった。

「カネのことは心配するな。カネなら銀行にいくらでもある」

と豪語する人だったからである。

そんな徳間が、大藪と同様に、あるいは、それ以上にその死を惜しんだのは梶山季之なのではないか。

徳間が引き受けた『週刊アサヒ芸能』の一九六六年五月二十九日号から翌年の一月二十三日号まで、梶山は『生贄《いけにえ》』という小説を連載した。梶山はそれまで、小佐野賢治《おさのけんじ》らしき人物が登場する『小説GHQ』など、さまざまなモデル小説を書いていた。

そして、〝遠い国の話〟として書いているが、イケルヴィッチやシロカネスキーなど、明らかに池田勇人や黒金泰美《くろがねやすみ》がモデルだとわかる『大統領の殺し屋』には、

「この作品は、すべて架空の物語です。しかし、もし事実の部分があるとしたら、筆者がなんらかの形で報復されることでしょう」

という皮肉な、ある意味では挑戦的な「あとがき」をつけたが、妻の梶山美那江《みなえ》の証言によれば、「不思議に問題になったことはなかった」。

ところが、その〝伝説〟は『生贄』によって破られる。

岸信介とスカルノが主役のインドネシア賠償汚職が起こったのは一九五九年だが、重要な脇役の根本七保《なお》子《こ》を主人公にした『生贄』は、森下商店こと木下産商からアルネシア（インドネシア）のエルランガ（スカルノ）大統領に贈られた〝生きたワイロ〟の「笹倉佐保子」、つまり、のちのデヴィ夫人から名誉毀損で訴えられた。

『アサヒ芸能』の連載中は何事もなく、一九六七年の三月末に単行本となって発売されるとまもなく、仮処分が申請され、『生贄』は裁判所執行官の占有に移された。ただ、当時の担当編集者だった荒井修に尋ねると、

「それまでに十万部ほど出た」

という。

このとき、梶山の弁護を買って出たのが作家でもある佐賀潜《せん》だが、佐賀は、東京地方裁判所に化粧っ気なしの、うちしおれた姿で現われたデヴィ夫人を見て、

「裁判官の同情を得ようというのか。陪審制のある外国では有効な手段だけれども……」

と思った。

梶山は『生贄』の「あとがき」に、「モデル小説だとか、暴露小説だとかいう世間の声に、中途で挫折する恰好となった」と書いている。いわば「世間の声の生贄となった」というのである。

結局、裁判は、店頭に並ぶ本を回収し、以後絶版にすることを条件に示談となった。この条件をあっさり呑んだ徳間に対して、竹中労は、

「あえて〝二流〟を標榜し、アサ芸を批判精神の横溢した庶民ジャーナリズムに育て上げると謳い上げていたあの徳間はどこへいったのかねぇ。御上に簡単に白旗上げる男だと思ってなかったよ。何があったんだ？　〝生贄〟になったのは梶山だったのかもしれないね」

と嘆いたという。

たしかに、そういう批判も成り立つだろう。しかし、ロッキード事件以上の国際的な利権小説を連載させ、単行本にまで持ち込んだ徳間の器量も評価するのでなければ不公平なのではないか。

ちなみに、佐々木崇夫の前掲書によれば、スカルノに献上された「紅馬車《べにばしゃ》」のホステスとはデヴィ夫人のことではないのだが、そのホステスと混同されたと思った彼女は冗談じゃないということになったという。事実と違って小説では、生贄にされたホステスが政治家と政商に痛烈なしっぺ返しをするという展開になっている。

竹中の「あえて〝二流〟を標榜し」は、徳間が放った「二流に耐えることは、一流になるよりむずかしい」という名セリフを受けている。

あえて一流を目ざさなかったのが梶山季之だった。

こんな逸話がある。

坪内寿夫《つぼうちひさお》が奥道後に大きな温泉ホテルを建て、そのオープンに呼ばれた梶山は、前夜、柴田錬三郎、黒岩重吾と共にブラック・ジャックをやった。

梶山はそれに負けつづけ、「一流会社の部長のサラリーの半年分ぐらい」を柴錬に払うことになったが、柴錬が冗談に、

「明朝のオープン・パーティに、三千人の招待客の前で、壇上に立ち、女の性器の名称を叫んだなら、この貸しはなしにしてやる」

と梶山に言った。

すると梶山は翌朝、関西財界人の奥方や令嬢が大勢いる中で壇上に立ち、

「私はポルノ作家の梶山季之であります。人生はオマンコと思います。おわり」

と言い放ったのである。

柴錬によれば、これを聞いて、「司会の高橋圭三は、茫然と立ったなり、この奇想天外な挨拶をとりつくろうすべを知らず」、やむなく柴錬が登壇して、梶山の叫びが「徹宵の痛飲のせいである」と謝罪しなければならなかった。

社員の結婚式で、

〽逃げた女房にゃ
と「浪曲子守唄」を歌った徳間と通うものがあるのではないか。トクザクラという競走馬を持っていた徳間はギャンブルに血をわかせる男でもあった。

徳間にも共通する梶山のサービス精神と抵抗精神は極めてラディカルだっただけに、一九七五年に梶山が香港で客死した時は、暗殺の噂さえ流れた。『週刊文春』の同年五月二十日号の「イーデス・ハンソン対談」で、梶山美那江が冒頭、そう語っている。

梶山は美那江に、よく、

「俺がある日突然消えたら、そういうところ（警視庁とかＣＩＡ）へ連れて行かれたと思え」

と言っていたというのである。

「梶山はすごい天邪鬼《あまのじゃく》なんです。初めての同人雑誌が『天邪鬼』ですからね。ですから、国家的な統制がくれば、なにを！　っていうわけなのね。抑えるから変な形で求める。もっと大っぴらでいいんだ。そうすればなんでもないんだ。他の人が尻込みするんなら、俺がやってやろう、というところがありました」

という美那江の述懐はポルノについて言っているのだが、それにとどまることなく、梶山の「天邪鬼」はすべての統制に対して向けられた。

まさに梶山は「怖いもの知らず」だったのである。ロッキード事件が発覚したのは、残念ながら梶山の死の翌年だった。

ところで、ハンソン対談では、美那江が、

「奥さんとの間に浮気についての三つの誓約があるという有名な話がありますね。素人には手を出さない。同じ人と三回以上関係しない。相手の部屋には行かない。これホントですか」

と聞かれている。

それに対して美那江は、笑いながら、もう伝説になったから、

「ハイハイ」

と合わせていただけだと答え、さらなる質問には、子どもができるまでは、

「女も負けずにする！」

「じゃ、おれが三回したら一回していい」

とか言い合っていたと〝証言〟している。

天邪鬼精神を秘めた徳間のユーモアも記録に値するものだった。春闘たけなわのある時、某社の社長が労働組合との折衝が難航していることを話題にすると、徳間は言った。

「ウチでもよくモメますよ。委員長が、社長、なんとかアルファをつけてくれ、と言うので、私は〝アルファ・マーガリン〟をつけて妥結しました」

バターがまだ貴重品だった時代の話である。

社長兼編集長

『アサヒ芸能』の創刊当時、徳間康快は編集長を兼ねていた。社長兼編集長である。

一九五八年に入社した加藤博之がそのころの現場を振り返る。編集部には冷暖房設備もなく、夏はステテコ一枚で扇風機で涼をとりながら原稿を書いた。

編集長の徳間のところにそれを持っていくと、徳間は、

「ご苦労さん」

と言いつつ、読みもしないで、目の前でその原稿を破った。

「ハイ、書き直し」

そう言われて、すごすごと席に戻り、また書いて行くと、やっぱり破られる。

三度目にようやく目を通し、

「新米の書いた原稿なんて、最初から読めるわけないよ」

とぼやきながら、徹底的に赤を入れる。

ほとんど原形をとどめないまでにである。

加藤は後で、悔し涙を流しつづけた。

いま、加藤は、あれが徳間流の人材育成術だったんだな、と思う。

一九七一年に加藤は同誌の編集長になるのだが、同じことを新人にやろうとしても、できなかった。朝になると印刷所が原稿を取りに来るし、それまでにはどうしても原稿を完成させなければならない。時間との勝負という制約がありながら、あえて原稿を破りつづけた徳間の凄さを、加藤は編集長になって改めて思った。

『アサヒ芸能新聞』から一九五六年に『週刊アサヒ芸能』に変身して急伸していた同誌は一気に誌名も改めようとしたが、「アサヒ芸能」の知名度を捨てきれなかった。

徳間はこう語っている。

「誌名改称のチャンスはその後も何度かあったが、このときが最高のチャンスだった。しかし、あの弱小集団が食っていくために、危険な冒険はできなかった。今まで多少とも知られていた誌名にこだわりすぎた。〝芸能〟をとってもっと一般的な誌名に切り替えていれば、その後の展開はもっと違ったものになっていただろう。社員の諸君も誌名に制約されずのびのびやれたと思う。私の大きなミスだった」（『徳間書店の35年』）。

とは言え、一九五九年に入って『週刊アサヒ芸能』は四十万部に定着し、返品も一割から二割で好調を維持していた。

ところが、東京周辺の駅売店の総括本部から、次のような通達が来て、三週間にわたる販売取扱い停止処分を受ける。

一、購買欲をそそるため特に性的表現を誇大に行うこと
二、性的描写の特にはげしいもの
三、その他青少年子女に見せられないようなもの
本主旨が指摘された場合には、不本意ながら、何等かの処置を取らざるを得ない事前通達ではなく、いきなりの停止通告だった。他誌と比べても、『アサ芸』が特にひどいというわけではなかった。

『徳間書店の35年』によれば、「真偽のほどはわからなかったが、ある新聞社の記者が『アサヒ芸能』の異常なばかりの躍進ぶりを嫉視して、鉄道関係の記者クラブで〝ワイセツ誌〟として販売停止を提言したのが原因だという噂が立った」という。

徳間は走りまわって、その行き過ぎを訴え、日本文藝家協会でも、おかしいと話すと、理事長だった作家の丹羽文雄が、

「それは徳間さんの言う通りや、応援せにゃいかんな」

と賛成してくれた。

お上品な新聞社系週刊誌は、下ネタも含む記事はなかなか書けない。それで、ストリート・ジャーナリズムの『アサ芸』に脅威を感じ、妨害したのかもしれない。

駅売りが停止になって、返品率は四割を越え、停止も五号まで延長されて、潰滅的打撃を受けた。

その最中に、社長兼編集長の徳間が倒れる。〝腎周囲膿瘍《のうよう》〟という奇病で、二度にわたる大手術が行なわれた。

しかし、麻酔から醒めると、すぐに社員に指示を出し、金融機関や取引先の不安を払拭《ふっしょく》すべく、動き始める。

三週間ばかりで退院したが、今度は盲腸が悪化して再入院。手術すれば、さらに入院しなければならないので、手術を拒否し、徹底的に冷やして散らした。

慈恵医大病院の主治医が、呆れるほどの無茶を押し通して、結局、切らずに退院する。

「生命も仕事も含めて、生きるか死ぬかという経験を何度かしてきたが、あのときはそれが一緒にきて、どん底の危機だった。しかし、あれを突破したことで、私にも社員にも自信ができたように思う」

こう語る徳間は常に先頭を駆ける大将だった。

週刊誌の記事では、しばしば問題が起こる。右翼や暴力団から、怒鳴り込まれることも日常茶飯事である。そんな時、徳間はまず、それを書いた記者を呼んで、まちがった記事ではないかどうかを聞く。そうした上で、

「君は社で待っていろ。私の出番だ」

と言って、先方の指定したところへ出向いて行く。単身である。

あまりに構えていないので、

「本当にお前が社長か」

と疑われ、

「記事を書いた当人を連れて来い」

と凄まれたこともあった。

強面《こわもて》の男たちに囲まれながら、徳間は平然として、

「私が社長だ。記者は私の社の社員で、責任はすべて私にある。だから私が話を聞きに来た。私のほうがまちがっていたら謝る。しかし、あなた方のほうがまちがっていたら、どう責任を取ってくれるのか」

と言うのが常だった。

単身、乗り込んで意表をつき、正論を吐く。度胸の要ることだが、いわばケンカ上手だった。

「私が率いている集団の責任を取るのは当然のこと。戦《いくさ》となれば先頭に立つ。長と名のつく者が部下を守るのは当たり前だ」

徳間は明快にこう語っている。

それを別の面から証言するのは徳間ジャパンの常務だった三浦光紀である。

三浦は、徳間の親しい政治家や銀行家の息子や娘が同社に入りたいと言っている、と徳間に言われ、彼らと会った。その数は累計十人にも及ぶ。

「面接して、使いものにならないと思ったら、断ってくれて結構だ。戦力を低下させるわけにはいかないからな。君が判断してくれ」

そうして徳間に紹介された息子たちに会ったが、結局、三浦は一人も採らなかった。

すると徳間は、

「わかった」

と言って、自分で断りに行ったという。

「イヤなことはオレがやる」

それが徳間の身についた哲学だった。

また、任せたこと、わからないことには口を出さないので、三浦はとてもやりやすかった。特に音楽について、いろいろ言われたことはない。現場を生かすという考えに徹していた。

徳間にかなり辛辣《しんらつ》な視線を向けている元社員の佐々木崇夫の前掲書でも、一九六七年に佐々木が入社する四、五年前まで、徳間が社長兼編集長として、ねじり鉢巻にステテコ姿であぐらをかき、特集ネタを選択し、台割をつくって部下の原稿に〝赤〟を入れていたと聞いたと書かれ、「正直、頭が下がる。よくやったし、やれたものだ」と称えられている。

ちなみに佐々木は立教大学の仏文科を卒業している。当時の学科長は大江健三郎が師と仰ぐ渡辺一夫だった。推薦状をもらって他の出版社も受けていたが、どうしても雑誌編集をやりたいと思い、渡辺には無断でアサヒ芸能出版を受け、最終面接まで残った。それを告白して相談しようと、渡辺の研究室のドアを叩いたら、

「アサヒ芸能⁉　あの、週刊誌のアサヒ芸能、ですか？」

と素っ頓狂な声をあげられた。それは佐々木の耳にいまも残っているという。

しかし、碩学《せきがく》の渡辺に、アサヒ芸能出版の社長、つまり徳間を知っていると言われて、今度は佐々木が度肝を抜かれた。

――『読売新聞』の記者出身で、読売争議に連座し退社。昭和二八年ごろ不偏不党を謳う『日東新聞』なる新聞を創刊したメンバーのひとり。あえなく一年足らずで休刊となったが、私（渡辺一夫）も執筆陣の一画を占めていた。徳間康快は豪気ながら時流を読む才に富む男。その後、週刊誌を創ったことは風の便りに

聴いていたが、それは新しい新聞刊行のための資金稼ぎなのではないか。彼（徳間）は本質的に出版屋ではなく新聞屋だが、慧眼《けいがん》の士。出版のジャンルでも凡百《ぼんぴゃく》の出版経営者にはない冴えた色を出すはず。グラビア月刊誌の創刊はそのワンステップで驚くにあたらない――

これが渡辺の徳間評だった。最後の「グラビア月刊誌」が『ＴＯＷＮ』なのだろう。

「想像もしていなかった場所、人物から得た、まだ見ぬアサヒ芸能出版株式会社社長の一面だった」と佐々木は書いている。

『日東新聞』は一九五三年春、徳間の読売時代からの友人、竹井博友によって創刊された。寄稿家には渡辺の他、中野好夫、清水幾太郎《いくたろう》、中島健蔵らが並ぶ。しかし、経営はうまく行かず、頼まれて入って副社長となっていた徳間はその残務整理に当たらなければならなかった。

竹内好の『中国』を支える

「私は天国をきらひます。支那《ママ》における善人どもは私は大抵きらひなので若し将来にこんな人々と始終一所に居ると実に困ります」

魯迅はある人への手紙でこう書いている。魯迅は「いわゆる聖人君子の徒輩に、少しでも多く不愉快な日を過させたいために」生きた。魯迅の翻訳者として知られる思想家の竹内好《よしみ》もそれは同じだった。

「秀才たちが何を言うか、私だってこの年まで生きていれば大方の見当はつく。たぶんそれは全部正しいにちがいないのだ。けれども正しいことが歴史を動かしたという経験は身にしみて私には一度もないのをいかんせんやだ」

一九六三年一月十八日の日記に竹内はこう書いた。この時、竹内は五十二歳。

「否定の方向からでも真理に到達できると思い込まなければ、私にはとても学問研究はやれないし、究極の目標として沈黙を設定するのでなければ、言論活動などできたものではない。私のこの癖は死ぬまで改まらぬだろう」

こう述懐した竹内は「日本文学にとって、魯迅は必要だと思う。しかしそれは、魯迅さえも不要にするために必要なので、そうでなければ魯迅をよむ意味はない」とも喝破した。

このユニークな文人の一九六三年三月五日の日記に徳間康快が出てくる。竹内がスキーで怪我をして入院中の病院を訪ねたのである。

「(みすず書房の)高橋さんの後から、アサヒ芸能の徳間社長ほか二名の社員が大きなクダモノ籠をさげてあらわれた。アサヒ芸能である出版企画があって、柿の会の連中が当ることになっている。それに私の名を貸せということで、私は考えた末に承諾した。その世話役が守屋君である。ついては社長がぜひ私に会いたい、という申し入れがあり、私は足が治ってからにしてくれないかと言ってあった。だから突然の来訪はありがた迷惑の感もあったが、話してみると徳間氏はそんな悠長な性格ではないことが納得された。それればかりでなく、彼は畢生《ひっせい》の念願である新聞経営について滔々《とうとう》と熱弁をふるい、私はその意見のほとんど全部に共鳴できたので、この会見は思いがけない愉快なものになった。お蔭で出版の方の話はそっちのけになり、夕食の膳が運ばれたので、この快男子の一行は用談をぬきにして帰っていった」

一九六〇年の日米安保反対闘争で、竹内は時の首相、岸信介に抗議し、都立大学教授を辞任したが、大きな昂まりを見せたデモの中で、「竹内ヤメルナ、岸ヤメロ」という声が渦巻いた。

日記の中に出てくる「柿の会」とは守屋洋《ひろし》ら都立大の教え子たちの会である。この時、「快男子」の徳間は四十一歳。ほぼひとまわり上の竹内に臆せず熱弁をふるって愉快がられている。

それから十四年後の一九七七年三月三日、竹内は六十六歳で亡くなった。その通夜の席で、遺体を前に久野収は号泣したといわれる。同じ一九一〇年生まれの竹内は、久野にとって、深く頼みとする友だった。

その竹内と徳間は見舞いをきっかけに昵懇《じっこん》となる。そして出されたのが『中国の思想』シリーズである。『韓非子《かんぴし》』『墨子』『老子・列子』等、それなりのヒットとなった。

そして徳間は、竹内がオルガナイザーの「中国の会」の雑誌『中国』の発刊を引き受ける。この雑誌は最初、普通社の「中国新書」シリーズの別冊付録として一九六三年に出され、翌年、版元が勁草《けいそう》書房に移って、四十八号まで続いたのを、徳間が引き受け、一九六七年から月刊で発行された。

その記念パーティには、丸山眞男、武田泰淳《たいじゅん》、木下順二、正木《まさき》ひろし、陳舜臣《ちんしゅんしん》らが顔をそろえ、武田が、「徳間書店は、雑誌『中国』を引き受けるということで竹内好という諸葛孔明を得た。ますます日本文化の発展のために尽力してほしい」

と挨拶した。

当時はもちろん日中国交回復前で、この小さな雑誌が国交回復のための地ならしをした役割は決して小さくない。

編集権は「中国の会」にあり、ユニークな六ヵ条のとりきめを掲げていた。
一、民主主義に反対はしない
二、政治に口を出さない

三、真理において自他を差別しない
四、世界の大勢から説きおこさない
五、良識、公正、不偏不党を信用しない
六、日中問題を日本人の立場で考える

私はこの雑誌を購読し、毎号載る竹内のエッセイを愛読していた。

多分、徳間も六ヵ条のほとんどに賛同していただろう。緒方竹虎に熱心に誘われ、自らもかなり心動いていた政治家の夢があった故に、あるいは、二の「政治に口を出さない」には共感しなかったかもしれないが、「世界の大勢から説きおこさない」や、「良識、公正、不偏不党を信用しない」は、そのまま徳間の姿勢でもあった。

『中国』には前掲のパーティ参加者の他、鶴見俊輔、加藤周一、池田大作、郭沫若《かくまつじゃく》、宇都宮徳馬、石垣綾子ら、多彩な面々が寄稿していた。

そして、一九七二年、日中国交回復が成った年の十二月号で、使命を終えたとして休刊したのである。

〝諸葛孔明〟の竹内好は最終号にこう書いている。

「国交回復にともなって、友好または文化交流の条件が変るから、どうしても姿勢の転換が必要である。その必要にどう対処すべきか……これまでどおりやればいい、というのも一見識である。国交回復と未回復とは、いわば現象である。政府はどうあろうとも、おれはおれだ。現象に左右されることはない。一貫性を持続すればいい。そういう立場はありうると私は思う」

と言いながら、惰性を嫌う竹内は『中国』を休刊とし、竹内に「快男子」と称された徳間も、それを諒《りょう》としたのである。

徳間が、竹内だけでなく、書き手をどれだけ大事にしたか。読売新聞の後輩である佐野洋が『徳間康快追悼集』で披露している。題して「最後に徳間さんに会ったとき」。

それは一九九九年春のある日だった。佐野は日本推理作家協会の委員会に出席しながら、時間を気にしていた。

この日、佐野は徳間書店の編集者と打ち合わせをする予定で、二時から始まる委員会は四時には終わるだろうから、四時半に徳間書店を訪ねると伝えていた。

ところが、委員会が終わらない。少なくとも一時間くらいは延びそうなので、途中で編集者に電話をかけ、一時間ずらしてもらえないかと頼んだ。

「一時間ですか……」

編集者が息をのむのがわかる。そして、彼は言った。

「実は、佐野先生が見えると社長に話したところ、外出の予定を変更して、お待ちするということなんです」

それを聞いて佐野はあわてた。

「そう……。わかった。じゃあ、これからすぐに行きます」

大きな出版社の社長が、予定を変えてまで自分を待っていてくれるというのは、佐野にとって四十年になる作家生活で初めての経験だったという。まして、徳間は読売の大先輩なのだ。

しかし、さらに計算が狂う。人身事故があったとかで地下鉄が遅れ、佐野が徳間書店に着いた時には五時をまわっていた。

受付で名乗ると、すぐに編集長と担当者がやってきた。

「間に合わなかった？」

「いや、まだ社長室で待っています」

二人の案内で社長室に入ると、徳間は、

「やあ、しばらく……」

と、あの笑顔で迎えてくれた。

思わず、佐野は、

「ありゃあ、田中角栄みたいですね」

と言ってしまう。

ワイシャツにネクタイ姿ながら、靴下もはかず、素足に雪駄の徳間を見て、角さんを連想してしまったのである。

「何だい、佐野ちゃんもしつこいね。まだ、パーティのことを根に持っているのかい」

徳間に言われて、佐野は
「え？　いやいや、違いますよ」

と弁解したが、首相当時の角栄が徳間書店のパーティに来て祝辞を述べたので、後で佐野が徳間に、

「出版社、ことに週刊誌を出している出版社が自社のパーティにときの総理大臣を招くのは、感心しませんね」

と苦言を呈した。それに対して徳間は、

「でもねぇ佐野ちゃん、前からの友人がお祝いにくるというのを断るわけにはいかないだろう。それに、新聞社だって、総理大臣を呼んでいるよ」

と反論した。

その時の佐野の直言が徳間の心に残っていて、まだ根に持っているのか、という反応になったのだろう。

佐野が徳間と最初に会ったのは三十代で
「そのぼくが、去年古稀だからね」

と嘆いたら、徳間に厳しくたしなめられた。

「年のことを話したり、年をとったなんて考えたらだめだよ。わたしなんか、今も青年のつもりなんだ」

そう語る徳間に元気をもらい、握手をして別れてから一年余り後に徳間は亡くなった。

「いまでも、目を閉じると、裸足に雪駄をつっかけ、広い社長室を、歩き回っていた徳間さんの姿が浮かんでくる」

徳間より七歳下の佐野は追悼文をこう結んでいる。

ずっと敗者復活戦

『潮』の二〇〇〇年七月号で、作家の大下英治の
「若い人ならともかく、徳間社長のお年（七十八歳）になると、冒険はやめておこうというのが普通じゃないですか」

という問いかけに、徳間は、

「いや、僕は若いときから冒険が信条で、僕の生き方というのは『読売』の記者以来、いうなればずっと敗者復活戦なんです。『読売』の時は千五百人受けて六人しか採らなかったなかで採用され、正力松太郎さんの編集秘書までやったんですが、労働争議でクビになり、次に松本重治さんに見込まれて二十七歳で『東京民報』の社会部長になったのはいいんですが、その新聞が左翼的だということでGHQ（連合国軍総司令部）に潰されてしまった。それで次に早稲田大学時代の友人だった中野正剛先生のご子息の中野達彦氏が社長で私が脇で出版社をやった。眞善美社の社名で経営にタッチしました。『綜合文化』という雑誌があったんです。知らないかな。安部公房が編集長で、野間宏、花田清輝、中村真一郎といった人たちが顧問でいたのですが」

と答え、大下が

「懐かしい、歴史に燦然《さんぜん》と輝く名前ばかりですね」

と相槌を打つと、徳間は、

「埴谷雄高の『死霊』なんか、二千部発行して、千五百部も残っちゃって（笑）。ドストエフスキーのような、一日か二日の出来事を延々と書いても売れるはずないんだけどね。でも、いまとなれば価値があるでしょう。ほかにも野間宏の『暗い絵』とか、中村真一郎の『死の影の下に』とか、梅崎春生《はるお》とか田中英光《ひでみつ》とか、いろんな人の作品を出版したんです」

と回顧している。

大下の言うように、「すごい」けれども、当時は全然売れず、そのため、毎日が争議で、徳間は鍛えられた。敗れてばかりだったが、しかし、戦いをやめなかったことが徳間康快という人物をつくったのである。

大下は徳間の伝記小説を書く予定だった。徳間も承知し、少し待ってくれと言われていたのだが、このインタビューから一年も経たずに徳間は亡くなってしまった。多分、徳間は大下に自分の病気を隠していたのだろう。

それを考えると、大下と徳間の次の遣り取りが痛々しい。

「失礼ですが、徳間社長の年齢にして、どこからそういう斬新な感覚が？」

「こういうのは年齢ではなく、脳細胞の問題なんです（笑）。脳細胞というのは使わなければ老化するけれども、使えば進化するんです」

「徳間社長は進化している？」

「僕はまだ苦労の連続で、敗者復活戦を戦っているところですから使用中というところです（笑）」

〝敗戦〟は、梶山季之の『生贄』のように途中で増刷を見合わせるという形でも表れた。しかし、それでも『生贄』は刊行はされたが、ゲラ刷りにまでなりながら挫折せざるをえなかった本もあった。現実に挑んでいれば、連戦連勝はありえない。それが七勝三敗となるにせよ、二勝八敗となるにせよ、敗戦はやむをえないのだと私は思う。要は、それでも敗者復活戦をやりつづけたかということなのである。徳間の人生は、ある意味で、ずっと敗者復活戦だった。

徳間の〝敗戦〟の一つに、私は大学時代のゼミの同期生で徳間書店に入った守屋弘の縁で関わった。当の守屋は忘れてしまったというのだが、一九八〇年のある日、守屋がゲラ刷りの束を持って訪ねて来た。株式評論家の安田二郎が書いた小説『マネー・ハンター』のそれである。

守屋によれば、『問題小説』の一九七九年二月号から十二月号まで連載されたこの作品は、そのまま、徳間書店から出る予定だったが、小説に出てくる「M証券」から圧力がかかってストップしたという。野村証券を思わせる「M証券」は、では、何が恐かったのか。

「うだつの上がらぬ株の予想屋」である主人公の工藤は、作中で、知り合いの雑誌記者に次のように言う。

「大衆投資家にとって暴落は常に予期せぬ出来事なんだ。しかし、内部事情に精通している者にとっては、それが計画的な演出であることは否定出来ない。熟柿の落ちる如く見せかけているが、最後の一瞬には、その幹に手をかけて樹をゆさぶる者がいる。相場水準を過当なまでに押し上げて来た連中と、それを一瞬のうちに暴落させる者とは同じ人間たちである場合が多いのだよ」

損失補塡などの証券スキャンダルが発覚する前の作品である。「M証券」には、こうした構造への鋭い洞察と、それに基づく証券界の相場操作の具体的な指摘が恐かった。

そのころ、経済小説についての評論家の看板を掲げ始めていた私は、これを読んで衝撃を受け、小さいながら硬派の出版社である亜紀書房に持ち込んだ。同社の棗田金治《なつめだきんじ》社長も感心し、一九八〇年暮れに『経済小説　兜町《シマ》の狩人《ハンター》』と改題されて刊行され、話題を呼んだのである。

兜町の近くに事務所を持つ安田二郎が近所で飲んでいた時、大手証券の社員らしい何人かのグループが、

「アイツが証券界の悪口を書いているヤツだ。一発殴ってやろうか。でも強そうだな」

とヒソヒソ話をしているのが聞こえてきたこともあったという。

この作品をはじめ、次々に刊行された安田の小説は、大手証券では、さわってはならないハレモノのようになっていた。個人的なモデルのない小説なのに〝危険視〟されることについて、いまは亡き安田はこう

語っていたものである。

「主人公が株で損したとか儲けたとかいうことじゃなくて、証券界そのものが持っている構造的な恥部や暗部を描いているからだろう。個人的中傷なら、名誉毀損で告訴するか、あれはオレじゃないと言えばいい。しかし、構造だから、それはできない。それで、全証券界、証券機構そのものに対する告発として受けとめることになる。オレは、証券界は本来の投機市場としての再生を考えたらどうか、と言っているだけなんだがね」

これから数年して、総会屋に食い込まれていた野村証券はトップが一斉に失脚することになる。

『問題小説』には、ほぼ同じころ、スパイ小説作家の中薗英助《なかぞのえいすけ》の『小説円投機』も掲載されたが、同誌の編集長を務めた山下寿文は、徳間書店にとっては西村寿行《じゅこう》の貢献が大きい、と語る。映画化されて、特に中国で大評判となる『君よ憤怒《ふんぬ》の河を渉《わた》れ』も西村の作品である。

『徳間康快追悼集』には、同じ西村でも、寿行ではなく京太郎が、徳間の反骨を示す逸話を書いている。

西村京太郎と山村美紗《みさ》は知る人ぞ知るカップルだったが、京都での二人の誕生パーティには、徳間は必ず出席してあいさつしたという。京太郎は、まず、その声の大きさに驚かされた。以下、作家の筆で、京太郎の描く徳間像を紹介しよう。

「普通、出版社の社長さんというのは、たいてい、声が低く、慎重に話をされるのだが、康快さんだけは別だった。珍しく、講演が大好きな方だったのである。

その話も、当意即妙というか、あれあれという間に、脱線してしまう」

それは、山村の長女、紅葉《もみじ》の結婚式でフルに発揮された。

山村は作家で、テレビドラマの原作者でもあり、紅葉側の来賓は出版関係や芸能人で占められた。一方、新郎は大蔵省のエリート官僚だったので、大蔵省のお偉方が多い。

そして、式が始まり、来賓のあいさつになって、徳間が指名された。あいさつのうまい徳間が最初に話すことに決まっていたというが、いつもの大声で祝辞を述べ始めた徳間が、終わると思っていたところで、突然
「この席に、大蔵省の方が多数おいでになるので、ぜひ、申し上げたいことがある」

と、消費税の話を切り出した。

このころ、消費税の導入が問題になっていて、出版社は大反対していた。

京太郎は、最初から徳間が消費税の話をする気はなかっただろう、と推測する。

しかし、式場へ来て、大蔵省のお偉方の顔を見ているうちに、この際、一言いっておかなければ、と徳間は思ったに違いないのである。

最初は苦笑しながら聞いていた大蔵省の幹部たちも、これは困ったことになったと、あいさつでは、お祝いの言葉もそこそこに
「ぜひ、消費税の導入にご理解を」

と話し始めた。

その後は、反対と賛成が交互に入り乱れて混戦である。

口の悪い俳優のYなどは、

「役人は頭が悪いから、こんな悪税をつくるんだ」

と罵倒し、新郎側はひたすら、

「消費税にご理解を」

と言い続ける珍妙な結婚式になった。

このエピソードを披露しながら、京太郎はこう結ぶ。

「もし、最初のあいさつが他の人だったら、多分、消費税の言葉が、飛び交うことはなかったろう。それを考えると、康快さんという人は、自分を抑えられない人だったと思う。いいたいことはいう人なのだ。私は、たまたまその性格を、この結婚式で、かいま見てびっくりしたのだが、この性格で、康快さんは一生を貫いたような気がする。自分が、正しいと思ったことは、周囲には気がねなんかしないで口にするし、実行する。時には、それはためいわくだが、それを貫き通すというのは豪快でもある」

異色官僚との交友

一九七三年五月号の『中央公論』に徳間の「われ新聞界に挑戦す」が載っている。この「挑戦」についてはのちに書くが、そこで徳間は「隠れたほんものを探し、にせものを叩くことにこそ、ジャーナリズムの使命がある」とし、ほんものの人間として、「竹内好先生、通産省におられた佐橋滋《しげる》氏、正木ひろし氏、梶山季之氏といった人々」を挙げている。

竹内好や梶山季之と徳間の関わりは既に書いたし、戦時中に個人雑誌『近きより』を出して軍国主義と官僚主義を指弾しつづけた反骨の弁護士、正木ひろしを徳間が推奨するのも何の不思議もない。しかし、「通産省におられた佐橋滋氏」を挙げているのには驚いた。

「ボクのことはサタカ君の方がよく知っている」

こう言われるほど、私は異色官僚の佐橋と近かったからである。徳間に不意をつかれた思いだった。しかし、言われてみれば、よく似ている。ある種の奔放さと、それと反するように見える含羞《がんしゅう》。多分、佐橋についての形容はそのまま徳間に当てはまるのだろう。

佐橋を主人公のモデルとして城山三郎は『官僚たちの夏』（新潮文庫）を書いた。それは中村敦夫や佐藤浩市が演じてテレビドラマ化されたが、佐橋は徳間が嫌いな役人らしくない役人だった。文字通りの異色官僚である。

小説を書き終えた後で城山は佐橋と対談しているが、小説を書く場合、城山は原則としてモデルには会わない。小説の人物は自分がつくった人間であり、そこへ実在の人物が入ってくると、せっかく創造したイメージがこわされてしまうからである。

「取材の過程でお会いしなくてよかったと思った。もしお会いしていたら、私がふくらませた主人公のイメージが、強烈な個性にねじふせられたに違いない」

城山は『週刊朝日』の一九七四年十二月六日号で、こう振り返っている。

城山は「剛速球一本やりの佐橋流」は現在でも通用するかどうか、ちょっと疑問が残る、とも言っているが、それについて佐橋自身は、

「オレは香車《きょうしゃ》のように、まっすぐ進むコマではない。もっと複雑に動けるコマだ」

と苦笑していた。

しかし、風越信吾こと佐橋滋は、この小説をときどき読み返していたのである。中でも、次のシーンは鮮

明な写真のように瞼にやきついていた。

〈風越は須藤の前につめ寄り、大声で浴びせかけた。

「大臣、それでも、あなたは実力者なんですか」

次官室の空気は、動きを止めた。次官も局長も、はらはらして二人を見守る。須藤は、大きな眼で、じろりと風越を見上げた。爆発寸前の目の色であったが、それでも、須藤はふみとどまった〉

佐橋自身の著書『異色官僚』（ダイヤモンド社、のちに徳間文庫）にもはっきりと書かれているこのシーンを、佐橋はつい昨日のことのように思い出すことができた。

佐橋は当時、通産省（現経済産業省）の企業局長で、須藤のモデルの実力通産大臣は佐藤栄作だった。産業公害を防ぐために工場立地の計画化を図る新政策に、予算折衝の段階で、佐藤があっさりと降りてしまったので、佐橋がフンマンをぶちまけたのである。

ようやく踏みとどまった須藤こと佐藤が、

「……そんなに怒るな。その代り、他で少しイロをつけさせた」

と、なだめたのに対し、

「あの予算に代りも何もありませんよ」

と風越こと佐橋はあくまでもニべもなかった。

「味方まで沈めてしまう」と中山素平《そへい》（元日本興業銀行会長）に言われた、当時の佐橋の面目躍如である。

こうした「強気」は、大臣は行きずりの雇われだが、自分たち官僚にとっては、通産省は生き死にの場所なんだ、という強烈な自負心から来ていた。佐橋はいつも辞表をフトコロに呑んで全力投球したのである。

「おれは、余力を温存しておくような生き方は好まん。男はいつでも、仕事に全力をあげるべきなんだ」

佐橋は口癖のようにこう言っていたが、こんな役人はほとんどいない。残念ながら、だから佐橋は異色官僚だったし、異色官僚として現在にも語り継がれている。

佐橋が重工業局の次長の時、通産大臣の高碕達之助《たかさきたつのすけ》と衝突したことがある。高碕は当時、東洋製罐《せいかん》の社長だった。

東洋製罐はアメリカの技術を導入し、独占的なシェアを誇っていたが、ある製鉄会社が別の技術導入を意図すると、佐橋は、それはいいことだとして、東洋製罐の競争会社をつくらせようとした。しかし、大臣が同社の社長なのだから通るはずがない。案の定、大臣も次官もダメだという。

佐橋は眼をむいた。

「それなら次官とも大臣とも決裂だ。おれはこれは何としてでもやる。それがどうしてもお気に召さないなら、おれの首を切れ。その時、おれはこういう理由で首を切られたと世間に公表する」

そこで次官は、

「佐橋はどうしても言うことをきかない。首を切ったら、もっと大きな問題になる」

と大臣に言って、結局、大臣も折れた。

「どうしてもこの筋を通さなければならないと思えば、新聞にでも公表して国民に判断してもらう」という、いわば〝民意を背景にした抵抗の原理〟を佐橋は持っていたのである。官僚には、とかく傲岸な男が多いが、佐橋は違った。ノン・キャリアの登用を図ったことでもわかるように、人間を差別しない人間だった。

「事務次官で印象深いのは、なんといっても佐橋さんですね。帰りがけに巡視の部屋にふらりと入ってこられるんですよ。いろいろ世間話をしました。時にはわれわれの焼いたメザシなどをつまむ、ほんとうに親しめる人でした」

これは通産省の巡視長だった石田角次郎《かくじろう》の回想である。

「ぼくは役人の時にいばりくさっていたように思われていますけど、そういうふうにとられるのはちょっと心外で偉い人に不必要に頭を下げなかっただけです」「あとはとにかく自分の部下であろうとなんであろうと、これはまったく気分的に対等であって、民間の言うことでも、役人の言うことでも、とにかく対等で聞く」

拙著『「官僚たちの夏」の佐橋滋』(七つ森書館)に入れた久野収との対談で、佐橋はこう語っている。

では、この異色官僚と徳間を誰が結びつけたのか？　いろいろ尋ねたが、わからない。それで私は、平凡出版(現マガジンハウス)の岩堀喜之助《きのすけ》だろう、と見当をつけた。徳間書店の宣伝部長だった和田豊も、岩堀でまちがいないと思う、と言う。

佐橋が『岩堀喜之助を偲ぶ』という追悼集に「大浪人の風格」として書いている通り、佐橋と岩堀は「全く違った分野で生きて来た人間」で、普通ならつながりができそうもない。「縁なき衆生で終っても、ちっともおかしくない」間柄だった。

ところが、佐橋が政争のあおりを食って特許庁長官に左遷された頃、岩堀が突然、司馬遼太郎の『竜馬がゆく』(文春文庫)を持って、佐橋を訪ねる。面識はなかった。

「竜馬の生き方はあなたに似ていると思うから、これを読んでみなされ」

岩堀はこう言って帰って行った。

佐橋はこの本を一気に読み、爾来、司馬遼太郎ものに取りつかれる。そして同時に、岩堀喜之助という「大浪人」とのつきあいも深くなっていったのである。深まりの手段はマージャンだった。

岩堀については、久野収もこんな印象を語っている。

ＮＨＫの座談会で一緒になった時、帰りの車を断って久野が電車に乗ったら、岩堀も乗って来た。それで久野が、

「忙しいのに、どうして車で帰らないんですか」

と尋ねると、久野と同い年の岩堀は、

「久野さん、ぼくたちのように大衆と等身大の立場で、大衆の目線で編集している編集者は、車に乗っていたらだめなんです」

と言った。そして、

「始終乗っていると、つい読者大衆を見下ろす結果になり、等身大の立場、大衆の目線で編集している『平凡』という雑誌ではまずいんです」

と穏やかに付け加えたので、久野はえらく感動したのだった。

同じ出版人として、もちろん、徳間は岩堀とつきあいがあったし、こうした姿勢の岩堀を先輩として徳間は尊敬していただろう。その縁で岩堀に佐橋を紹介してもらったと考えるのは不自然ではない。

佐橋と徳間の交友に私は快哉《かいさい》を叫びたくなった。佐橋の部下だった元大分県知事の平松守彦は、佐橋を、むしろ女性的な人だと言う。それは字を見ればわかると言い、その神経の細やかさを指摘した。

「佐橋さんは孤独に強い人です」

とも言ったが、徳間も孤独を好んだと証言する人は多い。

「佐橋さんは部下に殉ずる人でした」

平松はこうも語り、これはと思った若い人には命を預ける感じだった、と続けた。

これも徳間と共通する性向だろう。

佐橋は死ぬまで非武装平和を主張し、政財界人を閉口させたが、そんな佐橋に、私は学生時代は赤線に通ったんでしょうねと尋ねたら、

「いや、母親の言いつけを守って一度も行かなかった」

と答えて顔を赤らめた。

伊藤淳二をめぐって

徳間もまったく編集に介入しなかったわけではない。時に大権を発動した。

一九七〇年代に『アサヒ芸能』の編集長だった加藤博之は、その時のことをこう語る。

「加藤、アレ降ろせ」

徳間から、そう電話がかかってきたのは深夜の午前二時だった。

「お前は編集長だが、社長はオレだ」

徳間はそう言って、鐘紡の記事を降ろすよう指示した。やむなく加藤は別の記事に差し換えたが、中吊りの広告は変えることができず、チグバグなままに出た。

城山三郎の小説『役員室午後三時』（新潮文庫）の主人公のモデルともなった鐘紡の元社長、伊藤淳二と徳

間は親しく、伊藤は『徳間康快追悼集』にこんな一文を寄せている。題して「懐かしい人、徳間さん」。伊藤の肩書は「カネボウ株式会社名誉会長」である。

新社屋が建った時、徳間は伊藤を「あの例の人なつかし気な顔をほころばすようにして」くまなく案内し、社長室から汐留一帯の海まで見渡せる景色を眺めながら、

「伊藤さん、すばらしいでしょう。私はね、時々、ここから海をぼんやりみているのですよ」

と言って微笑んだという。徳間は作務衣《さむえ》姿だった。

そんな徳間に、伊藤は「大変むずかしい条件のある知人の息子」が出版社に勤めたいと言っているのだが、と相談したことがある。

徳間は話を聞いた後、

「分かりました。私がお預りしましょう」

と言った。

本人にも会っていないのにである。

「あなたがいわれるのですから、余程のことでしょう」

と即決した徳間に、伊藤は「いいあらわせぬ感動を覚えた」とか。

現在もそうだが、出版界は就職希望者が殺到して難関中の難関である。

遺憾なことに本人の都合で結果的に折角の徳間の厚意を無にすることとなっただけに、伊藤とその知人の徳間への感謝は深甚のものとなった。

徳間より一歳下の伊藤は、ふとした時に、

「徳間さんと会いたいな」

と思った。

声をかけるとたいてい応じてくれ、料亭でバンドを入れて、はしゃいだこともあった。

「雨の日、身一つで家を出て、この途に入りましたよ」

ある時、徳間にポツリとこう言われたのが伊藤は忘れられない。

その伊藤に、私は連載を潰されたことがある。

一九九二年当時、私は『週刊現代』に「今週の異議アリ」を連載していたのだが、同年六月六日号で、鐘紡では〝忠臣〟ならぬ〝忠犬〟が社長になったと書いたら、二度も配達証明の抗議文が届いて、結局、連載は中止となったのである。

新社長が記者会見で、

「入社以来、歩き方まで伊藤会長に教わった」

などと言ったから、そう皮肉ったのだが、資生堂と並ぶ化粧品業界の雄だった鐘紡に、女性誌をもつ出版社は抵抗できなかった。

鐘紡は私がやはり連載していた『週刊東洋経済』にも圧力をかけた。しかし、同誌の編集長はそれに屈せず、私は同年の九月五日号で『週刊現代』の連載を中断された経緯を記し、さらに、イワクつきの雑誌『経済界』の主幹、佐藤正忠《せいちゅう》が『伊藤淳二の研究』という本で、城山の小説を批判していることに反論した。

佐藤によれば「その主人公は、労組を自分の味方にして、クーデターで社長の座を射止めていくというストーリーだが、これはまったくのフィクションである。私が会ってみた伊藤は、人間として大きくて、なんとも表現し難い魅力を感じる存在であった」という。

それで佐藤が、伊藤に、

「あなたは、ずいぶん誤解されていますね」

と言ったら、伊藤は、

「城山さんの本ですか」

と笑ったとか。

そして佐藤は〝徹底取材〟して前記の本を書いたのだが、「そこには、城山三郎の作品とは余りにもかけ離れた世界があり、人間・伊藤淳二がいた」とし、城山に次のような注文をつけている。

「小説家が作品を創造するのは自由である。しかし、モデルとされる側の迷惑に対し、何かしら配慮するのが小説家の作法ではなかろうか」

これを読んで、私は「問わず語り」という言葉を思い出した。城山は別に、この作品のモデルが伊藤だと吹聴しているわけではない。それを、こうまで力んで否定するのは、むしろ当たっている部分が少なくないからではないか。

鐘紡の社長を十六年間もやり、日本航空の会長となっても鐘紡の会長をやめなかった伊藤を、私は佐藤のように「立派な人物」だとは思わないが、ともあれ伊藤は、佐藤正忠からは「正解」され、城山三郎からは「誤解」されたということになる。

この話はそれからも何度か話したり書いたりしてきたが、『噂の眞相』編集長の岡留安則との対談で語ったのが伊藤の目に触れたらしく、連載ストップ事件から十四年後の二〇〇六年十月十九日付で、突然、伊藤から私のもとに次のような速達が届いた。

時節のあいさつ等は除いて、直線の多い達筆のその手紙の枢要な部分だけ引く。

「当時はもとより、私の社長就任（昭和四十三年）以前より、一部社内あるいは一部社外マスコミにありました非難、批判にありました記事等による事実の誤聞、誤認ではないかと存じました。

当時は、会社の広報部門が一切を取りしきり居りました結果、貴下と私は一度も面識面談の機会を得ないままとなりました。私に関して貴下の御考えが、何か誤解によりその儘《まま》に打ち過ぎるとすれば、甚だ残念に存じます。

私に関して如何なることにせよ、ご疑念の点がありますれば、直接お会いしておたづね頂けば、何なりとも率直にお答え致し度く存じます。

貴下は私と同じ慶応義塾の同学とお聞きしました。同じ福澤門下生として、もし誤解のまま打ち過ぎ、何の話し合う機会がないことは如何にも心残りと存じます。

出来ますれば貴下のご都合よき日時場所をご指定頂き、私が直接出向きまして、お会いした上、何なりともご質疑にお応え致し度く存じます」

追伸まで含めて便箋六枚のこの手紙に私は返事を出さなかった。いまさら何だと思ったし、広報に一切を任せていたからという言いわけにも腹が立ったからである。

しかし、批判されて、直接こういう手紙をよこすトップはほとんどいない。ということを考えれば、伊藤にも徳間が斟酌《しんしゃく》するような魅力はあったのだろう。

会って、徳間の話など聞いておけばよかったなと、いまは思う。

徳間は、部下の加藤博之に対しては強権を発動したが、私には一度も筆に手心を加えるようにとは言わなかった。

徳間を父と慕った徳間ジャパンの三浦光紀と一緒に何度かごちそうになった際にも、

「佐高さんはいまのままでがんばれ。君のような人が必要なんだよ」

と、むしろ励ましてくれた。

伊藤淳二だけでなく、住友銀行のドンだった磯田一郎など、徳間と関わりの深かった人を私は激しく批判したが、徳間はそれにブレーキをかけるようなことはまったく言わなかったのである。

伊藤は「追伸」で、石橋湛山が福澤諭吉の熱烈な崇敬者であったとし、湛山の著書の一節を引いてきた。

「他人の行為の批評は、その明らかに指摘しうる確かなる事実を基礎とすべきもので、容易にその心事に立ち入って揣摩憶測を逞しうすべきものではない。誉むるにしても腐すにしても勝手に推断さるる者の迷惑はもとより、動もすれば推断する者もその心の程を見透されて余り好い結果は生ぜぬものである」

私が『湛山除名』（岩波現代文庫）という湛山の評伝を書いていることを知って、伊藤が「追伸」してきたのかどうかはわからない。

しかし、湛山は山県有朋が死んだ時、「死もまた社会奉仕」と言い放った人である。敢えて言えば、「端摩憶測」でも批判は必要と考えていたジャーナリストだった。自分への批判は「勝手に推断」したものだなどと思い上がる人ではなかった。私が伊藤に返事を書くとしたならば、湛山の次の一節を引いたかもしれない。

「山県有朋公は、去る一日、八十五歳で、なくなられた。先に大隈侯を喪い、今また公を送る。維新の元勲のかくて次第に去り行くは、寂しくも感ぜられる。しかし先日大隈侯逝去の場合にも述べたが如く世の中は新陳代謝だ。急激にはあらず、しかも絶えざる、停滞せざる新陳代謝があって、初めて社会は健全な発達をする。人は適当の時期に去り行くのも、また一の意義ある社会奉仕でなければならぬ」

伊藤と違ってソニーの盛田昭夫《もりたあきお》は、批判は必要と考える人だった。〝ソニーのイメルダ〟と妻まで批判した私のインタビューを盛田は受けたからである。

「僕と同い年のとり年で公私共に親しい面白い人物がいるんだよ。勉強になるから彼のところに行って話を聞いてきなさい」

盛田にこう言われて、のちに社長になる出井《いでい》伸之は徳間に会った。

念願の日刊紙『東京タイムズ』

一九七二年秋の「牝馬東京タイムズ杯」のレースで、徳間が馬主だった競走馬トクザクラが優勝した。徳間に優勝杯を渡したのは当時の『東京タイムズ』社長、岡村二一《にいち》である。同盟通信社出身の岡村は経営不振で困っていた。それで、これを機に徳間に買収してくれと持ちかける。

徳間の周囲はすべて反対だった。毎月何千万円もの赤字だったからである。そんなものを抱え込むのは無茶だという声を振り切って七三年春に徳間はこれを引き受ける。新聞記者から出発した血が騒いだのだろう。

その経緯を徳間は七三年五月号の『中央公論』に書いている。題して「われ新聞界に挑戦す」。

それによれば、『東タイ』引き受けには反対の声が渦のようにわきおこり、徳間書店を中心に徳間が経営している大小十六の事業の全社員が絶対反対の意向を表明したという。

しかし、『アサヒ芸能』をはじめとして、徳間が頼まれて経営を引き受けた会社は、すべて『東タイ』のようなものではなかったのか。

徳間はこう反論し、徳間書店を軸として傘下に収めている事業を列挙する。

徳間美術サロン、現代史資料センター出版会、理研映画、理研CM、徳間音楽工業、ダン音楽事務所、徳間音楽出版、真善美画廊、新光印刷工業、登別徳間ビューホテル、ミヤコトラベルサービス、国際経営センター、大徳開発興業、徳間貿易、徳間牧場。

これらの事業を拠点として新聞発行を企図してきた徳間は、『東タイ』からの話がなくとも、自力で日刊紙を出すつもりだった。

そこへ舞い込んだ話に徳間は乗ったのである。もちろん、競馬の縁だけで乗ったのではない。読売新聞の先輩の竹井博友に頼まれて力を貸した『日東新聞』が創刊一年で潰れた時には社屋もろとも岡村に引き取ってもらったし、徳間にとって岡村は「尊敬する数少い大先輩の一人」だった。松本重治に請われて手伝った『東京民報』は『東京タイムズ』の印刷会社で刷ってもらっていたのである。

昂揚した徳間は「『東京タイムズ』に自分の後半生を賭けた」と言い切っている。「われ新聞界に挑戦す」の宣言の部分を引く。

「はじめから日刊紙発行を頭に描いて十六の布石をしてきたのである以上、『東タイ』は十七番目の私の事業であり、最後の事業になることは間違いない。いままでは各個に分散されていた戦力を、『東タイ』に集中する。もはや私の事業団の中心は『東タイ』であり、私は毎日東京タイムズ社に出勤する。徳間事業団のすべてを『東タイ』に投入する。『東タイ』が潰れるときは、徳間事業団すべてが潰れるときだ」

徳間は『東タイ』に、日本でまだあまり成功していないクオリティ・ペーパー（高級紙）としての特色を盛り込みたいと考え、フランスの特色ある新聞『フィガロ』をめざそうとする。それで、具体的にこう抱負を述べる。

「いまの『東タイ』の紙面から、競艇、競輪の記事を追い出し、文化欄、とくに教育問題に力を入れていく。政治、経済、外交面の記事も、ひらがなを多くして、平易で読みやすくする。そしてその中心に社説がすわることになる。社説こそ新聞の顔であるからである」

そのころ、徳間が最も注目していた新聞は『赤旗』だった。日本共産党の機関紙らしく、一つの物差しを持っている。その主張をすべて是としているわけではないが、『赤旗』なりの判断基準を持っていることが貴重だと、徳間は思った。

同年六月七日、徳間の『東京タイムズ』社長就任披露パーティがホテルオークラで開かれ、時の首相、田中角栄が出席する。

もともと、徳間は、自分はもちろん、来賓の祝辞も一切遠慮するつもりだった。

代表取締役社長と編集局長兼任の徳間は、「編集局長は語らず。ただ紙面が語るのみ」をモットーとしており、お礼の言葉を述べる予定もなかった。田中の秘書官からも、パーティには出るが、あいさつはしない、と連絡があったという。

ところが、千六百人もの人垣を縫って正面のステージに歩み寄った田中に、司会者が、

「総理、ひとこと」

と水を向けるや、田中は、

「ウン、ウン」

と頷き、マイクをつかんで登壇し、

「徳間君は私と同じく新潟県出身の同郷人であり、古くからの友人です。その彼が、このたび、かねてからの念願であった新聞経営に着手されることを心からお喜び申し上げる。社長と編集局長を兼務して自ら陣頭指揮に当たるそうですが、田中批判けっこう、自民党批判も大いにやってください。自民党はつぶれてもいいが(爆笑)、『東京タイムズ』がつぶれたら大変です。そのために、みなさんの力を貸してやってくださ い。ニューヨークに『ニューヨーク・タイムズ』があり、ロンドンに『ロンドン・タイムズ』があるけれども、世界一の人口を擁する首都東京の『東京タイムズ』が一日も早く両タイムズを名実ともにしのぐ立派な新聞になってほしい。今後を大いに注目しています」

と励ました。

このハプニングに会場は割れんばかりの拍手に包まれたが、その感激を徳間は『財界』の七三年七月十五日号に「原敬以来の野人宰相としてあまねく知られる田中角栄首相の面目、まさに躍如たるその姿を身近に接し、私の胸中は、澎湃《ほうはい》として湧き上がる熱いものに満たされていた」と記している。

しかし、大手紙を中心とする新聞界の壁は厚かった。前記の「われ新聞界に挑戦す」で徳間は、「ことをなすには、プロフェッショナルよりも、よごれに染まらない若く無名で貧乏な人が大きな原動力になる」と言い、「今回の『東京タイムズ』建直しにあたっても、いまの陣営で十分だと思っている」と続けているが、ある程度の専門家をそろえる余力はなかったというのが実情だった。

徳間貿易から最初は出向という形で参加した後藤喜兵衛は、中央公論社の取締役で編集長だった笹原金次郎を専務で迎えたり、朝日新聞から販売のベテランの寺崎道春を副社長で迎えたりしたが、部数を伸ばすことはできなかった、と語る。

それでも徳間は奮闘した。金澤誠の『徳間康快』で、総合デスクの一人だった後藤は当時の徳間を、こう証言する。

「車の中に設置していた自動車電話から、毎日、社長に『後藤君、今日の新聞の頭（トップ）は何だ？』と聞かれ、僕がそれに答える。『ダメだな。（共同通信からの配信でない）自社のネタはないのか。何でもいいから自社のものじゃないとダメだ』とよく言われました。社長がよく言っていたのは、新聞は一報はいらない。起こったことのこれからの見通し、分析、解説なんだ。いろんなことを教えられましたね。また社長は顔が広いので、いろんな情報を持っていて、掲載する内容に関しても自分なりに判断されていたと思います。例えばオウム真理教が総選挙に出たことがありました。広告を取るのは大変だったんですが、選挙広告は広告収入としては大きい。それでオウム真理教からも依頼が来ています、と広告局長が説明したら、社長は『それはダメだ、やめておけ。きっと問題が起こるから』と言っていました。そういう感覚、判断は鋭かったですね」

ちなみに、私が辛口評論家としてのスタートを切ったのも『東京タイムズ』である。一九八二年にフリーになってまもなく、私は同紙の中川六平《ろっぺい》（本名、文男）に依頼されて、「サラリーマン読書学」と題したコラムを連載し始めた。関西財界のボスの日向方齊《ひゅうがほうさい》に嚙みついたり、中曽根康弘を七面鳥と罵ったり、更には『徳間康快追悼集』で徳間を偲んでいる渡部昇一をバッサリやったりと、いま思えば徳間には迷惑だったかもしれないが、一度も注文がついたことはなかった。

それをまとめて『佐高信の斬人斬書』（島津書房、のちに徳間文庫）という本を出した時、私は「おわりに」

にこう書いた。

「この連載をすすめてくれたのは、同紙報道部の中川文男さんだった。いささかの屈折を含みながらも、つねに前向きに生のエネルギーを発散させる中川さんに励まされながら、私は自分の思いのたけを毎週一回、原稿用紙に叩きつけた。だから、ここには露骨すぎるほどに私という人間が出ているはずである。そのために、さまざまに物議をかもしたが、その場合も、中川さんが身体を張ってバックアップしてくれた。中川さんと東京タイムズのスタッフたちの熱い支援がなければ、とても一冊の本になるほどには続かなかっただろう」

中川は同志社大学で鶴見俊輔に学び、米軍基地のある町、山口県岩国市で反戦喫茶「ほびっと」を経営したりしたこともある。

その縁で、鶴見が『東京タイムズ』にコラムを書き、徳間はそれを喜んだという。

しかし、『東タイ』の経営は苦しかった。

労働組合の委員長として団体交渉をする中川に徳間は、

「妾の連れ子のような東京タイムズに、これ以上カネは出せねえよ」

と言い放った。

激しい言葉の行き交う交渉の席とはいえ、刺激の強過ぎるセリフである。

その一方で、七十人の社員を全部会社持ちで熱海のホテル大野屋に連れて行ったりもしている。その夜の宴会で、生バンドの演奏つきで徳間は歌った。

〽時には娼婦のように

なかにし礼作詞作曲のこの歌を唄う徳間は素人離れしていた。

第四章　濁々併せ呑む

梟雄、小宮山英蔵の恩

鈴木東民、松本重治、そして緒方竹虎といった人は青年期に徳間が傾倒した人物だが、壮年期に徳間が世話になった人間の代表格が松前重義と小宮山英蔵《えいぞう》だった。東海大学をつくり、社会党の代議士でもあった松前が表の顔であり、平和相互銀行の創業者の小宮山が、いわば裏の顔である。

〝闇の世界の貯金箱〟といわれた平和相互銀行は〝徳間康快の貯金箱〟でもあったが、梟雄《きょうゆう》という呼称がピッタリの小宮山英蔵とは、では、どんな男だったのか？

一九七九年六月二十六日に小宮山が亡くなり、それから九日後の七月五日に東京は築地の本願寺で行なわれた銀行葬には、元首相の田中角栄が駆けつけた。その前の密葬には、岸信介、福田赳夫《たけお》、中曽根康弘が参列している。

買い占め屋の異名を取った鈴木一久《かずひさ》は、小宮山が平和相互の前身の無尽会社を興す時の協力者だったが、この梟雄について、こう言っている。

「一代で身を起こし、修羅場をくぐり抜けてその地位を築くには、紙一枚の隙間をぬけ目なく見つけ出し、すり抜けすり抜けして向こう岸にたどり着く連続だったでしょう。恐ろしいほど頭の切れる男でしたからな。おれは、生涯、この小宮山英蔵と小佐野賢治、それに横井英樹の三人とだけは、絶対に喧嘩をすまい、と心に決めてきたほどだ。一戦を挑んで、万が一相討ちにすることは出来ても、絶対に勝つことはない。それほど凄い男たちですよ。しかし、その小宮山さんも、アチコチ手を拡げすぎてましたからね。そのしがらみの中で、あれこれ考えると、夜も眠れぬ日がつづいたろう。本人、ああいう男だから、まだ死ぬに死にきれん思いだったろうが、ある意味では、しがらみからも解放された。『英蔵よ、あとのことは考えず、ゆっくり眠れよ』と言ってやりますよ」

その葬儀に歴代の首相が駆けつけたことでわかるように、小宮山英蔵の平和相互銀行と政治家のつながりは深かった。平和相互は〝政治家の貯金箱〟でもあったからである。融資はすべて英蔵の思うがままに行なわれ、危ない融資が多かったが故に、政治家を使って役人を抑えてもらわなければならなかった。そのために献金していたのである。

ただ、小宮山はダーティなばかりの人間ではない。コンピュータがまだ海のものとも山のものともつかぬ時代にＩＢＭのオンラインを真っ先に取り入れるような先駆性も持っていた。

城山三郎と親しかった人物評論家の伊藤肇が『幹部の責任』（徳間書店）で、小宮山の特色を「どんな場合にも小さく固まろうとしなかったこと」と書いている。これは徳間に対する評としても当てはまるだろう。

小宮山は人間の三悪として、「批判はするが実行はしない。責任回避。地位に安住する」を挙げた。これを伊藤は「風雪をくぐりぬけてきた人間でなければ吐けない文句だ」と言う。もちろん、徒手空拳からのしあがってくるためには火の粉もかぶらなければならなかったし、敵も少なくない。

「いい意味においても、悪い意味においても怪物だよ」

こんな小宮山評もあるが、この怪物と徳間は、徳間が新光印刷の社長をしていた時に出会った。

徳間書店の宣伝部長だった和田豊がこう語る。

「平和相互の営業マンが来たので、徳間さんが『お前のところの社長に会わせろ』と言ったんですね。そのころ、徳間さんは『アサヒ芸能新聞』という紙名を買い取るためにカネが必要で、小宮山さんに頼んだ。さすがに、それには融資できなくて、小宮山さんは自分の奥さんの預金を徳間さんに貸したんだそうですよ」

和田が小宮山から直かに聞いた話だという。いきなり、そんな経緯になるほどに、徳間は小宮山から気に入られたのだろう。

その絆は、小宮山の弟の重四郎が衆議院議員選挙に立ち、徳間が指揮をして選挙違反に問われたことから、いっそう深くなる。のちに重四郎は当選して田中派に入るが、それも徳間が差配した。

しかし、小宮山英蔵が亡くなって、徳間はいわば〝無尽蔵の貯金箱〟を失うことになる。とは言え、徳間と小宮山の関係は、一方的に徳間が世話になっているばかりではなかった。ミノルフォンをはじめ、うまくゆかなくなった会社の再建を小宮山は徳間に頼んだからである。

ある時、徳間ジャパンの三浦光紀は徳間に手帳を見せられた。そこには赤字で千三百億円と書いてあり、徳間は三浦に、

「この中の一千億はおれがつくったんじゃない」

と言ったという。つまりは小宮山に頼まれた会社の負債だということだろう。これをめぐって、平和相互を呑み込もうとした住友銀行と徳間は際どい駆け引きをすることになる。

ワンマンの小宮山が死んで内部分裂を起こしていた平相に住銀は目を付けた。住銀はやはり関西の銀行というイメージで、なかなか「全国区」の銀行になれない。「地方区」から脱するためには首都圏に支店の多

い平相を吸収合併してトップバンクになる必要がある。当時の住銀のドンの磯田一郎はこう考え、蔵相だった竹下登に諮った。竹下は竹下で、田中角栄の傘から出て一派を立てるために〝軍資金〟が必要だった。それで、磯田と竹下の気脈を通じた企みが動き出す。しかし、平相には闇の勢力が巣くっていた。政治家ならぬ政治屋たちもそうだが、それ以上にダーティな闇の人間たちが棲息していた。

それで、当時の住銀頭取の小松康《こう》が会長の磯田に異議を唱える。平相の吸収劇をモデルにした大下英治の『総裁選銀行』（双葉文庫）から、その場面を借りよう。

「お言葉をかえすようで申しわけありませんが、平和相互という魚を呑みこむのは、たしかに身はおいしいが、骨も多すぎます。まかりまちがって骨がこちらの喉に突き刺さりますと、こちらの命取りになりかねません」

「わたしは、銀行家としてのプロだ。メリットのない計画を強行はしない。たしかに、他の銀行なら、きみの言うとおり、慎重になるだろう。が、ウチはちがう。うちには、特殊部隊である『融資第三部隊』がひかえているではないか。彼らがいるかぎり、勝算は十二分にある。特殊部隊をつかって安永産業（安宅《あたか》産業）を巧妙に料理できたことは、わたしときみが誰よりも知っているじゃないか」

〝政治家の貯金箱〟といわれた平相を〝竹下の貯金箱〟にしようとした竹下のもくろみと磯田の野心が組み合わさって、紆余曲折はあったが、住銀による平相呑み込みは達成された。

しかし、問題は、平相という〝おいしい魚〟の〝多すぎる骨〟だった。その処理のために川崎定徳《ていとく》社長の佐藤茂らが駆り出される。

ある日、徳間は三浦光紀を連れて佐藤を訪ねた。受付で、お名前をと言われ、三浦が書こうとすると、徳

間が、

「こういうところで書くものじゃない」

と止めた。多分、徳間は、フィクサーの佐藤の下に自分が来たという証を残したくなかったのだろう。

私の推測だが、この問題で、徳間は最初、伊坂重昭ら、いわゆる平相自立派四人組に与《くみ》していたと思われる。しかし、竹ちゃんと呼ぶほど近かった竹下登の意向も汲み、住銀合併派に徐々に自分のスタンスを移していったのではないか。その過程での佐藤茂訪問であり、とりわけそれは知られたくないことだった。

もちろん、徳間にも思惑があり、合併が成功したら、千三百億円の負債の一千億円分、すなわち、自分がつくったのではない負債の返還は求めないという内意を住銀から得ていた。

しかし、合併が成立するや、住銀は徳間に対して、そんな約束事は知らないという顔をする。「オレはだまされた！」という徳間の最期のころの口癖は、このことをも指していた。

平相合併に反対した住銀頭取の小松康が、合併が止むを得ないなら、少しでも闇の世界との関係を絶ちたいと動き始めたことも影響していたかもしれない。但し、小松の動きは、闇の世界が反発して、住友銀行東京本店糞尿弾事件を起こしたことによって中断される。本店に糞尿がバラまかれて会長の磯田が狼狽し、いきなり頭取の小松の首を斬ったからである。

こうした波紋を描きながら、平相を呑み込んだ住銀はスタートし、徳間はその貯金箱を失った。

のちに『アサヒ芸能』の編集長となる加藤博之は入社二年目の時に徳間に呼ばれ、

「お前、代議士の秘書にならんか？」

と言われた、と回想する。

選挙参謀として采配を振った小宮山重四郎が落選したのは、いい秘書がいなかったからだと思った徳間は、加藤にそう尋ねたのである。

「わかりました。やりましょう」

と一度は答えた加藤だったが、それから三日三晩、悶々《もんもん》として眠れぬ夜を過ごし、一週間後、徳間に会って、

「ありがたい話でいったんはお受けしましたが、やはり編集者への夢は捨てきれません」

と断った。

「そうか、わかった。君がそう言うなら仕方がない。誰か川越近辺でいないか?」

と徳間は改めて尋ねた。それで加藤は川越高校の同級生で埼玉新聞に勤めていた長尾武を推薦し、長尾が重四郎の秘書となる。次の選挙から当選を重ねた重四郎は郵政大臣にもなった。

反骨の傑物、松前重義との縁

小宮山英蔵も怪物だったが、松前重義は怪物的傑物だった。徳間は怪物的要素をもった人間とのつきあいが多い。もちろん、徳間にも十分にその要素があったからである。

自らを清濁ならぬ濁々併せ呑むと評した徳間以上に闇の世界とも深く交わりながら、なお庶民派政治家としての人気を失わなかった河野一郎も怪物的傑物である。官僚出身者に対抗する党人派のスターは、田中角栄が登場するまでは河野だった。

徳間書店の宣伝部長だった和田豊は、徳間にとって河野は、朝日新聞記者から政治家になったという意味

で、自分のたどる一つのコースを示唆する存在だった、と語る。徳間もまた、緒方竹虎や河野のように、新聞記者から政治家への道を考えていたことがある、というのである。

それを思えば、『河野一郎自伝』が徳間書店から出るのは必然だった。著者が河野で、発行者が徳間、そして編者が伝記刊行委員会のその本は一九六五年十月三十日に出ている。

河野は同年の七月八日に六十七歳で亡くなったから、没後まもなくである。

「あとがき」を引いておこう。

「本書のなりたちは河野一郎氏が口述した話の筆録部分をもとに、生前由縁《ゆかり》のあった人たちの談話、各種資料を按排《あんばい》して、構成したものである。

しかし、石橋（湛山）内閣成立以降、安保条約改定、新党問題等、戦後史の重要場面については、河野氏の突然の物故により、口述の中止を余儀なくされた。したがって、自叙伝の内容は、日ソ交渉までにとどまり、完璧を期し得なかった。これは編者としても、不測の事態であった。

なお、本書の談話取材については、徳間書店編集部の吉田光男、栃窪宏男《とちくぼひろお》が当り、全体の構成、筆録は栃窪が担当した。また、いっさいのアレンジについては、自民党代議士藤尾正行氏にご面倒願った。（伝記刊行委員会）」

さて、松前重義である。

河野より三歳下の松前は一九〇一年十月二十四日、熊本に生まれている。中学、高校時代は柔道で鳴らし、東北帝大工学部電気工学科に学んだ。卒業後は逓信省に入り、内村鑑三に傾倒して、その著『デンマルク国の話』に感銘を受ける。

松前の『松前重義わが昭和史』（朝日新聞社）で、松前の長男、達郎の妻、節子が、義母の信子は、義父の重義からプロポーズされた時、

「結納の代わりだ」

と言って聖書を渡されたそうです、と証言している。

「家のお父さんは武骨な人だから」

と言いながら、信子はその聖書をとても大切にして繰り返し読んでいたとか。

松前は前掲書で「デンマークの宗教思想家グルントウィヒの存在を知ったことが、その後の私の人生の方向を決めることになった」とし、その理由をこう語っている。

一八六四年にデンマークはプロシャ、オーストリアと争って敗れ、肥沃な南部二州を奪われた。残された土地は荒地と離島群で、民心は荒廃し、デカダンスな空気に包まれた。

『デンマルク国の話』によれば、その時、ダルガス父子の信仰と植林事業によって、自然はよみがえり、敗戦国デンマークは見事に復興したが、その基盤をつくったのがグルントウィヒが創始した「国民高等学校」の教育だったという。グルントウィヒは、精神の自立を重視した全人的教育を基礎とする協同主義的な農業振興が必要だと考え、各地に私塾的な国民高等学校をつくり、農村青年の教育を行なったのである。それが協同組合に基く酪農振興の道を開いた。

一九三七年に松前が東京の三鷹に開いた望星学塾は、もちろんその影響を受けている。

そんな松前の運命が暗転するのは一九四一年の東条英機内閣発足を機としてである。

松前自身が認めているように、技術者だった松前は、東条に楯突くような立場にはいなかった。しかし、

一九四〇年に大政翼賛会の総務部長を引き受けたことで、政治に巻き込まれていく。松前によれば、大政翼賛会は結成当初は「国民全体の盛り上がる政治力を結集して、亡国の道を突進する軍部の独裁政治を食い止め、日本の進路を正常たらしめる理想と意図をもって発足した国民連合体」だった。ところが、その後、まさに「亡国の道を突進する軍部の独裁政治」を盛り上げるものとなってしまう。

その過程で、松前は東条の腹心の武藤章《あきら》（陸軍省軍務局長）から呼びつけられて脅された。翼賛会の各地方組織の支部長を民間人にしようとした松前に武藤は、

「いまや非常時である。民間人など命令に服従させておけばよいのだ」

と言い放つ。

「冗談じゃない。国民の国を愛する気持ちが下から盛り上がってこそ、国威も発揚できる。上からの統制だけでは、翼賛会は政府の御用団体に陥るだけだ」

と松前が反論すると、武藤は、

「何を言うか。君は赤か、国民の勝手な声など聞く必要はない。われわれに反対する赤はひっくくってしまうんだ」

と怒鳴った。

それでも松前は怯まず、

「軍内部の統制についてはいざ知らず、こと大政翼賛会に口出しする権限は、あなたにはない」

と言い返して、席を立った。

とたんに松前は赤だという噂が広がって、松前は憲兵や特高から監視されるようになる。その後もいろい

ろあって、結局、事務局全員が総裁の近衛文麿から辞職命令を受け、松前も辞職した。一九四一年の三月である。

その年の十二月に松前は逓信省の工務局長となり、海軍省軍務局に依頼されて、生産力調査グループをつくる。そして、海軍軍令部総長の永野修身が主宰する会議で、次の三点をポイントとする講演をした。

一、東条内閣の発表する軍需生産計画は、内閣のでたらめな宣伝で、欺瞞に満ちている。

二、このままの生産体制では、東条首相がいくら必勝の信念を唱えても、戦争の将来は、惨憺《さんたん》たる滅亡が待っている。

三、東条内閣の施策は、非科学的である。木炭と鉄鉱石によって、鉄を造るごとき国策を定めるのは、言語道断である。

この報告が東条の耳に入り、松前は目の敵にされるようになる。

この会には、当時、海軍軍令部員だった高松宮も出ていて、

「本当のことを聞きたいから、今晩うちに来い」

と松前が呼ばれ、二晩ほど通って進講したという。熱心に聞いている高松宮に、松前は思い切って、

「ご勉強も結構ですが、天皇陛下にお会いできるのは殿下だけです。重臣たちは憲兵に監視されていて、陛下に近づけません。殿下どうぞ、私の報告内容を天皇に上奏されて、東条内閣を倒し、新内閣の手でしかるべき和平工作をやりませんと、日本は大変なことになりましょう」

と打ち明け、お願いをした。

「その通りだ」

と高松宮も言い、天皇に上奏したらしい。

天皇は、その前に松前が秘書官を通じて資料を渡していた内大臣の木戸幸一を呼び、東条を見限っていく。

しかし、残念ながら、松前は東条によって強引に懲罰召集にかけられた。陸軍二等兵として南方戦線に送られることになったのである。敗色すでに濃い一九四四年夏だった。天皇の勅許なしには召集できない勅任官の松前への報復である。松前はこの時四十二歳。

東条内閣は七月十八日に瓦解するが、その前に何が何でも松前への召集を強行しようとしたのだった。

松前は「内閣打倒の根回し工作を密かに探って、中野正剛氏を自決に追い込んだ東条首相は、やはり東条内閣のもう一人の倒閣運動家であったこの私を、一介の陸軍二等兵として死地に追いやることによって、完全に抹殺を図ろうとしたのだ」と述懐している。

その後も東条は執念深く松前を「抹殺」しようとしたが、松前は奇跡的に生還した。

この間のドラマは松前の著書『二等兵記』を素材にした新国劇「嵐を行く」で上演された。松前に扮したのは島田正吾である。

少し時間を戻すが、召集される前、生産力研究を基に松前が書いた『戦時生産論』が売れ、思いがけない額の印税が入ったので、箱根の旅館を借り切って、仲間と合宿をした。

その時、松前と海軍嘱託の天川勇《あまかわいさむ》がチフスにかかって倒れた。これはおかしいと二人で考えて、海軍の幹部と会食したことを思い出した。陸軍と海軍はもう敵視するほど険悪な仲だったから、これはてっきり菌を盛られたに違いない、と顔を見合わせたという。

チフスで入院していた時、東方会総裁で代議士だった中野正剛が見舞いに来た。中野は、松前が大政翼賛

会の総務部長を辞めた直後にやって来て、

「東方会の幹事長をやってくれないか」

と頼み、松前が丁重に断って以来の仲だった。

見舞いに来た時も、激しく東条を批判し、

「宇垣一成《うがきかずしげ》予備役陸軍大将を首相とする内閣をつくるので、協力しろ」

と松前に言った。

そんな松前と徳間はどうして知り合ったのか？　第二章第二節「真善美社専務取締役」で書いたが、同社の社長、中野達彦は早大時代からの友人であり、中野正剛の息子である。その縁と考えて間違いはないだろう。

対外文化協会副会長

東条英機から懲罰召集にかけられた松前重義は一九四五年五月十九日に召集解除通知を受け、技術院参技官となる。南方戦線からの、まさに九死に一生を得ての帰還だった。

そして、八月六日の広島への原爆投下に遭遇する。科学技術についての総力を発揮して、その刷新向上を図り、とくに航空技術の振興をめざすという触れ込みでスタートした技術院では、早速、当時は新型爆弾と称した原爆の調査委員会をつくり、松前は広島被爆調査団長に任命されて、八月八日、広島入りした。

その惨状を調査した資料を抱えて十日に帰京すると、内閣情報局次長の久富達夫が、原爆かどうかを尋ねる。

「間違いなく原爆だ」

と答えると、久富は、

「午後から陸海軍と関係官庁の連絡会議を開くことになっている。出席者の中には広島の爆弾は原爆ではないと主張するものや、たとえ原爆でも防御法があるから、戦争は継続すべしと主張するものもいる。そこで、広島に落ちた爆弾が原爆であることを、技術的立場に立って報告してもらいたい」

と松前に頼んだ。

それで松前は会議で、

「広島の爆弾は原爆である。その破壊力は、これまでの常識では考えられないほど巨大なものだ。広島の惨状は言語に絶する」

と説明した。原爆の放射線の特性や残存放射能などの調査結果を加えてである。

それを聞いて久富が、緊張を面に表して、

「この事実は閣議に報告する」

と会議を締めくくった。

それから松前が首相官邸の一室で、詳細な調査報告書をまとめていると、青年将校二人が踏み込んで来て、

「広島に投下された爆弾は、新型爆弾だと書け。言うことを聞かないと斬るぞ」

と脅した。

松前は屈してなるものかと思い、いざとなれば柔道の技で投げとばしてやろうと身構えながら、腹にぐっと力を入れ、

「私は科学者だ。調査してきたありのままの被爆実相を報告する。君たちもこんなところにやってくる暇があるなら、広島へ行って被爆の実情を見てこい」

と一喝した。

すると、青年将校の一人が、

「貴様っ」

と叫んで、軍刀の柄《つか》に手をかけた。

しかし、もう一人の将校が、

「おい、やめとけ」

と止め、危機は去った。

二人が帰った後、松前が書き終えた報告書は、鈴木貫太郎内閣の閣議に提出され、大日本帝国が無条件降伏を受け入れる重要な資料となったのである。

戦後すぐ、松前は逓信院総裁に就任したが、一年足らずで辞任し、一九四六年には公職追放を受けた。

逓信院総裁となるについては東久邇稔彦《ひがしくになるひこ》内閣の内閣書記官長（現在の内閣官房長官）だった緒方竹虎が介在している。

敗戦二日後の八月十七日に松前は緒方から突然、呼び出しを受け、

「情報局総裁をやってくれないか」

と依頼される。

しかし、情報局は当時の外務官僚と内務官僚出身者で固められていて、逓信省の技官出身の松前が就任し

ても、うまくいくはずがない。

「手足になる人がいないから」

と言って辞退すると、翌日、

「では、逓信院総裁をやってくれ」

と言われた。松前は先輩の梶井剛《たけし》を推薦したが、緒方は、

「君は東条内閣に反対、戦争の早期和平を主張して、二等兵として死地に送られた。この経歴が、複雑で困難な米軍の占領下で、終戦処理を進めるうえで大きな力となる」

と言って譲らない。

「それほどまで言われるなら」

と緒方の熱意にほだされて松前は引き受けた。

盟友の中野正剛を東条に殺された緒方にとって、中野と同じく身体を張って東条に抵抗した松前は、中野の弟とも言うべき存在だった。言うまでもなく、緒方は徳間が私淑し、惚れ込んだ人物である。

松前は前掲書で、

「占領下の米軍の対日行政がいかなるものであったか」について、ある逸話を披露している。

九月二日に、東京湾上の米戦艦ミズーリ号上で、日本が無条件降伏の文書に調印した三日後の五日、横浜税関に置かれたGHQから、日本政府に対して情報局総裁と逓信院総裁の出頭を求めてきた。情報局総裁を兼務していた緒方と松前が赴くと、会議室には総参謀長のミューラー以下が並んでいて、ミューラーが緒方に、

「日本政府は新聞、ラジオ、雑誌の検閲についてどう思うか」

と尋ねる。緒方が、

「民主主義の原則は言論の自由にある。検閲によって、国民から言論の自由を奪ってはならない」

と答えた。すると、末席にいた将校が、

「日本政府は検閲に反対なのか」

と叫んだ。緒方は撫然として、

「日本は無条件降伏した。連合軍の命令なら聞かねばならない」

と言った。

次にミューラーが松前に、

「郵便、電信、電話の検閲はどうか」

と尋ねる。

無念の思いで松前は、

「日本は無条件降伏した以上、占領軍の意思に従わざるをえない」

と答えた。

それを聞いて、緒方を怒鳴りつけた将校が、

「ベリー・グッド」

と言った。

二人で唇を噛みしめながら帰って来たが、翌六日早朝、占領軍は緒方を戦犯として逮捕したのである。

「私は戦時中の東条内閣とは別の意味で、占領軍に対して強い憤りを覚えた」と松前は書いている。

逓信院総裁としては、郵便配達員等、従業員の給与を三倍に引き上げ、同時に、郵便、電信、電話料金も三倍に値上げしたので、公職追放の実務が占領軍から日本政府に任された途端、追放の指定を受けたのである。

「松前は何をしでかすかわからない」と警戒されたのだろう。

追放解除後、東海大学の再建に尽くした松前は、FM東海の免許問題では国を相手取って訴訟を起こしたりもしている。

そして、「誤れる政治は国を滅ぼす」と、一九五二年の衆議院選に熊本一区から無所属で立候補し、当選を果たして、熱心なクリスチャンだった河上丈太郎が委員長の右派社会党に入った。その後、「新しい日本を考える会」をつくって会長となり、社会党の右派と公明党、民社党が連合して中道革新政権の成立をめざしたが、挫折する。社会党の江田三郎をかつごうとしたので「社公民」ならぬ「江公民」とも言われたのである。

その過程で、「日本対外文化協会」、略して対文協が設立される。

胎動は一九六四年秋に始まった。

社会党教育宣伝局長の松本七郎が松前を訪ねて来て、こう切り出したのである。

「実は、河上丈太郎委員長の意向なのだが、ソ連・東欧の社会主義諸国との学術・文化交流を幅広く進める組織をつくりたいので、その代表を引き受けてもらえないだろうか」

以前から松前もそう思っていたので、即座に承知し、河上に会って、

「この団体は私の創意でつくらせてもらいます。しかし、応援をして下さい」

と頼んで、了承を得た。

この民間機関の設立総会は一九六六年一月十日に開かれ、会長に松前、副会長に徳間、そして理事長に松本七郎が就任した。以来、対文協は松前が民間外交を展開する上での重要な足場となっていくが、それは徳間にとっても同じだった。それだけでなく、日本にとっても重要な役割を果たしていたと、作家で元西武セゾングループ代表の堤清二が証言している。堤によれば、対文協の斡旋で、ソ連文化省との間で五ヵ年の交流協定を結ぶために訪ソすることになり、首相だった大平正芳の家に挨拶に行ったら、大平が、

「政府が対ソ関係で動けないときに、松前さんがよくやってくれて、非常に助かっている」

と感謝の言葉を述べたという。

そして堤は松前を、「保守」か「革新」か、という色分けがいかに非生産的かを体現する人物だ、と評している。レッテル貼りが横行する日本で、松前はそれを超える稀有な存在だというのだが、この評はそのまま徳間にも当てはまるだろう。

一九九一年に松前が亡くなり、東西冷戦も終結してソ連邦が解体し、対文協の使命も終わったのではないかという意見が出た時、徳間は、松前の理念に思いを致して新しい国際交流のあり方を探求すべきだ、と悲観論を一蹴し、存続を強く主張した。

そんな徳間を対文協の会長にという話が持ち上がる。その総会を前にした一九九三年五月のある日、徳間は突然、松前の息子の達郎を訪ね、こう言った。

「私を次期会長に推すという話があるが、私はオヤジさんを師と仰ぎ、尊敬している。重義会長の意志を

一番理解しているのはあなたなのだから、これまで通り続けなさい。私は協力を惜しみません」

大映に響く徳間ラッパ

東京は池上の本門寺。ロッキード事件の児玉誉士夫が鐘楼を寄進していたことで有名になったが、日蓮宗の本山の一つであり、児玉の墓の向かい側に永田雅一家先祖の墓、少し離れて河野一郎と大野伴睦の墓がある。政商の萩原吉太郎家の墓もあって、児玉をめぐる人々は勢揃いという感じなのだが、徳間との関係で言えば、永田雅一と河野一郎がクローズアップされる。

それはともかく、ここに映画監督の溝口健二の墓もあることはあまり知られていない。

弟子の新藤兼人《しんどうかねと》は『ある映画監督』(岩波新書)で「権力にさわってみたい俗気と、こいつにさわれば火傷するという、身にしみた警戒心は、つねに溝口健二のなかで激しい葛藤を巻きおこしていた。悔恨と巻き返しはめまぐるしく反復する」と書いているが、一九五三年夏、『雨月物語』をもって溝口がベニス映画祭に出席した時、集合時間になってもホテルのロビーに降りてこない溝口を、同行した田中絹代が迎えに行ったら、溝口は壁に日蓮上人の御軸をかけ、香を焚いて拝んでいたという。溝口も日蓮の徒だったのである。

活動キネマと称した映画界には、〝勘当キネマ〟といわれたほど、世間のもてあまし者が集《つど》っていた。風狂の徒というか、規格外の人間たちが巣くっていたのだが、徳間はその一つの大映を引き受けることになってしまう。

前記の『雨月物語』や黒澤明の『羅生門』で国際的にも知られた大映は、〝永田ラッパ〟の永田雅一が長く社長をやっていた。しかし、映画もピークを過ぎ、一九七一年暮れに倒産する。

当時の従業員は約一千人。三百五十人の組合員がいて、委員長は監督の山本薩夫《さつお》の次男、洋《よう》だった。その後、いろいろ再建策が練られ、七四年に徳間は社長となる。新しい大映の出資者には平和相互銀行会長の小宮山英蔵や江戸川農協会長の宇田川嘉一郎《うたがわかいちろう》がいた。

徳間と会って、山本洋は、この人なら大映を再建させられるのではないかと思った。徳間も、

「俺は映画は素人だけれど、映画は絶対に必要なものだ。だから命を懸けてつくっていくよ」

と言っていたからである。

金澤誠の『徳間康快』によれば、徳間大映の発足の日、社員総会で徳間はこう述べたという。

「映画を愛し、不屈に闘ってこられたみなさんの熱意は、必ず新社を再建する力になると確信した。何よりも生活権の確保が大前提だ。私は映画屋ではないので、新社が軌道に乗ったら、外からでも、あるいは諸君の中からでも、よりふさわしい経営者にバトンタッチしたほうがいいかもしれない。私の能力、徳間事業団の力量にも限界があるが、引き受けたからには全力を尽くしたい。会社があって組合ができるのが普通だが、逆に組合があって、その後から会社ができ、経営者が決まるというのも例がない。金融事情は大変厳しいが、組合の協力を得て、新社を必ずや軌道に乗せたい」

〝永田ラッパ〟に代わる〝徳間ラッパ〟の登場だった。徳間書店から大映に派遣された加藤博之は、不動産を処分しても残った永田時代の負債七十二億円について、徳間から、

「加藤君、一年で返せるだろう」

と真顔で言われたという。

「いや、それは無理ですよ。十年待って下さい」

と加藤は答えた。

徳間は大映再建のために何年かに一本の大作を考えていた。それと年間三、四本の作品を組み合わせることを企図していたのである。

その大作として想定していたのが井上靖の『敦煌』と司馬遼太郎の『坂の上の雲』だった。そして、できれば、この構想を再スタートと同時にマスコミ発表しようとしていた。

しかし、自ら交渉に当たった徳間に司馬は、

「自分はそういうつもりで書いたのではないが、あれを映画化すると軍国主義の讃歌になってしまう」

と断った。監督に山本薩夫を予定していると言ったのだが、司馬は、

「山本監督でも映画化は許可できない。私は遺書に書いてでも、これは映像にさせない」

と強硬だった。

『敦煌』については、小林正樹《まさき》を監督として企画を進めていたのだが、すでに映画化権を持っている人がいて、諦めざるをえなかった。

最初から、大きな花火が二つ不発に終わったのである。それで、第一作は三國連太郎や栗原小巻が登場する『わが青春のとき』となった。第二作が石川達三原作の『金環蝕』。監督は山本薩夫だった。

『わが青春のとき』で主役を演じた栗原は、

「小巻ちゃん、日本映画の復興だ」

と徳間に力強い言葉をかけてもらったと、『徳間康快追悼集』で回想している。

徳間の現場への関わりについて、前記の山本洋がこう語る。

「この頃は組合の『経営委員会』と『企画・製作委員会』の両方が企画を出して、意見が一致すると製作が決定していました。徳間さんは不思議な人で、作品の内容に関してはほとんど口を出さないんです。それは晩年まで変わらなかったですね」

しかし、経営危機は続く。

徳間は山本を呼び、

「もう手を引く」

と伝えた。

それで、一緒に行っていた組合の書記長と共に山本が、

「わかりました。後は私どもがやりますから」

と答えると、徳間は、

「バカヤロー、本気で言っているのか。お前たちがやったら、俺がぶっ潰してやるよ」

と怒った。

「ということは、社長、やる気はあるんですね?」

と山本が踏み込む。

「当たり前だ」

と徳間が返した。

「それまで組合との交渉の場でも、あんなしゃべり方はしなかったですから、何か、男の意地みたいなことで続けると言ってしまった感じでした」

『徳間康快』で山本は当時を、こう振り返っている。

確かに手放して楽になりたかった気持ちも強かっただろう。しかし、口に出した後で、やはり手放せないと思い返す気持ちも強かった。

徳間は直立不動で立っているのではない。いわば屏風のように曲がって立っている。揺れながら立っている。それがまた徳間の魅力だった。直線を歩むのではなく、曲線を歩むのである。

第三作目は西村寿行原作の『君よ憤怒の河を渉れ』だった。監督は佐藤純彌《じゅんや》。

この映画には、冤罪をかけられた高倉健演ずる主人公を助けるために、中野良子《りょうこ》演ずるヒロインが乗った馬が新宿の歌舞伎町を暴走する場面がある。東京都の条例では禁止されていて、撮影をするには特別の許可が必要だったが、徳間がその許可を取った。

この映画は、とりわけ中国で評判となり、高倉健や中野良子は日本での人気をしのぐ人気を獲得する。中野は役名の真由美で、いまも中国の国民に親しまれている。

監督の佐藤純彌は『徳間康快追悼集』で黒澤明と徳間康快を重ねる。

「監督とは、スタッフ、キャストを踊らす立場であって、自分が踊ってはいけない」

かつて佐藤は黒澤にこう教えられたという。しかし、撮影現場での黒澤は、自ら先頭に立って踊って、スタッフ、キャストを踊らせた。スタッフやキャストの踊りが物足りないと思えば、さらに激しく踊って、彼らを踊らせるのが常だった。

徳間もまた、自ら先頭に立って踊る人であり、それは仕事の場でも座興の場でも変わらなかったが、ある時、徳間と二人になった佐藤はこう言われた。

「毎朝一時間、私は、座禅の姿勢で、昨日したこと全てを検証し、そして今日することの全てを検証するんだ」

孤独なるが故にみんなと踊り、さらに孤独感を深めて一人になる。究極の人間好きで、究極の人間嫌いが徳間康快という男だった。

そして佐藤は徳間について「共に踊らぬ者に対しての態度は峻厳《しゅんげん》だった」と書く。社内の会議では定刻が来るとドアを閉め、一分でも遅刻した者は入室させなかったとか。

中国との合作映画『未完の対局』のシナリオづくりが難航し、討論の果てに佐藤と中国側が協力して書き上げたシナリオに興行的に不安があると日本側から注文がつき、別に提示されたシナリオには中国側から不満が出て、合作はできない雲行きとなった。その時点で徳間が日本から中国に飛んで来て、中国側の責任者と会った時、日本側の関係者をホテルの一室に集めて痛言した。

「この映画に関しては、興行成績など問題ではない。合作することにこそ意味がある。だから中国側が合意したシナリオで製作を続けようと決心した。反対の者は、今から直ちに日本に帰りなさい」

中国への徳間の強烈な愛が遮られた逸話を佐藤は記す。東京国際映画祭のゼネラルプロデューサーとなった徳間は、一九九三年に中国から出品された『青い凧』と、九七年の招待作品『セブン・イヤーズ・イン・チベット』が中国政府の忌諱《きい》に触れ、上映中止の要請が来た時、それを断った。

以後、中国映画当局は徳間に対して門戸を閉ざす。ある時、徳間は佐藤に「中国はもういいよ」と見たこともない寂しそうな顔で言ったという。

つねに崖っぷちで生きる

「怪物とは一定の外的刺激に対して、その反応を予期することのできない人間」で、「馬鹿では怪物になれないが、利口すぎてもいけない」と喝破したのは大宅壮一《おおやそういち》である。

難破船の『東京タイムズ』を引き受け、『大映』という火中の栗を拾った徳間はその向こう見ず故に怪物といわれた。

そして、『週刊朝日』一九七四年九月十三日号の「ひと」欄で、コラムニストの青木雨彦《あめひこ》に、その波乱の生涯を『大映』で映画化するとしたら、と問われ、

「そうだなあ。原作は友人の梶山季之くんに書いてもらう。シナリオは花登筐《はなとこばこ》さんにお願いして……」

と言って、一拍おき、

「ウーン、主演はショーケンだなあ。若いときのオレは、ぜひ、萩原健一にやってもらいたい。新潟の百姓の子に生まれて、オレは苦労したからなあ」

と答えている。

「つねに崖っぷちで生きる」が徳間の人生哲学だった。

それを目の当たりにした銀座の文壇バー「魔里」のママ、大久保マリ子が語る。「魔里」の壁には、

「いつまでも野菊の如くあれ

梶山季之

まりこ様」

という色紙が掲げてある。

二〇一二年の四月二十日に「魔里の50周年を祝う会」が開かれ、渡辺淳一がこんなスピーチをした。

「今日はマリちゃんに謝りに来ました」

と切り出した渡辺は、

「梶山が死んでからセックスしてないの。センセイ、して頂戴」

と言われたのに、約束を果たしていないことを詫び、

「今度発情したら連絡します」

と結んだとか。

そのママが梶山や徳間と一緒にサンフランシスコに行ったのは一九六九年。紀伊國屋書店が現地法人の「キノクニヤ・ブックストアズ・オブ・アメリカ」を設立し、記念のお祝いの会のためだった。

紀伊國屋書店の創業者で名物社長、田辺茂一《もいち》は年間十億円くらいを夜毎の飲み歩きに使っていたが、番頭役だった松原治に私が『俳句界』の対談で会った時、松原はこんな打ち明け話をしてくれた。

時を同じくしてパンナムが東京航路を開通させたので、松原はパンナムの支社長に、

「そちらも日本に初の航路ができ、うちもアメリカに初の出店ができた。互いの祝いとして、ものは相談だが、三十人ほど無料で乗せてくれないか？」

と無理を承知で持ちかけた。

すると、驚いたことに、即答で、

「ＯＫ！」

である。

ただ、どういう人たちが乗るか、と聞かれたので、文士もいれば学者もいる、と答えた。

ところが、この商談成立を田辺にすると、

「その券を五枚だけぼくにくれ」

と言われた。

「銀座のバーのマダムを連れて行きたい」

と続けられて松原は唖然とした。

それで、「魔里」のママは、「眉」や「数寄屋橋」などのママと共に出かけたのである。徳間は文藝春秋の社長だった池島信平《いけじましんぺい》や作家の柴田錬三郎、そして、落語家の立川談志と一緒にそのメンバーとなった。

「魔里」のママの大久保マリ子がいまだに忘れられないと興奮の面持ちで話してくれたのはその時の一場面。

柴錬、梶山、それに徳間たちがラスベガスに乗り込み、ルーレット場を借り切った形で一日半、一睡もせずにバクチに狂じたという。

ホテル代だけを残して賭けに賭けたのだが、ある瞬間から、徳間がつきだした。家一軒買えるほどにチップがたまって、マリ子は、

「徳間さん、もう、やめようよ」

と口まで出かかった。

しかし、徳間はやめようとしない。

そうこうしている間に、ベテランらしい白髪のディーラーが現われ、山のようにたまっていた徳間のチップは跡形もなくなった。ものの十分もかからなかっただろう。

「ホテル代はいりません。キャデラックが待っています。空港まで送ります」

こうして送り出されたのと、あれだけ儲かっていたのに途中でやめる気配を見せなかった徳間に、マリ子は強烈な印象を受けた。

思い切りがいいというか、やはり、「つねに崖っぷちで生きる」を通したかったのだろう。

毎日のように「魔里」に来ていた徳間について、彼女は、

「怒った顔を見たことがない」

と語る。梶山は、

「とにかくクソ度胸のある快男児だ」

と言っているが、田辺茂一は、

「ひとことでいえば、一見豪快、実は……やっぱり豪快な男。いままでの苦労を抜け出して、いまや百花斉放といったところだな」

という証言を残している。

但し、これは一九七二年当時のことで、徳間はまだ、『東タイ』も『大映』も抱えていなかった。その三年前のサンフランシスコ行きについては、立川談志も『酔人・田辺茂一伝』(講談社)に書いている。

田辺が〝世界の紀伊國屋〟になったと自慢したサンフランシスコ支店の開店式のデモンストレーションというか、セレモニーに出かけた人は、立川談志によれば「吉行(淳之介)さんは行ったかな、安岡章太郎が

いたぜ。コンケイ（近藤啓太郎）さんはどうかな。梶山先生はいたね。戸川昌子、丸谷才一、團伊玖磨《だんいくま》、秋山庄太郎、藤島泰輔《たいすけ》、徳間康快」となる。談志はこの本で「田辺先生は誰よりも誰よりも梶山季之が好きだった。その梶さん、あのメガネの奥でいつもニコ〳〵笑ってて、梶さんの怒ったのを知らない」と評しているが、談志の梶山評は、奇しくも、大久保マリ子の徳間評と一致する。

晩年に「俺は睾丸《キンタマ》が大きいから百二十歳までは生きるといわれた」などと言っていた田辺茂一が亡くなった時の項にも徳間が出てくる。

「各新聞、雑誌それぞれに、田辺さんの想い出が載り……。夜の顔、昼の顔、駄洒落、梶さんとのこと、その業績、ｅｔｃ、あったが、どれもこれも、〝惜しい人を故人にした〟程度のものとしか思えない。

徳間康快氏の『梶山季之が死んでから、田辺さんは淋しそうだった……』だけが本当に思えただけだった」

そして談志は、「恋の季節」の替え唄の「茂一の季節」を泣きながら歌ったと続ける。

〽忘れられないの　茂一のことが
赤いシャツ着てサ　シェド帽かぶってサ
わたしは夢中で　茂一のあとを
追いかけ泣いたの　わけもないのに
恋は、　茂一の恋は

銀座を染めて　燃えたの
夜明けまで踊る　茂一と踊る
緑のネクタイの　茂一の季節よ

こうした男たちに囲まれて徳間は生きていた。一般的基準から言えば、奇人、変人である。その一人の笹沢左保が『サンデー毎日』の一九八三年十二月十八日号で、徳間に女を語らせている。

前節で書いたように、のちに中国から冷たくされただけに、徳間が冒頭で、

「私は（中国に）四九回行ってます」

と打ち明けているのが痛ましい。

中国の桂林は狸料理で有名で、松坂慶子や三田佳子を連れて行った時、それをごちそうして、

「あなた方、自分を食べてるみたいな感じでしょ？」

と言ったら、二人ともにとても怒ったとか。

また、栗原小巻や吉永小百合を上海に連れて行った時には一万人ぐらいの人が集まって来たので、

「何を隠そう、俺は高倉健だ」

と言った。高倉健は中国で大人気だからである。すると、

「嘘つけーッ」

と否定され、

「お前は映画に出てくる悪い警察署長だろう！」

とゲラゲラ笑われてしまった。

そして、笹沢左保の「ニヒルに迫る」の結びが女論となる。徳間は、女はどうしてああも男の欠点が目につくのかと嘆き、自分も、

「あれしちゃいけない、これしちゃいけない、飲み過ぎちゃいけない」

と年がら年中言われるので、

「その文句をテープにとっておいてくれ、それを車の中で聞くから」

と返したら、また怒られたとか。

「男っていうのは、女の視線をずっと意識しながら生きていくんですよ。それで、どこの角を曲がろうかな、なんてことをいつも考えてんですね。早く曲がっちゃおうかな、あそこで曲がればまだついてくるな……。よし、もう一つ先の曲がり角ならどうだ、きっと、まだ見ていてくれるに違いない、と考える。ところが実際は、もう誰も見てくれていない。悲しいね、こんなのは、アハハハハハ。おまけに、角を曲がった途端に池かなんかにドボンッ！　と落っこっちゃったりしてね」

こう述懐して対談の場を去った徳間が、一、二分後、

「どうも、どうもスミマセン」

と言いながら戻って来た。

「ハハハッ、財布を忘れちまって……」

第五章　見果てぬ夢

ダイアナ妃に出演交渉

徳間は突っ拍子もないことを考える人だった。しかし、徳間自身は大真面目にそう思い、実現できると考えて、そう口に出すのだった。

たとえば、ダイアナ妃の映画出演である。

一九九七年暮に公開された日中合作映画の「阿片戦争」にビクトリア女王役で出てもらおうと思って交渉したが、いいところまで行って実現しなかった。

「出演を依頼して、向こうもOKと言ってくれたんですからねえ。実現してたら『もののけ姫』以上のすごい反響になったでしょう」

徳間は『週刊読売』の一九九七年九月二十一日号でこう語っている。そして、

「日中国交正常化25周年だし、香港返還の年である今年、封切れるようにと一昨年、謝晋《シェチン》監督から映画製作の話が持ちかけられました。そこで私は、どうせなら大きな仕掛けとして、ダイアナさんにビクトリア女王役で出てもらおうと考えたんです」

と続けている。

交渉は、王室と比較的近いところにいた映画配給会社UIP会長、マイケル・ウィリアムズ・ジョーンズを通じてやっていたが、二億円のギャラを出す用意があると伝えると、ダイアナ側は、

「二億円を受け取ることはできませんが、私は、英国のエイズ基金の代表を務めていますから、そちらに寄付していただきたい」

と返答してきたという。

「ああ、ずいぶん立派な方だなと思いましたよ。それで、どんどん映画の準備を進め、ダイアナさんの部分だけを残して映画を撮ってしまった。脚本もあえて史実を変え、ビクトリア女王が阿片を中国に売ることに反対していたことにして、ダイアナさんや王室の抵抗感を和らげたんです。

ところがやっぱり、離婚が成立してからでないと王室が許してくれない、という話になりまして、もうスケジュールが間に合わなかった。結果的に言えば、私は金星をあげ損なったというわけです」

こう嘆く徳間は、

「私は実際にお会いしたことはないけれど、実に絵になる、チャーミングな方でしたね。本当に惜しいことでした」

と残念がっている。

予定していたのは、当時の英国の首相と外相が宮殿を訪れ、ビクトリア女王が、宣戦布告についての進言を受けるというシーンだった。

徳間は大映の社長になって十五年目の一九八八年の『キネマ旬報』四月十五日号のインタビューでは、大映の社長を引き受けた動機として菊池寛を引っ張り出している。

「私が大映の社長になったのは、菊池寛が初代社長だったからなんです。私は菊池寛を尊敬してましたからね。『文藝春秋』の創立者が初代社長というので私は飛びついたんです。我々と同じジャーナリズムのオーソリティが初代社長をやって、永田雅一、永田ラッパさんが2代目で、私が3代目だと。これは非常に興味があるし、やってみようと。

菊池寛がなぜ映画に興味を持ったのか。これはもしかしたら、私と同じ観点からだったかもしれない。活字と映像と音のからみというか、菊池寛という人は先見性のあった人だから、おそらくそういうことを考えていたのではないかと思うんです。これも、わたしが大映の社長になった一因でもあるんです」

確かに「一因」だったかもしれないが、菊池寛が初代社長だったから「飛びついた」という発言には、当時、組合の委員長として徳間に働きかけた山本洋らは苦笑せざるをえないだろう。徳間には自らをドラマ化する傾向が多分にある。

あるいは大映社長となって、前社長の〝永田ラッパ〟を受け継いでしまったのかもしれない。

これから五年後の一九九三年に受けた同じ『キネマ旬報』三月十五日号のインタビューでは、徳間はその永田雅一について、こう語っている。

「永田ラッパさんとはね、何回も飲みましたよ。あの頃は『俺は破産した男だ。だから今日の勘定はトクさんのおごりだ』なんて言うので、こっちもだんだん安い店に替えたけれどね(笑)。そうしたらラッパさんが『いいか、大映の社長になってやるときは俺の失敗した轍を踏むな。自分が失敗した理由は三つある』と。『野球チームに金を出したこと。競馬に手を出したこと。それから労働組合なんてものを作る人間を相手にしちゃいかん。この三つは気をつけたほうがいい』と言うわけです。私は『まだあと三つぐらいあるんじゃないんですか。宗教、政治、女性』って言いましたら何だかワァワァわめいていたな(笑)。そんなことを話したことあるよ。あの人は面白い人物でしたからね。頭のいい、カンのいい、やっぱり超大物ですよ。

あの時代の人物としては立派だな。スケールの大きい、規格ばなれした人だったと思いますね」

最後は多分に〝敗軍の将〟へのいたわりの世辞が入っていると見なければならないだろう。しかし、悪評の方が多い永田について、アラカンこと嵐寛寿郎《かんじゅうろう》はこんな遣り取りを経験していた。

竹中労著『鞍馬天狗のおじさんは』（七つ森書館）によれば、アラカンもプロダクションをつくったが、映画がサイレントからトーキーにかわるときで、うまくいかなくなった。そこに大映社長になる前の永田が登場し、解散費用と高給を出すから、お前だけ新興キネマに来い、と誘われた。

「従業員もいっしょにひきとってもらえまへんのか？」

とアラカンが尋ねる。

「あかんあかん、二者択一や」

と永田が答えた。

「へえ、ほたらどっちかゆうことでおますな。ワテはよろしい、従業員ひきとってほし」

とアラカンは返し、永田は応じざるをえなかった。

「むつかしい言葉を使うものやおへんな。あの人これが悪いへキや、二者択一やて」

とアラカンは笑っているが、しかし、ムカッとした永田から徹底的に干された。

それでも、永田を恨みはしないけれども、

「ただ役者脅したらゆうことをきくと、その考えだけあらためてほしい」とアラカンは言っている。

私など、「聞書アラカン一代」という副題の『鞍馬天狗のおじさんは』は、『福翁自伝』と並ぶくらいの名著だと思うが、以前は徳間文庫に入っていた。

「ワテは前から維新ものがやりたかった。アラカン何をゆうやらと嗤《わら》われるかも知らんが、詮ずるところ男のドラマは革命や。それとまあ、ニヒリズムでんな。たれよりも勇敢に闘うて、たれよりも無残に裏切られていく、そんな人間を演じてみたいと願うておりましたんや」

『鞍馬天狗のおじさんは』は、男のドラマが「革命とニヒリズム」にあることで共鳴したアラカンと竹中労の呼吸がピッタリ合った傑作だが、その二つは徳間康快にも濃厚にあった。常に新しいものを求め、何度失敗してもまた求めるが故のニヒリズムは徳間を離れなかった。その穴があるために、それを埋めようとして徳間はまたチャレンジしたのである。

五十億円かけた『もののけ姫』について、最初はどういう計算だったのかと、作家の大下英治に問われて、徳間は、

「収支がトントンならいいと思っていたんです。僕はいつもトントンならいい、次回ができればそれでいいという式ですので」

と答えている（『潮』二〇〇〇年七月号）。

ということは、最初から海外のマーケットも考えていたのか？

徳間はその数年前からディズニーと組んでいて、世界への配給ルートがあった。『Shall we ダンス？』も、海外で評判がよかったのである。

そして宮崎アニメは世界でも通用すると徳間は思っていた。

だいたい、『もののけ姫』は子ども向けのものではない。首が取れたり、手が切れたりする。それで、ディズニーは最初、

「これではアメリカの子供は観ない。上映できない」

と言ってきた。そして、殺し合いとか、刀に血がついているところはすべて削ってくれ、と条件をつけてきたのである。

「冗談じゃない。じゃあ、もうディズニーとは組まない」

と徳間は返し、

「日本だって、観に来るのは大人だよ」

と付け加えた。決裂覚悟の強談判《こわだんぱん》だった。

すると、ディズニー側が、

「原作のままでいいです」

と折れてきた。

「向こうの言いなりになっていると、日本の映画はズタズタにされますからね」

と徳間は息巻いている。

この過程でディズニーは、

「いきなり提携をやめると裁判になりますよ」

と言ってきたりしたが、

「ああ結構だ。十年でもやろうじゃないか。負けたら金は払う」

と徳間は一歩も退かなかった。

弱者を平等に扱い、救っていく『もののけ姫』の「共生」の思想に徳間自身が感応していたからである。

「それから、スピード感があるでしょう。宮崎駿の画が先に行ったり、久石譲《ひさいしじょう》の音楽が先に行ったり、シーソーゲームみたいで」

と徳間の感想は熱い。これは観客動員数で『タイタニック』には及ばなかったが、『E．T．』を抜いた。

映画化しようとした『沈まぬ太陽』

二〇一二年六月のある雨の日、都内の小さなホテルの喫茶室で山本洋と会った。往年の大映労組委員長の黒かった髪も、いまや白髪である。徳間ジャパンの三浦光紀も一緒だった。

山本と三浦が、徳間が中国との太いパイプをつくるキー・パーソンとして挙げたのが森繁《しげる》である。

一九三二年に旧満州（現在の中国東北部）で生まれ、少年時代を彼の地で過ごした森は四五年の日本敗北によって両親と生き別れ、いわゆる中国残留孤児となる。その森を拉致して少年兵にしたのは国民党軍だった。しかし、一年後、森のいた部隊が中国人民解放軍に襲撃され、ほとんど全滅する。文字通り九死に一生を得た森は、解放軍に捕らわれて、今度は解放軍兵士となった。戦功も重ねた森は四九年からは解放軍の兵士として未開の原野を開拓する事業に従事する。そして、五一年に中国からの最後の引き揚げ船で日本に帰国したのだが、帰国後は転職に次ぐ転職を繰り返さざるをえなかった。ある貿易会社にいた時、徳間がその会社を買収し、七六年春から中国との仕事をするようになる。

その経歴から中国との人脈が深くて広い森は、徳間にとって欠かせない人物となっていくが、徳間にはこうした人間を引き寄せるフェロモンがあるらしい。森もまた、徳間と共にでなければ力を発揮できなかっただろう。

山本は二人の関係を、相寄る魂みたいなものだ、と語る。

徳間が森のためにつくったような東光《とうこう》徳間で働いていた田村祥子《しょうこ》が、金澤誠著『徳間康快』で、こう回想している。

「(中国)映画祭も最初はチケットが売れなかったですし、収支はズッと赤字でした。でも80年代後半から徐々に映画祭だけではなくて、普通の映画館でも中国映画を上映していただけるようになって、90年代初頭には多少商業的になってきました。徳間社長が偉いと思うのは、国際的にもまったく中国映画が評価されていなかった時代から作品を買って、日本で一般の人に見せようとされたことです。社長としては、中国とは付き合っていきたかったのです。最初はおそらく商売的にも大きな構想があったと思います。でも当時、日本映画を中国に売るときには、大体1万ドル足らずの買取で日本側には歩合収入がなく、例えば『君よ憤怒の河を渉れ』が何億人の人が観ても、製作した日本側は潤わないんですよ。そういうこともあって儲けようという意識は、徳間社長にはそれほどなかったと思います。でもそうやって中国との人脈を作ったことが、後に『未完の対局』や『敦煌』を中国と製作する時に役立ったわけです。中国とほとんど無償で長く付き合った社長のような人物がいたからこそ、日本で中国映画が観られる土壌が築けたのだと思います。森繁氏も私も、日本における中国映画のことは自分がやっているんだという、自負を持って仕事をしていました」

まさに、こうした土壌が耕されて、八二年に日中初の完全な合作映画『未完の対局』の製作となる。しかし、完成までの曲折は尋常なものではなかった。万里の長城のような困難の連鎖を打ち破らせたのは、やはり徳間の執念ともいうべき熱意である。

ここに南里征典《なんりせいてん》著『未完の対局』(徳間文庫)がある。一九八二年夏に発行されたこの文庫には「日中国交正常化10周年記念映画・完璧の小説化！」という惹句《じゃっく》がついている。そして、オビに「9月15日（祝）東宝洋画系大公開」とあり、三國連太郎、孫道臨《そんどうりん》、三田佳子、松坂慶子らの写真が載っている。

松波麟作《まつなみりんさく》と況易山《きょうえきざん》という日本と中国の名棋士がおり、二人の黙契のもとに日本に引き取られた況の息子、阿明と、松波の娘、巴が愛するようになるが、戦争がこの愛を裂くというドラマだが、日比谷の映画館で上映された時、右翼によってスクリーンにスプレーがかけられるという事件が起こった。

徳間は動じなかったが、三浦によれば、右翼の方が困惑し、ある右翼は三浦に、

「オレは徳間さんが好きなんだ。だから、われわれの神経を逆撫でするようなことはやめてくれ」

と言ったという。

この慰労会で、徳間は中国のトップの趙紫陽《ジャオズーヤン》と会った。それが、次の『敦煌』製作のとてつもない難題を解決させる重要なカードとなる。

馬の問題や砂漠の石窟《せっくつ》・莫高窟《ばっこうくつ》の撮影許可等、越えられそうもない壁を徳間は越えたのだが、それを徳間は、一九九三年三月十五日号の『キネマ旬報』で次のような笑い話にしている。

「砂漠の中に城を作ってみたり、電気もなきゃ、水もなきゃ、馬もいないようなところへ馬を連れていったりしてね。あの敦煌城だって我々が作って燃やす予定だったのですが『燃やすな』って（中国側が）言うんです。『遺跡古跡でこれから稼ぐんだ』と（笑）。『何を言っとるんですか。これは敦煌城炎上のクライマックス・シーンとして燃やすために建てたんだ』、そう言うと『火をつけるのなら燃えた残骸をみんな日本に持って帰れ』って（笑）。『昔の砂漠に戻せ』と言うんですよ。そんなことできるわけない（笑）。結局燃やさないで、もうひと回り小さく、入口の門だけ作ってそれを燃やしたんです。今あそこにラクダを入れたり、

店が出たりで稼いでますよ。おでん屋まで出てるらしい（爆笑）」

このインタビューで徳間は、

「山崎豊子さんの『大地の子』を映画化しようと思っているんですが、なかなか中国の情勢がインフレみたいな形になってしまってね、ちょっと時期尚早で、ま、延長戦というところですな」

と言っている。

山本洋によれば、結局、これは中国側の事情で実現できなかった。

同じ山崎の『沈まぬ太陽』に、『週刊新潮』連載中から着目し、映画化しようと企画を進めていたのが東映の高岩淡《たかいわたん》である。しかし、スポンサーとしての日本航空の圧力は現在とは比較にならないほど強く、東映ではやれそうもなかった。

それで高岩は山本に話を持って来る。徳間に言ってくれ、というわけである。

山本が原作も読み、どんな映画にするか考えてからと思っていたら、徳間から呼び出しがかかった。開口一番、

「洋ちゃん、オレに何か隠してるだろう」

と言われて、

「いえ」

と言ったら、

「日本航空の映画だよ」

とタネ明かしをされた。

何かの機会に高岩と会って、

「あの話はどうですか」

と言われたらしい。

山本も少しあわてて、徳間に、

「原作を読みますか」

と水を向けたら、

「必要ない。オレは作者よりよく知っている」

中曽根康弘から瀬島龍三を通じて日本航空の再建を託された伊藤淳二が徳間を頼みとして逐一相談していたからである。

ちなみに主人公のモデルの小倉寛太郎《おぐらひろたろう》と私は二〇〇〇年秋に『企業と人間』（岩波ブックレット）という共著を出している。

徳間にとって、日本航空の広告ストップなど問題ではない。伊藤との関係もあって、徳間はこの話に乗った。

「これで日本映画はハリウッドを越えられる。東映と一緒にやろう」

そんな徳間の前に原作者の山崎が立ちはだかる。『大地の子』の挫折もあって、

「どうせ、できないんでしょう」

と、なかなかオーケーを出さない。

遂に、徳間が、

「オレが行く」

と言い出した。

そして、もう具合の悪くなっていた身体で、堺市浜寺の山崎宅を訪ねた。何も具体的な話はせず、一時間ほど歓談し、最後に握手をして別れた。

決まり、である。

マスコミ発表をすると、山崎から、

「まだ、判を押してないのに」

と電話が来たが、拒絶ではなく、苦笑のそれだった。

これが徳間が亡くなる四ヵ月前の二〇〇〇年五月のことである。

亡くなる二日前、徳間は山本に、

「もし東映がやらないと言っても、『沈まぬ太陽』は大映だけでもやれよ」

と言った。遺言である。

それを、徳間が亡くなった翌日に山崎に伝えると、山崎は絶句し、

「そこまで徳間さんは言ってくれていたのか」

と泣き出した。

体調が悪くて行けないからと伝えてきていた「お別れの会」に、突然、山崎が現われたのも、徳間への思いの強さ故だろう。

『沈まぬ太陽』で決してよくは描かれていない中曽根康弘への配慮も徳間は忘れなかった。何人かの財界

人と共に中曽根を招き、その席で、ある財界人に、

「徳間さんは頼まれて、しょうがなくて、『沈まぬ太陽』を映画にするらしいねェ」

と言わせ、それについては黙して語らぬ中曽根への仁義を切ったのである。

徳間は山本に、

「これで、あいさつはすんだ」

と言った。この後、十年近く経って角川グループが映画化するが、倒産寸前で力が衰えていても日本航空の妨害は凄まじかった。

ソフト産業は冒険産業

「徳間さんを見ていると、絶壁の岩の上で翼を休めている一羽の大きなワシを感じる。それも、仕事を終えて大空を舞うワシではなく、つぎになにをやろうかと前方をにらんでいるワシです。──今年は『敦煌』が徳間さんの手で中国で映画化されるという、私の生涯にとって大きな意味を持つ年です。『敦煌』は全部、徳間さんにお任せしました。どうかご自由に、しかし今年中には作っていただきたい」

これは、徳間書店の創立三十周年の一九八四年一月十八日、赤坂プリンスホテルで開かれた恒例の新年祝賀パーティで井上靖が行なったスピーチである。

同年の三月十一日には記念事業の一つとして企画されたアニメ映画『風の谷のナウシカ』が全国の東映系映画館で一斉に封切られてもいる。

ちなみに、『敦煌』の映画化には、中国は最初、反対だった。なぜかを探ってみると、漢民族が西夏王国

というチベット族に負ける話だからということがわかった。

中国政府としては少数民族対策上、非常に困るし、歴史的にもはっきりしているわけではないと言って譲らない。

それで徳間は、西夏軍の李元昊《りげんこう》と漢民族の争いは大いに戦った末に引き分けにしてはどうか、と提案した。

「お互いによく健闘した。いずれまた会おうや」

とエールを交換して夕陽を浴びて別れるのはどうか、と言ったのである。

「それはいい」

と中国側は乗ったが、原作者の井上靖が了承してくれるかはわからない。

中国から帰国した徳間は急遽、井上宅に駆けつけた。酒が出て、それを飲みながら、徳間は単刀直入に頼んだ。

「先生、あれを引き分けにして下さい」

井上も短く応じた。

「活字と映像は違います。徳間さんのお好きなように作りなさい」

『キネマ旬報』の一九九三年三月十五日号で、この逸話を紹介しながら、徳間は、

「井上先生はやっぱり偉い人ですね」

と語っている。

そして、こう続けているのである。

「でも、いざとなったら中国側の責任者は恥ずかしくなったんですね。いろいろな歴史を調べるとやっぱ

り井上先生の小説が正しいんだ。あの小説は今では高校の教科書にまで採用されていますから」

このインタビューの結びの、ソフト産業というのは一種の冒険産業だという指摘も興味深い。

「そういうものがソフト産業だという意識がなければソフトには手を出さないほうがいいですね。博奕《ばく》打ちですね。それが根本です。私は決してこれは恥じゃないと思っている。ソフト産業とはそういうものなんだ。当るか当らないか、そんなこと神様じゃなきゃ分かりませんよ。また逆に結果が常に不明なるが故に、あまりたらたらやっていると失敗する。いったん全部切って、新しいエネルギーを持った人間を引っ張ってきてやってもらう。活性化するエネルギーというのは、若いか、新鮮か、情熱があるか、決意（があるか）かによるんですね。勿論才能は必要です。（しかし）一番の中心はパッション、情熱です」

もちろん、冒険の成功のためには周到な準備をする。不可能を可能にする情熱をもって、それをやる。

その一端を『徳間康快追悼集』で、NHKを辞めて、官房長官などを歴任した赤城宗徳《あかぎむねのり》の秘書となり、自民党の代議士をやった水野清が披露している。

『敦煌』を作った時、徳間は、どこでどう親しくなったのか、中国の実力者だった鄧小平《トンシャオピン》と話をつけ、人民解放軍に昔の衣装を着せ、エキストラに使ったというのである。解放軍のヘリコプターで砂漠の中に資材を運んだりもしたと語られて、水野は目を丸くしたというのだが、徳間の話だから、かなり膨らましてはあるだろう。

このように中国に傾斜していたかと思えば、一転、中国とソ連の対立が激しくなっていた時代にソ連に行って『おろしや国酔夢譚《こくすいむたん》』という映画を作ってしまう。

水野ならずとも、「平気で想像外の人間関係を作れる人で、この点は兄貴分とは思っていたが大きさに頭を下げざるを得ない不思議な人であった」と徳間には舌を巻くしかないのである。

徳間が最後にゼネラル・プロデューサーを務めた第十二回の東京国際映画祭が開催されたのは一九九九年の十月。ここで韓国映画の『シュリ』が特別招待作品として上映された。

四方田犬彦《よもたいぬひこ》の『ソウルの風景』（岩波新書）によれば、北朝鮮のテロリストがワールドカップのための南北交流試合場で暗殺を企てるというこのアクション映画には金正日《キムジョンイル》が不快感を表明したらしい。

そんなこともあって、これは上映しない方がいいという声も強かった中で、徳間は、

「じゃあ、オレが観て判断する」

と言い、徳間ホールで徳間のためだけの試写会が行なわれた。

観終わって出て来た徳間は、『シュリ』の配給をしたシネカノンの社長、李鳳宇《イボンウ》に、

「李君、この映画は当たるよ。やろう、これは凄い映画だ。十億は来るな、これは」

と言った。

これで上映が決定したのだが、当時は、北朝鮮を支持する朝鮮総聯《そうれん》の力が異常なほどに強かった。

それで徳間は大映の山本洋と東京国際映画祭事務局長の堀江利行を連れて、総聯の本部へ赴く。

そして、『シュリ』を上映することを告げ、今後、北朝鮮の映画でいいものがあったら、東京国際映画祭で上映してもいいから、と言って引き揚げて来た。

「もしものときには、自分が全責任を負う」

徳間はこう言い切ってもいたが、この踏み込みによって、何の反対運動も起こらなかった。徳間は、むしろ、障害があれば、いわゆるアドレナリンが出てやまない人間なのである。

大映創立十周年記念作品と銘打った『悪魔の飽食』の映画化もそうだった。これは光文社から出て大ベストセラーとなった森村誠一の作品で、関東軍の七三一部隊、いわゆる石井部隊が中国で捕虜とした中国人を丸太と呼び残虐な生体実験を行なったことについてのドキュメントである。しかし、続巻に掲載された数枚の写真がニセモノで、右翼の激しい攻撃を受けたことでも話題を呼んだ。

それを徳間は映画化しようとした。企画意図として「映画化にあたって、七三一部隊を再現するだけでなく、現代にどす黒く生きつづける影を医療・医学界を舞台にストーリーを起こし、七三一の秘密のベールをはがす構成で、サスペンス含みのエンターテイメントな作品に仕上げるものである」と書かれている。しかし、結局これは実現しなかった。前述したように、徳間と中国の関係が悪化したことも原因していただろう。

それもあって、徳間はソ連にシフトし、『おろしや国酔夢譚』を完成させる。それについての「いい話」を翻訳者のボリス・ラスキンが教える。一九二七年生まれで、モスクワの『プログレス』出版社の極東部長だったラスキンは『潮』の一九九一年七月号で「日本の出版人たちとの付き合い」を書き、徳間にも言及している。

ラスキンが徳間と知り合いになったのは、一九六七年六月に徳間が日本出版代表団の一員としてモスクワを訪れた時だった。講談社社長の野間省一《のましょういち》、岩波書店社長の岩波雄二郎らの一行の中で、徳間は若い方で、何か珍しいものを持って飛行機から降りて来た。それは衣紋掛けにかけた背広で、背広がシワだらけにならないよう、トランクに入れないで、手に持っていることが流行していた。

「徳間さんは小さいことも大がかりなことも新しい企画にはとても敏捷な方である」と印象づけられたとラスキンは回想している。

この旅行中、突然、徳間がいなくなったことがあった。みんなで探しに行ったら、葡萄園でうつぶせになって寝ている。グルジアのソフォーズ（国営農場）でのことだったが、

「よくぞ倒れるまで飲んでくれた」と徳間の株は急上昇した。

連日の歓迎で、ほぼ毎日、二日酔いである。そんな時、徳間はよく、ラスキンに近づいて来て、耳もとでささやいた。

「ぬすみざけ」

そして二人で黙って酒の売場へ行き、ウォトカ一杯を飲んだという。

これが縁で一気に親しくなった徳間とラスキンは、徳間が対外文化協会の副会長となってモスクワを訪れる度に会うようになる。

そして、一九八八年、『おろしや国酔夢譚』をソ連と日本の合作で映画化しようとモスクワを訪問したレセプションで、徳間はこう挨拶した。

「このレセプションに、有名な翻訳者、私の昔なじみのラスキンさんがきていただいてうれしい。ラスキンさんの努力で井上靖先生の『おろしや国酔夢譚』のロシア語版が、再版を含めて、もう五〇万部が出て、おかげさまでロシア人はその映画も面白く見るでしょう。

私はこの映画が日本とソビエトの友情のために、ささやかな貢献になるように祈ります。ラスキンさんのために乾杯します」

これを聞いてラスキンは、目の前が見えなくなるほど、ありがた涙が流れ出てきたという。一九七四年の日本留学中の徳間の厚情などが思い出されたからだった。ちなみに、ラスキンのこの回想の末尾には「この

原稿は日本語で書かれており、翻訳したものではありません」と付記されている。

ブルドーザーに乗った織田信長

麹町学園の校長室で上野尚之《なおゆき》が語る。上野は徳間が理事長をしていた（一時は校長も兼任）逗子開成学園の事務局長だった。

そして、ほぼ毎日、徳間からの電話を受け取っていたのである。電話は朝十時過ぎにかかってくる。

「事務局長、おはよう」

「おはようございます」

いつもの遣り取りの後、徳間が、

「報告！」

と声を高くする。上野が、

「昨日、入学説明会があり、たくさん参加しました」

と答える。徳間が、

「たくさん？　何人だ」

と追求する。

「六百五十人ぐらいです」

と人数を挙げると、徳間は、

「ぐらい？　そんなの報告じゃない。はっきりしろ」

と上野を叱った。

報告は「簡にして潔」だというのである。

怒られた話をしながら、上野はにこにこ笑っている。その顔はまた叱られたいという顔だった。

偶然なのだが、この上野と私は同郷で同学年であり、山形県庄内地方出身者が入る東京は駒込の学生寮で生活を共にした。上野は鶴岡南高出身で、私は酒田東高出身。そして、私の高校時代からの親友の三浦光紀(徳間ジャパン)が、よく、この寮に遊びに来て、私が留守だと、上野の部屋で私の帰寮を待っていたのだから、奇縁としか言いようがない。

私の大学時代のゼミの同期生の守屋弘が徳間書店に入ったことを加えれば、私が徳間の評伝を書くことになるのは運命だったのかもしれない。

徳間は逗子開成の卒業生である。

〽真白き富士の嶺　緑の江の島
ボート遭難の悲話にまつわる歌で知られる逗子開成は、しかし、その後、荒れた学園となっていた。

『徳間康快追悼集』で、長らく逗子に住んでいる石原慎太郎が、その様子をこう書いている。

石原が家から出て町や駅に向かう広くもない道を生徒たちがいっぱいに広がってふざけ合い、車が間近まで来ても、道を開けようともしない。はた迷惑この上もなかった。

「それがいつの頃からか、生徒たちの登校下校の姿が段々に変わってきて今では実に整然としたものになってしまった」

変化は徳間が理事長に就任してから起こったという。そのことを石原は最初知らなかった。

「たかが地方の高等学校といわれるかも知れないが、あの変化の素晴らしさはまさにリーダーの腕と情熱の所産であって刮目《かつもく》に値するものだった」と石原は書いている。ほとんど人をほめることのない石原をして、こう脱帽させたのである。

後日、何かの折りに石原がそう言ったら、

「そうなんだよ、随分頑張ってやったんだよ。君の目にもそう見えて嬉しいよ」

と徳間は破顔したという。

こんな徳間を上野は「ブルドーザーに乗ってやってきた織田信長」と名づけた。

その〝信長〟が逗子開成にやってくるのは月に一度ほどだった。しかし、それを楽しみにし、

「また、あんな漁村に行かなければならない」

と口では言いながら、学校に来ると、生徒に囲まれて相好を崩していた。

「役者なんですよ」

と上野は笑う。

テレビや電話を備えた豪華なベンツでやってきて、ゆっくりとそれを走らせる。

生徒たちはそれだけで歓声をあげる。

また、生徒の直談判には、その場で、

「わかった」

と言った。たとえば食堂、そして冷暖房である。生徒会の要求として出されたそれに、徳間はつくると約束し、すぐに二百人収容の食堂を設置し、冷暖房も装備した。

入学式などでの挨拶もユニークだった。

「男が人生を乗り切っていくには歯が大切だ。歯が丈夫なら闘いには勝てる。だから、君たちにはサンスターの歯磨きと歯ブラシをプレゼントする」

そう言って壇から降りて来た徳間は上野に、

「ああ言っちゃったからさあ、頼むな」

と声をかける。

「理事長、サンスターでなきゃダメですか」

と上野が尋ねると、徳間は、

「サンスターが日本一だから、そう言ったんで、サンスターでなくともいいよ」

と答えた。

また、徳間は水にこだわった。

中学、高校の校長が集まって、徳間理事長の方針を聞く会が開かれた時のこと。上野は一番前にすわれと言われている。

「消毒されている水道の水をそのまま飲んだら、カルキで頭が働かなくなる。だから、逗子開成では生徒のためにミネラル・ウォーターを山のように積んである」

そう語った徳間は、

「事務局長、そうだな」

と上野に同意を求める。

事実は違うのだが、上野も心得ていて、

「はい、そうです」

と大声で答えた。

問題はその後である。

水を頼むぞと念を押されて、上野は冷水器ではダメかと返す。ペットボトルと言っちゃったからなあと首をかしげながら、徳間は最上級の冷水器な、と断を下した。

徳間ならではの発想と、上野が驚いたのにトイレの新設がある。

就任まもなく、徳間は、三越や帝国ホテルのトイレに負けないぐらいの女性用トイレをつくれ、と言い出した。

男子校だったから、それまでは女性用トイレはほとんどなかったし、トイレの汚なさも並みではなかった。

「それを一新するのはお母さんを取り込むためだ」

ねらいは見事に当たって、逗子開成のイメージは格段に上がることになる。

そもそも、徳間が理事長にかつぎだされたのは、一九八〇年の十二月二十五日に山岳部員五名と顧問一名が北アルプスの八方尾根で遭難し、それがクラブ活動だったのか、私的な登山だったのかで、学校とPTA、さらには卒業生たちの校友会で紛糾し、解決の方向が見えないまま、三年も経ったからだった。

母校の危機でもあり、頼まれると厭とは言えない人生を送ってきた徳間は、とりわけ多忙な時期だったのに腰を上げ、一九八四年二月、理事長に就任した。

徳間は理事長に就任するとすぐ、全理事を解任し、遭難事故を私的な登山と主張していた校長もやめさせ、さらに二つあった労働組合や分裂していた校友会を一つにした。

そして、事故は顧問が同行したのだからクラブ活動であり、学校の責任で解決すると決め、四月に合同慰霊祭を行ない、遺族との賠償金問題も落着させた。

ここで徳間は次の人にバトンタッチをする予定だった。しかし、徳間の手腕に対する評価はウナギのぼりで、退けなくなり、八四年の十月からは校長も兼務することになる。

そして停止していた中学校を再開して、中高一貫教育を打ち出し、スポーツ中心から勉強中心に教育方針を転換させる。

徳間がめざしたのは「日本一の学校」だった。そのためには大学への合格率を上げろと教師の尻を叩いた。東大がすべてではないのはわかっているけれども、わかりやすく東大へ入れろと徳間は言った。生徒が行きたい大学へ入れる力をつけてやるのが教師の仕事だろうというわけである。

もちろん、反発もあった。反発する教師に対しては、職員会議で、

「納得がいかない者は去れ。俺は具体的に名前を挙げてもいい。名指しする前に自分で辞めろ」

と迫った。ずいぶん乱暴なやり方だが、この危機に背水の陣で臨んでいるんだという迫力が徳間にはあった。

「私は教育者ではありません。緊急の事態だから理事長や校長をやっているんです。安定したら、すぐにでも退きます」

これが徳間の口癖だった。

昨日の後に今日があり、今日が過ぎれば明日があるだろうというような空気に狎《な》れきった教師たちには幾

多の修羅場をくぐってきた徳間のこうした言葉と行動は大きなショックを与えた。実際に去って行った教師も少なくない。

ＰＴＡ総会などでの挨拶も新鮮だった。

ある時、ポーランドへ行ったら、プラザーという文化大臣が宴席を設けてくれて、

「今日はミスター・トクマが初対面の人もいるだろうから、ぜひ、日本が世界に誇る人の話を聞かせてもらいたい。富士山や芸者のことはわかっている。ソニーやセイコーの製品の優秀さも知っている。そうした話ではなくて平和のためや文化の面で活躍した人を三人挙げてほしい」

と言った。徳間は困って、

「私は着いたばかりで疲れている。思い出すのに時間がかかるので、まず、ポーランドの偉大なる人物を挙げてくれ」

と逃げた。するとプラザーは、

「かの地動説のコペルニクス、キュリー夫人、そしてショパン、あと何人挙げよう？」

と徳間に尋ねる。徳間は参って、その三人に乾杯！　と言い、ホテルに退散した。この時、徳間は日本の文化と教育の貧困を痛感したのである。

失敗こそ人生

宮崎アニメの最新作『コクリコ坂から』に徳間をモデルとした徳丸理事長が登場する。

宮崎駿は『週刊金曜日』の二〇一一年十一月四日号で「スタジオジブリの恩人」である徳間について私に

語ったが、徳間は宮崎に、自分がいままでやってきた中で一番うまくいったのは教育だ、と述懐したらしい。ただ、理事長兼校長と社長の間に区別はなかった。逗子開成のＰＴＡで、校長としてはと言うべきところを社長としてはとやり、大笑いされてもいる。しかし、それでも徳間は許されたのである。

社員を存分に活躍させて責任は自分が取る。それが徳間のやり方だった。

「僕は、経営者なんて知りませんでしたから、徳間社長みたいな人がいっぱいいると思ってたんですよ。その後、いろんな大企業のいろんな人と会いましたけど、ああいう人は希有なことを随分時間をかけて学びました」

宮崎はこう語っている。

スタジオジブリの忘年会に顔を出して、十五分ほどで帰るつもりだった徳間が、スタッフの女性たちがお酌をしたら、もう酒を飲めない身体になっていたのに口をつけ、

「ここは女が元気でいいなぁ」

と言って、かなり長居したという。

徳間はやはり、若い人が好きだった。

再建に駆り出された逗子開成では、進学校にするという方針のほかに海洋教育と映像教育の方針を掲げた。

「目の前が海じゃないか。海は世界に通じているんだ」

こう言って波打ち際に宿泊できる海洋教育センターを建て、工作室をつくって、生徒に一人乗り用のヨットを製作させた。それを相模湾で帆走実習させたりしたのだが、生徒数が多くなると、コストやスペースの問題が難しくなり、挫折している。しかし事務局長の上野尚之も指摘するように「ユニークなカリキュラ

ム」だったことはまちがいないだろう。

映像教育では、のちに「徳間記念ホール」と名づけられたホールをつくり、大型スクリーンで三百四十人が観られるようにした。毎月一本、映画を選び、一日は生徒に、二日目は近所の人たちに開放する。逗子も鎌倉も映画館が衰退していたので、この逗子「開成シネマ倶楽部」は大変に喜ばれた。もちろん、徳間がプロデュースした映画もあり、冒頭に「製作総指揮　徳間康快」と出ると、特に生徒たちは歓声をあげたという。

徳間は教師たちにこう言った。

「一人の人間が経験できることは限られている。映画がいかに多くのものを与えてくれるか。学校の授業であなた方が教えていることは映画に比べればとても小さいことなんだ」

また、「未来からの留学生」と題した講演会を開き、小松左京や長嶋茂雄、さらには首相をやめたばかりの橋本龍太郎を招いた。橋本の父、龍伍《りゅうご》は逗子開成の卒業生でもある。

この時は事前に橋本を訪ね、謝礼として百万円を渡した。領収書はない。あとで経理上これが問題になるかもしれないと言うと、徳間は、

「じゃ、オレにボーナスを出したことにしろ」

と指示した。

橋本の来園には逗子警察の警備も大変だった。徳間は上野に、十万円とビール券を五十枚ほど用意しろと命じ、逗子警察を訪ねた。

お世話になりましたと礼を言って、それを置いて帰って来たら、あとで、これは受け取れませんと十万円

だけを返して来たという。

その報告を受けて徳間は、

「それでいいんだよ」

と頷いた。返してくることがわかっていても持って行く。それが徳間流の仁義の切り方だった。

毎朝の電話で、上野の方に報告事項がないこともある。ある時、徳間に、

「事務局長、報告！」

と言われた上野は、

「逗子はよく晴れています」

と答えた。一瞬の間があって、

「バカヤロー、新橋だって晴れてるよ」

という徳間の声が返って来た。

徳間が敏感に反応したのは逗子開成の周辺の土地に関してだった。東芝とかNECとかの土地が多い。ある時は、理事会にはあとで報告するから、いますぐ買うことにしろ、と無理を言う。上野が、

「それでは職員の給料が遅配になります」

と抵抗すると、

「そうならないようにするのがお前の仕事だろう」

と返される。

それでも首を縦に振らなかったら、バーンと電話を切られた。

それから一時間ぐらいして、また、徳間から電話がかかってくる。さっきとは違って声の調子も穏やかに、

「事務局長、あのな、いい方法が見つかったよ。会社で買って学校に貸し出す。これならいいだろう」

結局、買えなかったこともある。そんな時には、上野は、

「お前なんかに頼んだのがまちがいだった」

とか、さんざん言われた。

上野は一九九三年に四十九歳で亡くなった田島喜一のことが忘れられない。上野より一歳上の田島を、徳間は中学校の教頭に抜擢した。田島は当時四十六歳。隠れもなき共産党員だった。上野も親しくしていたが、徳間の人物鑑定眼に唸るような人事だった。

宮崎駿と名コンビを組むスタジオジブリのプロデューサー、鈴木敏夫は金澤誠著『徳間康快』で、徳間の思い出をこう語る。鈴木は徳間に、

「人が困った時に、一番何が役に立つか。俺もいろんな会社をやって苦境に立たされてきたし、ひどい目にもあってきたけれど、これさえあれば切り抜けられるというのは、何だと思う？」

と尋ねられた。わからなかったので鈴木が黙っていると、徳間は、

「人間的魅力だ。これさえあれば、あらゆる艱難辛苦《かんなんしんく》は乗り越えられる」

と続けた。

鈴木によれば、徳間は人と会った後に小さな手帳を出し、相手が何を話したかを小さな字で書いた。

徳間の日課は、ほぼ夜九時帰宅、十時就寝。午前三時に起きて一時間かけて老いた顔を直し、その後散歩一時間。そして朝五時から、小さな手帳に書いたことを日記帳に写す。

それを一週間に一回、一ヵ月に一回、さらには三ヵ月に一回と読み直す。

その間、そこに書いた人と再び会う機会があれば、日記帳の中からその人の言葉を拾い、発言集をつくって、

「あなたはこの間こういうことを言ってたでしょう」

とやる。相手は自分を覚えていてくれたと感激するわけである。

スーツには肩だけでなく前面までパットが入っていた。人間は見てくれだぞと口癖のように言っていた徳間は、自分を恰幅《かっぷく》よく見せるために、そこまで努力していたのである。

その人脈の広さは驚くばかりで、

「俺は重信房子《しげのぶふさこ》と仲がよくてな。あれに頼まれてパレスチナへジープを送ったんだ」

とも言っていた。

鈴木は徳間から聞かされた二つの言葉を強く記憶している。

「カネというのは紙なんだ。みんながカネだと思っているからカネになる。あんなもの紙なんだから、どうってことない」

「人間というのは最後になると、人が人の肉を食うんだ」

「人が人の肉を食う」は『サンデー毎日』一九七四年十月二十七日号の「森敦の問答縦横」で、徳間が孔子や孟子より荀子や韓非子に親近感をおぼえると語っているのに通う。

「人は信じない。人は生まれながらにして性は悪だ。みずからもそう思ってますよ」

こう断言している徳間は、森に、

「ときどき社長演説をやるという話だが、どんな演説するんですか」

と問われて、こう答えている。

「月に一ぺんやるんです。それは、肝を冷やすような、激烈な演説をやるんです。自分が肝を冷やして話してるんですよ（笑）。ですから、相当必死の形相でやってます。ある意味で、社員全体のエネルギーを結集するには、暗示が必要ですよ。自分も暗示にかかんなきゃダメですよ。自分が暗示にかかる一番の基本は、現在の状況の正しい判断ですよ。その正しい判断が出てくる条件は一番苦しい条件ていうものを認識することです。一番苦しい条件の仕事を引き受けることです」

徳間も親しかった作家の開高健は好んで「心はさびしき狩人」と書いた。徳間もそうだったのだろう。

『シュリ』の上映で徳間に感謝する李鳳宇は徳間を「最後の映画博徒」だと言い、『アサヒ芸能』と宮崎アニメを両立させた男と称している。「アウトローにしてインテリ、大ボラ吹きにして繊細な気配り、そして当代随一の先見性」を讃えているが、やはり映画博徒の李ならではの規定だろう。「問答縦横」の森敦は、徳間が自ら「康快のコウは健康の康、カイは愉快の快。ただしトンマ（頓馬）でコウカイ（後悔）するともいう」と称したと書いている。この対談で徳間は、成功した時は何の感激もないとし、失敗をして初めて心の安堵感を得る、と語る。そして、こう結論づけているのである。

「東京タイムズも失敗する、レコード会社も失敗する、大映も失敗したほうが、もっと次に、ある意味の価値ある仕事をするかもわからんですよ。いまの人たちは、失敗をこわがりすぎる。失敗を知らないね」

おわりに

徳間康快は逸話の多い人だった。たとえば平和相互銀行の創業者の小宮山英蔵の弟、重四郎が衆議院議員選挙に立った時、運動員の違反で責任者の徳間が逮捕され、熊谷警察署に留置されたことがある。これにあわてたのが往年の名横綱、栃錦の春日野親方だった。徳間は、翌日に優勝祝賀パーティが予定されていた栃ノ海の後援会長だったからである。

熊谷警察署に夫人同伴で来た春日野親方は署長の前で汗だくになりながら、エーとか、ウーとか言って、何とか徳間を出してくれるよう交渉していた。

徳間自身は後年それを、

「見ものだったなあ」

と言って笑い話にしている。

その逸話の極めつきが一億円の香典だろう。無頼の音楽プロデューサーだった長田暁二《おさだぎょうじ》が徳間音工の常務だった時、出社すると、徳間に呼ばれ、

「喪服を用意しているから、それを着て、すぐに新幹線で出発してくれ」

と言われた。

行く先は山口組の三代目組長、田岡一雄の葬儀場である。新姫路で降り、迎えの車で運ばれる。受付で徳間に渡された茶封筒の中の一億円の小切手を出す。それが影響したのか、徳間の名代としての長田の席は最

上席だった。隣に美空ひばり、鶴田浩二と続く。

当時、撮られた写真や映像には長田の顔が写っているが、長田もはじめて明かす逸話だという。

一時、徳間書店はヤクザと坊主で儲けている、と言われた。『週刊アサヒ芸能』がヤクザの業界誌と揶揄されるほど特集記事を連発したり、『田岡一雄自伝』がベストセラーとなったからである。坊主云々は高田《たかだ》好胤《こういん》の『心』などがヒットしたことに由来する。

多分、徳間は香典という形で、その「お返し」をしたのだろう。さすがに葬儀には出席しなかったが、代理として長田を派遣した。

こうしたことには批判もあると思われる。しかし、徳間はそれを承知で行動した。「濁々併せ呑む」徳間は言ってみれば、絶対値の大きい男だった。それにプラスの符号をつけるか、マイナスの符号をつけるかで評価は分かれる。

私は、とにかく、徳間の絶対値の大きさを描きたかった。その振り幅の大きさに惹かれたからである。

そして、回転する独楽《こま》のような徳間の芯にある寂しさも描きたかった。それを達し得たかどうかは読者の判断に委ねたい。最後に、和田豊さんはじめ、取材に協力してくれた人たちに改めて感謝致します。

二〇一二年九月五日

佐高　信

［**初出について**］

本稿は『週刊金曜日』二〇一一年十二月二十三日号から十二年八月三日号に連載され、十二年十月に金曜日より『飲水思源——メディアの仕掛人、徳間康快』として刊行され、十六年六月に『メディアの怪人　徳間康快』と改題して講談社＋α文庫として刊行された。同文庫版を定本とした。

［解題］

濁々併せ呑む男

原題が『飲水思源』だったこの評伝は、破天荒な徳間の魅力で多くの書評に迎えられた。

コンパクトだったのは二〇一二年十一月二十五日付の『神奈川新聞』のそれである。

「抜き身をひっさげてのし歩く。そんな鋭気の著者が異能の波瀾万丈を描くのだから、これが面白くないはずがない。痛快な日本人に久しぶりに出会った。それもそのはず、並はずれた『器』は戦後で絶えてしまった。

大物政治家、経済人、作家など、徳間の周りにはとかくうわさの人物を含めて型破りのカオがひしめく。それらの一挙一動を一方の手で描きつつ、別の手で主人公の立体像を彫り進める。一筋縄でいかない人間を浮きたたせるのに、この文体が巧みに働いた。体を張る、という品のない言い方があるが、出版業がひとヤマ当てるには、かなりの無理を伴う。結果として圧力に屈することもあれば、屈しないこともある。一例をあげれば、このわがまま社長が、剛直で鳴る著者に『筆を曲げろ』と命じたことはただの一度もなかった。

『アサヒ芸能』『東京タイムズ』の経営で知られる徳間だが、商売の手はほかにも広い。際どい付き合いもあるから、よけい逸話挿話は多い。そのくせ者ぶりに目を奪われると、読み手は戸惑うしかない。その一方で、彼には夢を追う少年の心情と、知的で無垢な側面があった。余技というべきか、逗子開成の理事長を引き受け、学園の空気を一新したくだりは緊張をはらんで快い」

私は、徳間康快というチャーミングで豪快な人間への道案内を務めたかった。この書評のタイトルは「夢に生きた無垢のくせ者」だが、これを読めば、その役はある程度果たせたかなと思う。

しかし、実物はもっと魅力的なので、書き足りない思いも残った。それだけに演劇評論家の渡辺保の同年十一月十八日付の『毎日新聞』の書評は、過褒とわかっていても嬉しかった。見出しは「人のために生きた〝怪物〟の哲学」であり、それはこう始まる。

「『三分に一度笑える爆笑映画』というコピーがあったが、この本は一頁に一度笑える。

徳間康快の評伝である。徳間康快は新聞記者として出発し、戦後の争議に巻き込まれて退社。出版人として独立。徳間書店を起こし、アサヒ芸能、東京タイムズ、大映、スタジオジブリ、逗子開成学園の経営者として活躍した。現代の怪物。したがって逸話が多い。」

経営はみんな難しくなった時に信頼する人から頼まれて引き受けたものだった。つまり「頼まれ人生」である。

逸話は別として、渡辺の書評の結びを引こう。

「彼の口癖は『カネは銀行にいくらでもある』であり、『お札は紙に過ぎない』であった。収支はトントンになればいい。問題はその先を続けられるかどうかだという。この哲学があるから、自分が見ていいと思えば惜しげもなく投資して、それ以上の文句をいわなかった。製作者としては一流なのである。

そういう人間像を浮かび上がらせるために、著者は単に同時代の証言を集めるだけでなく、彼に影響を与えた人々の人間像を描いて、ついに勝海舟と清水の次郎長の逸話にまで及ぶ。その範囲は広大。歴代宰相、経済人、学者、作家、宗教家と、ここに登場する人物は百人に近いだろう。

書名の『飲水思源』とは中国の諺で、井戸の水を飲む時は井戸を掘った人のことを思え、という意味だそうである。

逸話の面白さも含めて破格の評伝である」

「清濁併せ呑む」ではなく、〝濁々併せ呑む〟だと言っても、徳間は土地や株の投機には手を出さなかった。たとえばリクルート事件の江副浩正ともつきあいがあり、相談にものっていたが、未公開株を受け取っていなかったために、元外相の安倍晋太郎やウシオ電機会長の牛尾治朗と違って、問題とならなかった。

天衣無縫に見えて一つの筋を通していたということだろう。大胆にして繊細だったのである。

また、座持ちのうまさは天性のものだった。徳間が現われてニコッとするだけで、パッと座が明るくなる。フランスの哲学者アランは、「楽観主義は意志の所産である」と言っているが、他人を愉快にさせながら、自分はとてつもない寂寥を抱えていた。そこがまた魅力だったのである。

この本の出版と徳間の十三回忌を期して、二〇一二年九月二十日に記念会をやり、私は森村誠一と対談した。森村もまた徳間をよく知る人である。

森村は『悪魔の飽食』を書いて、右翼の総攻撃を受けた。徳間はそれを映画化しようとしたのである。そんな話をしながら、森村はこう語った。

「徳間社長の生涯をたどってみますと、あえて火中の栗を拾う性格です。それから、一点にとどまらず常に上昇志向、拡大精神がありますね。

徳間社長と二人だけになったとき、何気なく『森村さん、ジンギスカンについて書いてみないか』って言われたことがあるんです。ジンギスカンは『地果て海尽きるまで』どんどん拡大していった人です。家来にも人材、豪傑が揃っています。徳間社長の人脈は、ジンギスカンの人脈に非常によく似ていると思いました。『雲より高く』『海より遠く』という精神の原形質があるんじゃないでしょうか」

そしてまた、徳間は「常に未知数に挑戦している永遠の狩人」だと言った。

「それも獲物の方が近づいてくるような狩人です。私は自分自身が『未知の狩人』になれないので、負い目を感じてたんですね」

この徳間伝は最初、『東京スポーツ』に連載する予定だった。しかし、挿絵の関係もあって先に出した冒頭の部分に、同社の社主から「待った」がかかった。読売のドンを批判しているわけだが、『東スポ』は地方では読売に助けられて販売していたのである。

それで急遽、古賀政男の評伝に代わった。そんな経緯があるので、この評伝選の第六巻にそれがまとめられることに不思議な因縁を感ずる。

「おわりに」に書いた一億円の香典の話も、たまたま、ふとした機会に聞いたのだが、徳間が天上から、「これも入れてくれよ」と囁いたような気がしてならない。

徳間は評伝を書くことの醍醐味を私に味わわせてくれた人である。

［著者紹介］ 佐高 信（さたか・まこと）

一九四五年、山形県酒田市生まれ。慶應義塾大学法学部卒業。高校教師、経済誌編集長を経て、評論家となる。

主な著書に、『佐高信の徹底抗戦』『竹中平蔵への退場勧告』『佐藤優というタブー』『当世好き嫌い人物事典』（以上、旬報社）、『時代を撃つノンフィクション100』『企業と経済を読み解く小説50』（以上、岩波新書）『なぜ日本のジャーナリズムは崩壊したのか（望月衣塑子との共著）』（講談社＋α新書）、『池田大作と宮本顕治』『官僚と国家（古賀茂明との共著）』『日本の闇と怪物たち 黒幕、政商、フィクサー（森功との共著）』（以上、平凡社新書）、『統一教会と改憲・自民党』（作品社）、『総理大臣菅義偉の大罪』（河出書房新社）、『国権と民権（早野透との共著）』『いま、なぜ魯迅か』『西山太吉 最後の告白（西山太吉との共著『反戦川柳人 鶴彬の獄死』（以上、集英社新書）、『反‐憲法改正論』（角川新書）など多数。

佐高信評伝選6 俗と濁のエネルギー

二〇二三年八月二五日 初版第一刷発行

著者…………佐高 信
装丁…………佐藤篤司
発行者…………木内洋育
発行所…………株式会社 旬報社
〒一六二-〇〇四一 東京都新宿区早稲田鶴巻町五四四
TEL 03-5579-8973 FAX 03-5579-8975
ホームページ https://www.junposha.com/

印刷・製本……中央精版印刷 株式会社

 ISBN978-4-8451-1784-0